DCG Épreuve 9

Comptabilité

Édition 2023-2024

Corrigés des applications

Jean-Luc Siegwart
Laurence Cassio
Christine Gauthier

L'ouvrage a été dirigé et coordonné par Jean-Luc Siegwart

Groupe Revue Fiduciaire

Nathan TECHNIQUE

Sommaire

Édition : Anna-Tatum Villalba
Fabrication : Emmanuelle Perrier

ISBN : 978-2-09-501748-4

Chapitre 1

Histoire, définition et rôle de la comptabilité

Comprendre les notions

Application QCM – p. 29

Répondez par « Vrai » ou « Faux » aux affirmations ci-dessous en donnant les explications nécessaires.

1. Le système dit « de la partie double » a été créé par le plan comptable général de 1947.
Faux. Le concept de partie double a été énoncé pour la première fois à la fin du XVIe siècle.

2. Luca Pacioli est l'auteur du premier ouvrage de doctrine comptable connu.
Vrai. Il existe des ouvrages de comptabilité plus anciens, mais soit ce ne sont pas des ouvrages de doctrine comptable à proprement parler, soit leurs auteurs ne sont pas identifiés avec certitude.

3. Le Code de commerce date de 1867.
Faux. Il a été créé en 1807 (Code Napoléon).

4. La comptabilité générale est obligatoire, à l'opposé de la comptabilité financière.
Faux. « Comptabilité générale » et « comptabilité financière » sont deux termes synonymes. Quel que soit le terme employé, elle est obligatoire.

5. La comptabilité financière permet de calculer les coûts de l'entreprise.
Faux. La comptabilité financière a pour objectif d'enregistrer les mouvements affectant le patrimoine de l'entreprise et de donner une image fidèle du patrimoine, du résultat et de la situation financière. Le calcul et l'analyse des coûts relèvent de la comptabilité analytique.

6. La comptabilité financière permet d'obtenir une vision exacte du patrimoine de l'entreprise.
Vrai. Le Code de commerce utilise l'expression « image fidèle ». Cela sous-entend qu'il existe plusieurs images fidèles possibles.

7. La comptabilité ne peut pas être considérée comme un moyen de preuve en droit commercial.
Faux. La comptabilité est un moyen de preuve, en matière de droit commercial uniquement (et non devant un tribunal civil tel que le Tribunal de grande instance).

8. Avec le développement de l'informatique, il n'est plus nécessaire de conserver les documents commerciaux.
Faux. L'obligation de conserver les pièces justificatives ne dépend pas de la technologie employée pour traiter les informations comptables.

Chapitre 2

La normalisation et la réglementation comptables

Comprendre les notions

Application 1 Définir la normalisation comptable et préciser son intérêt – p. 45

Compétence attendue : C2

1. Définissez la normalisation comptable.

La normalisation comptable consiste à :
– produire des normes dans un espace géopolitique donné (régional, national ou mondial). La norme est une règle plus ou moins contraignante à laquelle doivent se conformer les entités définies ;
– harmoniser des pratiques autour d'une règle commune respectée par chacun.

2. Donnez trois raisons d'être de la normalisation comptable.

La normalisation comptable répond notamment à :
– un besoin d'informations fiables et lisibles par tous (apporteurs de capitaux, banques, salariés, fournisseurs…) aux niveaux national et international ;
– assurer la convergence des référentiels comptables nationaux (optique patrimoniale en France, économique dans les référentiels anglo-saxons…) ;
– faciliter les comparaisons interentreprises.

3. Rappelez les objectifs de la normalisation comptable et citez le principal acteur français de ce processus.

Objectifs de la normalisation :
– répondre aux besoins de transparence et de compréhension des comptes ;

– permettre les comparaisons entre entreprises dans un cadre national ou international.
Principal acteur français : l'Autorité des normes comptables.

Application 2 Appliquer les principes comptables – p. 45

Compétences attendues : C1 et C3

Pour chaque problème posé, indiquez quel est, ou quels sont, le(s) principe(s) comptable(s) mis en cause et précisez la solution à retenir.

1. Le principe comptable mis en cause est le principe de prudence. Il n'est pas possible de modifier cette valeur car la plus-value n'est pas forcément définitive.
2. En application du principe de prudence, il est nécessaire de tenir compte des six mois d'intérêts déjà dus à la fin de l'année, même s'ils ne seront payés que six mois après.
3. Les principes de comparabilité et de permanence des méthodes ne permettent pas de modifier le mode d'évaluation des stocks. Le changement de méthode ne serait pas fait dans le but de produire une meilleure information.

Application 3 QCM – p. 45

Répondez par « Vrai » ou « Faux » aux affirmations ci-dessous en donnant les explications nécessaires.

1. Le droit comptable est la branche du droit privé qui régit les professionnels comptables et la comptabilité.
Vrai. Le droit comptable est le droit des comptes et le droit des comptables.

2. Le PCG est un texte d'origine réglementaire.
Vrai. Le PCG est un règlement de l'ANC publié par le ministère de l'Économie, des Finances, de l'Action et des Comptes publics.

3. Le PCG doit respecter les principes énoncés dans le Code de commerce.
Vrai. La loi est hiérarchiquement supérieure aux textes d'origine réglementaire.

4. Le principe de prudence autorise à comptabiliser de manière courante les plus-values latentes.

Faux. Seules les moins-values latentes doivent être comptabilisées.

5. L'image fidèle implique le respect des principes comptables.
Vrai. L'obtention de l'image fidèle implique en principe le respect sincère des règles comptables.

6. La sincérité peut se définir comme l'application de bonne foi des règles comptables.
Vrai. La sincérité peut se définir comme l'application de bonne foi des règles comptables ; c'est l'absence de volonté de tromper le lecteur des comptes.

7. Les normes IAS/IFRS sont élaborées par l'Union européenne.
Faux. L'élaboration des normes IAS/IFRS est réalisée par un « sous-traitant » de l'Union européenne : l'IASB.

8. Une méthode de référence est un traitement comptable privilégié par opposition aux autres traitements comptables autorisés.
Vrai.

9. Le plan de comptes proposé par le PCG a retenu le principe de la codification décimale.
Vrai.

10. Les textes émis par l'ANC ont automatiquement la force juridique d'un règlement.
Faux. Pour obtenir la force juridique d'un règlement, les textes émis par l'ANC doivent être homologués par un arrêté ministériel. De plus, certains textes ne sont pas des règlements.

11. Les comptes à deux chiffres sont des comptes divisionnaires.
Faux. Les comptes à deux chiffres indiquent qu'il s'agit d'un compte principal.

Mettre en œuvre les compétences

Application Normalisation et droit comptable – p. 46

Compétences attendues : C1 et C2

1. Rappelez l'objectif principal du plan comptable général.

L'objectif principal du PCG est de définir les normes et méthodes comptables applicables aux entreprises françaises.

2. Indiquez de quel organisme émane ce document.

Le PCG est un règlement de l'Autorité des Normes Comptables.

3. Citez deux organismes dont les écrits participent à la doctrine comptable française.

Ce sont :
– l'Ordre des experts-comptables (OEC) ;
– la Compagnie nationale des commissaires aux comptes (CNCC).

Chapitre 3

La transcription des flux en comptabilité

Comprendre les notions

Application 1 Distinguer les flux – p. 54

Compétence attendue : C1

Indiquez, dans chaque cas, s'il s'agit de flux réels de biens ou de services ou de flux financiers.

a. achats de matières premières :	flux réel de biens
b. loyer du magasin :	flux réel de services
c. règlement de la facture d'un transporteur :	flux financier
d. ventes de produits finis à crédit :	flux réel de biens
e. honoraires de l'expert-comptable :	flux réel de services
f. achat d'un matériel industriel :	flux réel de bien
g. frais postaux :	flux réel de service
h. règlement de la facture de téléphone Orange :	flux financier

Application 2 Distinguer les emplois et les ressources – p. 54

Compétence attendue : C1

Indiquez, pour chaque opération, la ressource utilisée et l'emploi réalisé.

Opération a :
Ressource : crédit obtenu du fournisseur : dette fournisseur : 2 800 €.
Emploi : achat de marchandises : 2 800 €.
Opération b :
Ressource : la banque : 2 800 €.

Emploi : extinction ou diminution de la dette vis-à-vis du fournisseur : 2 800 €.

Opération c :

Ressource : prélèvement en caisse : caisse pour 3 000 €.

Emploi : dépôt sur le compte bancaire, donc augmentation de la banque pour 3 000 €.

Opération d :

Ressource : extinction ou diminution de la créance pour 1 200 €.

Emploi : dépôt sur le compte bancaire donc augmentation de la banque pour 1 200 €.

Application 3 Représenter un compte schématique – p. 54

Compétence attendue : C1

1. Indiquez, pour chaque opération, la ressource utilisée et l'emploi réalisé.

Opération du 04/10 :

Ressource : ventes de prestations pour 4 000 €.

Emploi : banque pour 4 000 €.

Opération du 09/10 :

Ressource : caisse pour 10 €.

Emploi : achat de fournitures pour 10 €.

Opération du 15/10 :

Ressource : crédit fournisseur donc dette fournisseur pour 2 000 €.

Emploi : achat d'une prestation de services en l'occurrence : location pour 2 000 €.

Opération du 21/10 :

Ressource : vente d'une prestation de service pour 2 450 €.

Emploi : créance sur le client Robert pour 2 450 €.

Opération du 28/10 :

Ressource : banque pour 2 100 €.

Emploi : règlement au fournisseur (extinction ou diminution de la dette) pour 2 100 €.

2. Présentez le compte schématique « Banque » au 31 octobre sachant que le solde débiteur au 1er octobre N est de 4 226 €.

	Débit Banque	Crédit
01-oct : solde	4 226	
04-oct encaissement	4 000	
28-oct		2 100
Total	8 226	2 100
Solde débiteur 31/10	6 126	

Application 4 QCM – p. 55

Répondez par « Vrai » ou « Faux » aux affirmations ci-dessous en donnant les explications nécessaires.

1. Le flux réel désigne un mouvement de biens ou de services.

Vrai. Par opposition au flux financier.

2. Le règlement d'une créance par un client constitue un emploi.

Faux. Il s'agit d'une ressource : cette ressource permet d'alimenter la trésorerie de l'entreprise (emploi).

3. Chaque opération comptable compte une ou plusieurs ressources et un ou plusieurs emplois.

Vrai. C'est le cas notamment pour les encaissements ou les paiements avec deux moyens de règlement (espèces et chèque). En tout état de cause il doit y avoir égalité en emplois et ressources pour chaque opération économique. Ressources = emplois.

4. Les totaux d'emplois et de ressources d'un ensemble d'opérations doivent être égaux.

Vrai. Par respect de la partie double ressources = emplois.

5. Le retrait du compte « Banque » pour alimenter la caisse représente un emploi.

Faux. C'est l'origine de l'opération, c'est-à-dire la ressource. La ressource est la diminution de la banque.

Mettre en œuvre les compétences

Application 1 Présentation détaillée d'un compte « Caisse » – p. 55

Compétence attendue : C1

1. Présentez le compte « Caisse » au 30/09 détaillé selon le modèle donné en annexe.

Opérations	Débit	Crédit	Solde	
Solde de départ au 01/09	826		Solde au 01/09	826
02/09 achat timbres		65	Solde au 02/09	761
08/09 achat fleurs		94	Solde au 08/09	667
16/09 retrait banque	1 000		Solde au 16/09	1 667
25/09 achat fournitures		124	Solde au 25/09	1 543
30/09 encaissements	1 829		Solde au 30/09	3 372
30/09 Versement en banque		1 500	Solde au 30/09	1 872
Totaux	**3 655**	**1 783**		
Solde débiteur : 3 655 - 1 783	**= 1 872**			

(Débit Caisse Crédit)

2. Indiquez, en une phrase, la signification du solde de ce compte.

L'entreprise dispose d'une somme de 1 872 € en caisse (montant des espèces disponibles) à la date du 30 septembre. On remarquera, s'agissant de la caisse, qu'il est impossible d'obtenir un solde créditeur, l'entreprise ne pouvant avoir en caisse que des sommes positives ou nulles.

Application 2 Présentation détaillée d'un compte « Client » – p. 56

Compétence attendue : C1

1. Présentez le compte « Client » au 31 octobre selon le modèle donné en annexe.

Opérations	Débit Client	Crédit	Solde	
Solde de départ 01/10	2 650,00		01/10	2 650,00
05/10 Vente : 1 500 × 56 €	84 000,00		05/10	86 650,00
09/10 Vente 900 × 56	50 400,00		09/10	137 050,00
16/10 Règlement de la moitié		68 525,00	16/10	68 525,00
18/10 Retour de 250 × 56		14 000,00	18/10	54 525,00
26/10 Vente 1 200 × 56	67 200,00		26/10	121 725,00
31/10 Règlement de la moitié		60 862,50	31/10	60 862,50
Totaux	**204 250,00**	**143 387,50**		
Solde débiteur au 31/10 : 204 250 – 143 388 =	60 862,50			

2. Indiquez, en une phrase, la signification du solde de ce compte.

L'entreprise Judith a une créance sur son client Prudence de 60 862,50 € à la date du 31/10.

Chapitre 4

Des écritures comptables aux documents de synthèse

Comprendre les notions

Application 1 Analyser le processus allant du journal à la balance – p. 77

Compétences attendues : C1 et C2

1. Déterminez l'emploi et la ressource de chaque opération décrite dans le processus comptable.

		Emploi	Ressource
a	Dépôt en caisse	Caisse (en +)	Banque (en –)
b	Règlement d'une dette	Dettes (en -)	Banque (en –)
c	Achat d'un matériel	Matériel (en+)	Banque (en –)
d	Encaissement partiel	Caisse (en +)	Créance (en –)
c	Achat à crédit	Achat de marchandises (en +)	Dette fournisseur SEURAT (en +)
f	Ventes	Banque (en +) Créance (en +)	Ventes de marchandises (en +)

2. Déterminez la ou les pièces comptables à l'origine de l'opération.

		Pièces comptables
a	Dépôt en caisse	Avis de la banque et pièce de caisse
b	Règlement d'une dette	Talon de chèque
c	Achat d'un matériel	Facture d'achat et talon de chèque
d	Encaissement partiel	Pièce de caisse

c	Achat à crédit	Facture d'achat
f	Ventes	Factures de ventes, chèques des clients

3. Présentez schématiquement l'ensemble de comptes après avoir repris, le cas échéant, les soldes au 1er janvier.

COMPTES DE BILAN

Comptes d'Actif

D + Matériel Industriel C -

	Débit	Crédit
AN	120 000	
	5 800	
	125 800	0

Solde débiteur = 125 800

D + Stock de marchandises C -

	Débit	Crédit
AN	55 000	
	55 000	0

Solde débiteur = 55 000

D + Client Haring C -

	Débit	Crédit
AN :	14 000	2 000

Solde débiteur = 12 000

D + Banque C -

	Débit	Crédit
AN	72 000	
		1 500
		32 000
		5 800
	7 300	
	79 300	39 300

Solde débiteur = 40 000

Comptes de Passif

D - Capital C +

Débit		Crédit
	AN :	230 000
0		230 000

Solde créditeur = 230 000

D - Fournisseur Bruegel C +

32 000	AN :	32 000

Compte soldé = 0

D + Caisse C -

AN :	1 000	
	1 500	
	2 000	
	4 500	0

Solde débiteur 4 500

D + Fournisseur Seurat C -

	5 700
0	5 700

Solde créditeur 5 700

D - Client Dubois C +

2 750	
2 750	0

Solde débiteur = 2 750

COMPTES DE GESTION

Compte de charge

D+ Achats de marchandises C -

5 700	
5 700	0

Solde débiteur = 5 700

Compte de produit

D - Ventes de marchandises C +

	10 050
0	10 050

Solde créditeur =10 050

4. Identifiez les opérations restant à venir pour achever le processus comptable.

L'entreprise doit enregistrer l'ensemble des opérations durant tout l'exercice comptable.

Elle procédera ensuite à l'inventaire pour pouvoir établir le bilan et le compte de résultat.

Application 2 Distinguer les opérations affectant le patrimoine et le résultat – p. 77

Compétence attendue : C2

Indiquez, dans chaque cas, s'il s'agit d'un actif, d'un passif, d'une charge ou d'un produit.

Comptes	Actif	Passif	Charge	Produit
1. Prêts accordés au personnel	X			
2. Ventes de marchandises				X
3. Sous-traitance générale			X	
4. Mobilier de bureau	X			
5. Banque	X	X (1)		
6. Fournisseurs d'immobilisations		X		
7. Emprunts auprès des étab. de crédit		X		
8. Achats de marchandises			X	
9. Ventes d'emballages				X
10. Locations de véhicules de transport			X	

(1) Dans le cas d'un découvert bancaire.

Application 3 Analyser des écritures comptables – p. 78

Compétence attendue : C2

1. Traduisez en langage courant les opérations comptables présentes au journal.

– Le 3 janvier l'entreprise achète pour 645 € de marchandises à son fournisseur.
– Le 5 janvier, elle vend pour 1 300 € de marchandises à un client.
– Le 6 janvier, elle règle par la banque à son fournisseur 645 € et solde sa dette.
– Le 7 janvier, elle encaisse le règlement de 1 300 € du client.
– Le 8 janvier, elle règle un pourboire au livreur directement au moyen d'espèces.

2. Identifiez les écritures génératrices de résultat.

Seules les deux premières et la dernière écritures sont génératrices de résultat. Dans ces écritures comptables, on observe des comptes de gestion (classes 6 et 7). Les autres écritures n'utilisent que des comptes de bilan. Elles modifient donc la répartition du patrimoine sans l'augmenter ni le diminuer.

3. Calculez le résultat pour l'ensemble de ces opérations.

Le résultat est un bénéfice de 1 300 – 645 –15 soit 645 €. Les produits sont plus importants que les dettes.

Application 4 Distinguer comptabilité d'engagement et comptabilité de trésorerie – p. 78

Compétence attendue : C3

1. Enregistrez les opérations décrites au journal de l'entreprise en considérant que l'entreprise Kumquat tient une comptabilité d'engagement.

		1er oct.		
411		Clients	1 400	
	701	Ventes de produits finis		1 400
		Ventes à Arbousier		
		2 oct.		
512		Banque	2 300	
	701	Ventes de produits finis		2 300
		Ventes à Châtaigner		
		2 oct.		
531		Caisse	1 500	
	512	Banque		1 500
		Retrait pour caisse		
		3 oct.		
601		Achats de matières premières	1 000	
	401	Fournisseurs		1 000
		4 oct.		
411		Clients	1 500	
	701	Ventes de produits finis		1 500
		Ventes à Caroubier		
		5 oct.		
601		Achats de matières premières	800	
	531	Caisse		800
		Achats de MP		

2. Enregistrez les opérations décrites au journal de l'entreprise en considérant que l'entreprise Kumquat tient une comptabilité de trésorerie.

	2 oct.		
512	Banque	2 300	
701	Ventes de produits finis		2 300
	Ventes à Châtaigner		
	2 oct.		
531	Caisse	1 500	
512	Banque		1 500
	Retrait pour caisse		
	5 oct.		
601	Achats de matières premières	800	
531	Caisse		800
	Achats de MP		

3. Procédez aux enregistrements des 15, 20 et 25 octobre dans la comptabilité de trésorerie.

	15 oct		
512	Banque	1 400	
701	Ventes de produits finis		1 400
	Ventes à Arbousier		
	20 oct.		
601	Achats de matières premières	1 000	
512	Banque		1 000
	25 oct.		
512	Banque	1 500	
701	Ventes de produits finis		1 500
	Ventes à Caroubier		

4. Concluez.

La comptabilité de trésorerie n'enregistre les produits et les charges uniquement lorsqu'ils font l'objet d'un règlement effectif. Les opérations qui n'ont pas été enregistrées entre le 1er et le 5 octobre le seront lorsqu'elles feront l'objet d'un règlement.

La comptabilité de trésorerie ne mouvemente pas les comptes de tiers c'est-à-dire les dettes et les créances (sauf lors de la clôture de l'exercice). La gestion de ses échéanciers clients et fournisseurs n'en sera que plus importante.

Application 5 Représenter un bilan – p. 79

Compétences attendues : C2 et C4

1. Déterminez la valeur des biens apportés et du passif exigible.

Valeur des biens :
- Fonds commercial : .... 225 000 €
- Agencements du magasin : .... 110 000 €
- Stock de marchandises :.. 64 000 €
- Dépôts sur un compte à la Banque Populaire :................ 2 000 €

Total actif.. 401 000 €

Passif exigible :
- Emprunt auprès d'un établissement de crédit : .... 90 000 €
- Dettes envers les fournisseurs : .... 26 000 €

Total passif.. 116 000 €

2. Calculez le montant du capital que M. Bonenfant a dû apporter pour créer son entreprise.

Capital = Total actif – Total passif = 401 000 – 116 000 = 285 000 €

3. Présentez le bilan à la création de l'entreprise soit au 23 avril N.

Bilan au 23 avril N

Actif		Passif	
Actif immobilisé		Capitaux propres	
Fonds commercial	225 000	Capital	285 000,00
Agencement magasin	110 000	*Situation nette*	*285 000,00*
Actif circulant		Dettes	
Stock marchandises	64 000,00	Emprunt	90 000,00
Banque	2 000,00	Dettes fournisseurs	26 000,00
Total	401 000,00	Total	401 000,00

Application 6 Présenter les documents de la balance aux documents de synthèse – p. 79

Compétence attendue : C4

1. Établissez la balance par soldes au 30/09/N et déterminez le solde du compte « Capital ».

Intitulés des comptes	Soldes débiteurs	Soldes créditeurs
Achats de marchandises	1 248 000	
Capital		245 945
Terrains	150 000	
Caisse	2 600	
Produits exceptionnels		1 700
Impôts et taxes	8 750	
Titres immobilisés	25 000	
Charges financières	3 645	
Fournisseurs		89 000
Constructions	236 000	
Charges de personnel	99 000	
Banque (découvert bancaire)		63 000
Produits financiers		1 850
Agencements, aménagements	44 700	
Services extérieurs	38 700	
Clients	165 000	
Charges exceptionnelles	100	
Ventes de marchandises		1 620 000
	2 021 495	2 021 495

Solde du compte Capital : par différence, 2 021 495 – 1 775 550 (total des soldes créditeurs hors capital) = 245 945.

2. Présentez le compte de résultat au 30 septembre N.

Charges	Montants	Produits	Montants
Achats de marchandises	1 248 000	Ventes de marchandises	1 620 000
Services extérieurs	38 700	Produits financiers	1 850
Impôts et taxes	8 750	Produits exceptionnels	1 700
Charges de personnel	99 000		
Charges financières	3 645		
Charges exceptionnelles	100		
Solde créditeur :	225 355		
	1 623 550		1 623 550

3. Présentez le bilan au 30 septembre N.

Postes d'actif	Montants	Postes de passif	Montants
Immobilisations :		Capitaux propres :	
Terrains	150 000	Capital	245 945
Constructions	236 000	Résultat de l'exercice	225 355
Agencements, aménagements	44 700		471 300
Titres immobilisés	25 000		
	455 700		
Actif circulant :		Dettes :	
Clients	165 000	Fournisseurs	89 000
Caisse	2 600	Banque (découvert)	63 000
	167 600		152 000
	623 300		623 300

Application 7 QCM – p. 80

Répondez par « oui » ou « non » aux affirmations ci-dessous en donnant les explications nécessaires.

1. Le passif du bilan est composé des dettes de l'entreprise vis-à-vis des tiers.
Faux. Le passif du bilan comprend également les capitaux propres représentatifs de la situation nette de l'entreprise (actif - passif).

2. Les apports de l'entrepreneur constituent une ressource.
Vrai. Ce financement constitué par un prélèvement dans le patrimoine du propriétaire pour l'apporter à l'entreprise en création (nouvelle entité comptable) constitue la ressource initiale.

3. Les totaux d'emplois et de ressources d'un ensemble d'opérations doivent être égaux.
Vrai. Sinon, la partie double ne serait pas respectée. Chaque opération doit se solder par une égalité entre ressources et emplois.

4. L'achat d'un équipement industriel est une opération génératrice de résultat.
Faux. L'acquisition d'un équipement ne diminue pas le patrimoine de l'entreprise ; l'équipement est, de ce fait, inscrit à l'actif du bilan.

5. Le paiement d'un loyer constitue une opération génératrice de résultat.
Vrai. Le paiement d'un loyer diminue le patrimoine de l'entreprise. Il s'agit donc d'un emploi définitif.

6. Un compte « banque » débiteur figure à l'actif du bilan.
Vrai. Le compte banque débiteur signifie que l'entreprise dispose de disponibilité sur son compte bancaire, il s'agit d'un bien ayant une valeur positive pour l'entreprise. C'est donc bien un actif.

Mettre en œuvre les compétences

Application 1 Analyse d'opérations comptables – p. 81

Compétences attendues : C1 et C2

1. Décrivez l'ensemble des opérations réalisées par l'entreprise.

– Le 01/10 : Un client règle (crédit du compte client - ressource de l'opération) par chèque ou virement l'entreprise JLS (débit du compte Banque-emploi de l'opération) pour un montant de 30 000 €.
– Le 11/10 : L'entreprise JLS achète un matériel de transport d'un montant de 22 000 € (débit du compte matériel-emploi de l'opération). Elle utilise deux ressources : ses disponibilités bancaires pour 8 000 € (crédit de banque) et un crédit accordé par le fournisseur (crédit du compte fournisseur) d'un montant de 12 000 €. Elle a donc une dette vis-à-vis de lui.
– Le 12/10 : L'entreprise JLS vend (crédit du compte vente – ressource de l'opération) pour un total de 20 000 €. La moitié est encaissée en banque (débit du compte banque). Pour le reste l'entreprise détient une créance sur son client (débit du compte client).

2. Indiquez les opérations non génératrices de résultat et justifiez votre raisonnement.

La seule opération génératrice de résultat est la vente de marchandises. En effet, les autres opérations ne comportent que des comptes d'actif alors que la dernière opération comporte et des comptes d'actif et un compte de gestion.

Application 2 Construction d'un bilan – p. 81

Compétences attendues : C4

1. Déterminez la situation nette et le résultat.

En l'absence de comptes de gestion le résultat ne peut être déterminé que par différence :
Valeur des biens – Actif du bilan :

Terrains : .... 82 000 €
Titres immobilisés : .... 6 400 €
Constructions : .... 320 000 €
Matériel industriel : .... 87 500 €
Créances clients : .... 53 000 €
Créances diverses : .... 38 000 €
Stock de matières premières : .... 11 000 €
Stocks de produits finis : .... 9 800 €
Trésorerie : .... 1 800 €
Total actif .... 609 500 €
Passif exigible (dettes) :
Dettes fiscales et sociales 153 000
Dettes fournisseurs 109 400
Emprunt 80 000
Total du passif exigible 342 400
Situation nette : 609 500 – 342 400 = 267 100 €.
Résultat de l'exercice : 267 100 – 250 000 = 17 100 €.

2. Présentez le bilan au 31 décembre N.

Postes d'actif	Montants	Postes de passif	Montants
ACTIF IMMOBILISE		CAPITAUX PROPRES	
Terrains	82 000	Capital	250 000
Constructions	320 000	***Résultat***	***17 100***
Matériel industriel	87 500	**Situation nette**	**267 100**
Titres immobilisés	6 400	DETTES	
ACTIF CIRCULANT			
Stock MP	11 000		
Stock PF	9 800	Emprunt	80 000
Créances clients	53 000	Dettes fournisseurs	109 400
Créances diverses	38 000	Dettes fiscales et sociales	153 000
Trésorerie	1 800		
Total actif	**609 500**	**Total passif**	**609 500**

Application 3 Cas de synthèse – p. 81

Compétences attendues : C1, C2, C3 et C4

1. Présentez le bilan au 3 octobre N, à la création de l'entreprise.

La somme des actifs représente 423 000 €.
Le passif exigible est de 150 000 €.
L'entreprise ne dégage aucun résultat puisqu'il s'agit du bilan à la création de l'entreprise. La différence représente donc le capital.

Bilan au 03/10/N

Postes d'actif	Montants	Postes de passif	Montants
ACTIF IMMOBILISÉ		**CAPITAUX PROPRES**	
Fonds commercial	135 000	Capital	273 000
Aménagements	90 000		
Mobilier	14 000	**DETTES**	
ACTIF CIRCULANT		Emprunt	150 000
Créances clients	180 000		
Banque	2 500		
Caisse	1 500		
	423 000		423 000

2. Répertoriez dans un tableau les ressources et les emplois pour chaque opération.

Dates	OPÉRATIONS	EMPLOIS		RESSOURCES	
		Élément	Montant	Élément	Montant
04-oct	Achat à crédit d'aménagements	Aménagements	8 000	Fournisseur	8 000
09-oct	Paiement de frais postaux en espèces	Frais postaux (charge)	54	Caisse	54
11-oct	Prestations de services à crédit	Clients	2 800	Prestations (produit)	2 800
15-oct	Règlement par chèque de publicité	Publicité (charge)	420	Banque	420
21-oct	Encaissement d'une créance	Banque	3 000	Clients	3 000
25-oct	paiement d'un loyer	Locations (charge)	2 600	Banque	2 600
29-oct	Achat de fournitures à crédit	Achats de fournitures (charges)	1 800	Fournisseur	1 800
31-oct	Prestations au comptant du mois	Banque et caisse	2 300 et 280	Prestations (produit)	2 580

3. Enregistrez les opérations dans les comptes schématiques et déterminez les soldes.

Comptes de bilan

Fonds commercial	
135 000	

Aménagements	
90 000	
8 000	
98 000	

solde débiteur : 98 000

Mobilier	
14 000	

Clients	
180 000	3 000
2 800	
182 800	3 000

solde débiteur : 179 800

Banque	
2 500	420
3 000	2 600
2 300	
7 800	3 020

solde débiteur : 4 780

Caisse	
1 500	54
280	
1 780	54

solde débiteur : 1 726

Fournisseurs	
	8 000
	1 800
	9 800

solde créditeur : 9 800

Capital	
	273 000

Emprunt	
	150 000

Comptes de gestion

Frais postaux	
54	
54	

Ventes de produits	
	2 800
	2 580
	5 380

Publicité	
420	
420	

Locations	
2 600	
2 600	

Achats de fournitures	
1 800	
1 800	

4. Déterminez le résultat par différence entre les produits et les charges de l'entreprise.

Ressources définitives : 2 800 + 2 580 = 5 380 €.
Emplois définitifs : 54 + 420 + 2 600 + 1 800 = – 4 874 €.
Résultat : 506 €.

5. Présentez le bilan au 31 octobre N. Vérifiez la détermination du résultat en calculant la variation de la situation nette entre le 3 octobre et le 31 octobre.

Bilan au 31 octobre

Postes d'actif	Montants	Postes de passif	Montants
ACTIF IMMOBILISÉ		**CAPITAUX PROPRES**	
Fonds commercial	135 000	Capital	273 000
Aménagements	98 000	Résultat	506
Mobilier	14 000	**DETTES**	
ACTIF CIRCULANT		Emprunt	150 000
Créances clients	179 800	Fournisseurs	9 800
Banque	4 780		
Caisse	1 726		
	433 306		433 306

Situation nette au 31/10 = biens – dettes
= 433 306 – (150 000 + 9 800) = 273 506 €.
Variations de la situation nette = 273 506 – 273 000 = 506 €.
La variation de la situation nette entre le 3/10 et le 31/10 est bien égale au résultat.

6. Indiquez les opérations qui n'auraient pas été enregistrées durant l'année si l'entreprise avait tenu une comptabilité de trésorerie.

– 04/10 : achat à crédit d'aménagements intérieurs : 8 000 €
– 11/10 : facturation de prestations à crédit : 2 800 €
– 29/10 : achat de fournitures de bureau, payable le 15/11 : 1 800 €

Ces opérations seront enregistrées lors de leur règlement.

Application 4 Cas de synthèse – p. 82

Compétences attendues : C1, C2, C3 et C4

1. a. Retrouvez le montant du capital de l'entreprise, sachant que le total des mouvements débités doit être égal au total des mouvements crédités.

Total des débits :	711 000
– total des crédits :	– 698 600
	12 400

b. Présentez la balance complétée.

Intitulés des comptes	Total débits	Total crédits	Soldes débiteurs	Soldes créditeurs
Capital		12 400		12 400
Emprunt CPME	20 000	100 000		80 000
Matériel de transport	28 000		28 000	
Aménagements	35 000		35 000	
Matériel de bureau	42 000		42 000	
Clients	154 000	82 000	72 000	
Banque	102 500	21 000	81 500	
Caisse	2 000	1 080	920	
Achats de marchandises	325 000	3 000	322 000	
Fournitures d'entretien	1 000		1 000	
Charges financières	1 500		1 500	
Ventes de marchandises		487 900		487 900
Produits financiers		3 620		3 620
Totaux	711 000	711 000	583 920	583 920

c. À quelle opération correspondent le compte « Emprunt CPME » et les montants du total « débit » et du total « crédit » correspondants dans la balance au 30 avril N ?

Ce compte indique que montant de l'emprunt auprès du CPME est de 100 000 € et que l'entreprise Achille a remboursé 20 000 € au 30 avril. Le capital restant dû sur cet emprunt est donc de 80 000 €, montant du solde créditeur.

d. À quel type d'opération peut correspondre le crédit du compte « Achats de marchandises » figurant dans la balance au 30 avril N ?

Il s'agit des marchandises retournées aux fournisseurs, par exemple en cas de non-conformité avec la commande.

2. Enregistrez les écritures du mois de mai au livre-journal.

	a — Reports	711 000,00	711 000,00
512	Banque	225 000,00	
707	Ventes de marchandises		225 000,00
	Remise de chèques sur ventes		
	b		
531	Caisse	89 600,00	
707	Ventes de marchandises		89 600,00
	Pièce de caisse n°…		
613	Locations -c-	4 000,00	
623	Publicité, publications… -d-	3 600,00	
607	Achats de marchandises -e-	210 000,00	
635	Autres impôts, taxes et versements assimilés -f-	1 700,00	
512	Banque		219 300,00
	Chèques n°…		
	g		
607	Achats de marchandises	30 000,00	
531	Caisse		30 000,00
	Pièce de caisse n°…		
	h		
512	Banque	21 000,00	
411	Clients		21 000,00
	Remise de chèque		
	i		
512	Banque	37 000,00	
531	Caisse		37 000,00
	Pièce de caisse n°…		
	j		
164	Emprunt	8 500,00	
661	Charges financières	1 500,00	
512	Banque		10 000,00
	Remboursement partiel de l'emprunt et paiement des intérêts		
	k		
64	Charges de personnel	1 200,00	
512	Banque		1 200,00
	Règlement salaire du vendeur		
	Totaux	1 344 100,00	1 344 100,00

3. Repérez les écritures génératrices de résultat.

Il s'agit des opérations répertoriées a) b) c) d) e) f) g) j) k) puisqu'elles présentent à la fois des comptes de gestion et des comptes de bilan.
Les autres opérations h) et i) ne présentent que des comptes de bilan. Le patrimoine n'augmente pas, il ne diminue pas ; seule sa répartition est modifiée.

4. Présentez le grand-livre au 31 mai N.

COMPTES DE BILAN

512 Banque

AN :	102 500	AN :	21 000
	225 000		219 300
	21 000		10 000
	37 000		1 200
	385 500		251 500

Solde créditeur = 134 000

101 Capital

		AN :	12 400
	0		12 400

Solde créditeur = 12 400

2 182 Matériel de transport

AN :	28 000		
	28 000		0

Solde débiteur = 28 000

2 181 Aménagements

AN :	35 000		
	35 000		0

Solde débiteur = 35 000

531 Caisse

AN :	2 000	AN :	1 080
	89 600		30 000
			37 000
	91 600		68 080

Solde débiteur = 23 520

2 184 Matériel de bureau

AN :	42 000		
	42 000		0

Solde débiteur = 42 000

411 Clients

AN :	154 000	AN :	82 000
			21 000
	154 000		103 000

Solde débiteur = 51 000

164 Emprunt CPME

AN :	20 000	AN :	100 000
	8 500		
	28 500		100 000

Solde créditeur = 71 500

COMPTES DE GESTION

607 Achats de marchandises

AN :	325 000	AN :	3 000
	210 000		
	30 000		
	565 000		3 000

Solde débiteur = 562 000

606 Fournitures d'entretien

AN :	1 000		
	1 000		

Solde débiteur = 1 000

613 Locations

4 000	
4 000	

Solde débiteur = 4 000

623 Publicité, publications...

3 600	
3 600	

Solde débiteur = 3 600

661 Charges financières

AN :	1 500	
	1 500	
	3 000	

Solde débiteur = 3 000

635 CET

1 700	
1 700	

Solde débiteur = 1 700

64 Charges de personnel

1 200	
1 200	

Solde débiteur = 1 200

707 Ventes de marchandises

	AN :	487 900
		225 000
		89 600
		802 500

Solde créditeur = 802 500

76 Produits financiers

	AN :	3 620
		3 620

Solde créditeur = 3 620

5. Présentez la balance au 31 mai N.

Intitulés des comptes	Total débits	Total Crédits	Soldes débiteurs	Soldes créditeurs
Capital		12 400		12 400
Emprunt CPME	28 500	100 000		71 500
Matériel de transport	28 000		28 000	
Aménagements	35 000		35 000	
Matériel de bureau	42 000		42 000	
Clients	154 000	103 000	51 000	
Banque	385 500	251 500	134 000	
Caisse	91 600	68 080	23 520	
Achats de marchandises	565 000	3 000	562 000	
Fournitures d'entretien	1 000		1 000	
Locations	4 000		4 000	
Publicité	3 600		3 600	
Impôts, taxes	1 700		1 700	
Charges de personnel	1 200		1 200	
Charges financières	3 000		3 000	
Ventes de marchandises		802 500		802 500
Produits financiers		3 620		3 620
Totaux	1 344 100	1 344 100	890 020	890 020

6. Présentez le compte de résultat de la période et le bilan au 31 mai N.

Compte de résultat de la période

Eléments	Débit	Eléments	Crédit
Achats de marchandises	562 000	Ventes de marchandises	802 500
Fournitures d'entretien	1 000	Produits financiers	3 620
Locations	4 000		
Publicité	3 600		
Impôts, taxes	1 700		
Charges de personnel	1 200		
Charges financières	3 000		
Total des charges	576 500	Total des produits	806 120
Résultat (bénéfice)	229 620		

Bilan au 31 mai N

Eléments	Actif	Eléments	Passif
Matériel de transport	28 000	Capital	12 400
Aménagements	35 000	Résultat	229 620
Matériel de bureau	42 000	Capitaux propres	242 020
Clients	51 000	Emprunt CPME	71 500
Banque	134 000		
Caisse	23 520		
Total	313 520	Total	313 520

Entraînement à l'examen

❶ Droit comptable – p. 84

1. Rappelez la composition du patrimoine de l'entreprise.

Le patrimoine de l'entreprise se compose de l'ensemble des éléments d'actif et de passif contribuant à l'établissement du bilan comptable.

2. Définissez le terme « sincérité ».

La sincérité est l'application de bonne foi des règles et procédures en fonction de la connaissance que les responsables des comptes doivent normalement avoir de la réalité et de l'importance des opérations.

3. Énoncez quatre agents économiques qui utilisent les documents de synthèse en précisant en quoi les comptes annuels leur sont utiles.

Quatre agents uniquement sont à mentionner ; ce seront l'un ou l'autre choisis parmi la liste ci-dessous.

Utilisateurs	Motifs de l'utilisation
Dirigeants	Évaluer les décisions de gestion prises au cours de l'exercice. Décider de l'orientation et des décisions futures à prendre.
Actionnaires et associés actuels et potentiels	Connaître l'état de « santé » de l'entreprise. Évaluer le potentiel de rentabilité de l'entreprise. Décider d'investir ou de se retirer du capital.
Fournisseurs	Connaître la solvabilité de l'entreprise (prévenir les risques d'insolvabilité).
Clients	Apprécier si le fournisseur est fiable.
Banque	Décider de l'octroi ou non d'un prêt, d'un découvert bancaire autorisé…
État et administration fiscale	Déterminer le montant des différents impôts et taxes à verser au Trésor public.
Comité d'entreprise et salariés	Connaître l'état de santé de l'entreprise (prévoir les plans de licenciement économique).

	Négocier les augmentations de salaires, les primes, l'intéressement ou la participation des salariés aux résultats de l'entreprise…
Organismes sociaux	Déterminer le montant des différentes cotisations à verser aux caisses.
Commissaire aux comptes	Effectuer sa mission de contrôle des comptes. Permettre de certifier la régularité et la sincérité des comptes.

❷ Normalisation comptable – p. 84

1. Identifiez et hiérarchisez, parmi les sources du droit comptable, celle relative au document annexe.

Le document annexe présente un extrait des recommandations et observations de l'ANC relatives au COVID-19.
Ces recommandations et observations sont des éléments de doctrine : ensemble des avis et interprétations émis sur des points non précisés par les textes législatifs et réglementaires par des autorités compétentes en la matière (ici l'ANC).
La doctrine se situe au dernier échelon des sources du droit.

2. Identifiez et décrivez la règle comptable sur laquelle s'appuie l'ANC dans l'article 512-4 du PCG.

La règle comptable sur laquelle s'appuie l'ANC dans l'article 512-4 du PCG est l'annualité des exercices comptables : la vie de l'entreprise est découpée en périodes d'un an appelées « exercices comptables ». Les produits et les charges doivent être rattachés à l'exercice où ils ont pris naissance.

3. Expliquez le choix du compte préconisé par l'ANC pour comptabiliser cette aide du fonds de solidarité. Dans quel exercice comptable devra-t-elle être comptabilisée ?

Selon l'ANC, l'aide du fonds de solidarité devra être comptabilisée dans le compte 74 « Subventions d'exploitation ». Ce compte est habituellement utilisé pour des subventions destinées à compenser l'insuffisance de certains produits d'exploitation ou à faire face à certaines charges d'exploitation.
Cette aide doit être comptabilisée lorsque l'entreprise en a fait la demande parce qu'elle estime remplir les critères. En l'espèce, elle doit être comptabilisée dans l'exercice N.

Chapitre 5

Le mécanisme de la TVA

Comprendre les notions

Application 1 Calculer la TVA due à l'État – p. 103

Compétence attendue : C1

1. Calculez les montants de TVA collectée et de TVA déductible.

TVA collectée : 35 000 × 20 % .... 7 000 €
TVA déductible :
– Sur plantes et matières : 12 500 × 20 % .... 2 500 €
– Sur achats d'immobilisations : 2 000 × 20 % .... 400 €
Total TVA déductible .... 2 900 €

2. Déterminez le montant de TVA due à l'État.

TVA due = TVA collectée – TVA déductible : 7 000 – 2 900 = **4 100 €**

Application 2 Distinguer le régime de la TVA sur les débits du régime de la TVA sur les encaissements – p. 103

Compétence attendue : C1

1. Rappelez les règles d'exigibilité de la TVA pour les ventes de biens et pour les ventes de prestations de services.

TVA pour les ventes de biens : Les ventes de biens sont soumises à la TVA sur les débits : la TVA est exigible à la date de livraison soit, en pratique, à la date de facturation. En cas d'acomptes encaissés en amont de la livraison, la TVA est immédiatement exigible à la date de leur encaissement.
TVA sur les ventes de prestations de services : les ventes de services sont soumises à la TVA sur les encaissements : la TVA est exigible lors de l'encaissement du prix.

Le prestataire peut opter pour les débits. La TVA est alors exigible lors de la facturation. Cependant, si l'opération fait l'objet d'un versement d'acompte, la TVA sur cet acompte est exigible lors du versement.

2. Calculez la TVA collectée du mois de novembre en considérant que l'entreprise Guppy a opté pour les débits pour ses prestations de services.

Ventes de biens :
– meubles : 65 000 × 20 % ....13 000 €
– électroménager : 12 500 × 20 %...................................2 500 €
Ventes de prestations de services :
– cuisine Guppy : 6 880 × 20 % ....1 376 €
– autres cuisines : 4 800 × 20 %.................................... 960 €
Total TVA collectée ....17 836 €

3. Calculez la TVA collectée du mois de novembre en considérant que l'entreprise Guppy n'a pas opté pour les débits.

L'absence d'option ne change rien à la TVA collectée sur ventes de bien
Ventes de biens (sans changement) :
– meubles : 65 000 × 20 % ....13 000 €
– électroménager : 12 500 × 20 %...................................2 500 €
Ventes de prestations de services : seuls les montants encaissés génèrent de la TVA collectée :
– cuisine Guppy : 2 752 ÷ 1,2 × 20 %............................458,67 €
– autres cuisines : 5 760 ÷ 1,2 × 20 % =.................. 960,00 €
Total TVA collectée ....16 918,67 €

4. Analysez les conséquences du choix de l'option en matière de TVA à décalsser pour l'entreprise Guppy.

L'option sur les débits pour la TVA sur prestations de services fait augmenter le montant de TVA immédiatement collectée puisque celle-ci est exigible dès la facturation (tout du moins si les ventes sont réalisées en tout ou partie à crédit). En dehors des encaissements d'acomptes, la TVA est collectée indépendamment de tout encaissement.
Pour l'entreprise Guppy, l'option majore sa TVA collectée de novembre de : 17 836 – 16 918,67 = 917,33 €. Cette différence est due à l'installation de cuisines Guppy sur lesquelles l'entreprise accorde des crédits alors que

l'installation des autres cuisines est encaissée au comptant (l'option ne change rien si le client règle immédiatement le montant de la vente).

Application 3 Analyser les opérations commerciales avec l'étranger – p. 103

Compétence attendue : C1

1. Indiquez le régime de TVA applicable pour la société Redcherry et précisez la conséquence en matière d'exigibilité de la TVA.

La société Redcherry vend uniquement des biens, elle est donc soumise à la TVA sur les débits. Par conséquent, la TVA est exigible à la facturation.

2. Déterminez le montant de TVA exigible et le montant de TVA déductible pour le mois de décembre. Vous présenterez vos calculs dans un tableau selon le modèle suivant.

Opérations	Qualification de l'opération, calculs et justification	TVA exigible	TVA déductible
Ventes en France	Vente de biens en France : TVA collectée sur 12 650 € : 12 650 × 20 % =	2 530 €	
Ventes en Italie à des particuliers	Vente à un non-assujetti : la TVA française est donc applicable : 2 300 × 20 %	460 €	
Ventes en Italie à des entreprises	Livraison intracommunautaire : la facture française ne mentionne pas de TVA.		
Ventes en Suisse à des particuliers	Il s'agit d'une exportation donc d'une vente exonérée.		
Achats de marchandises en provenance de France	Il s'agit d'un achat en France normalement imposable : TVA déductible : 1 500 × 20 %		300 €

Achat de marchandises en provenance d'Espagne	Il s'agit d'une acquisition intracommunautaire générant : – de la TVA due intracommunautaire : 2 000 × 20 % ; – et de la TVA déductible pour un montant équivalent.	400 €	400 €
Achats de marchandises en provenance d'Asie	Il s'agit d'une importation : la TVA est autoliquidée par l'entreprise qui la collecte ; elle devient déductible pour un montant équivalent : 4 500 × 20 %	900 €	900 €
Totaux		**4 290 €**	**1 600 €**

3. Déterminez le montant de TVA à décaisser, en considérant qu'il s'agit des seules opérations de l'entreprise Redcherry pour le mois de décembre.

D'après le tableau précédent :
– total TVA exigible = 4 290 €
– total TVA déductible = 1 600 €
TVA à décaisser = 2 690 €

Application 4 Analyser un extrait de balance – p. 104

Compétence attendue : C1

1. Indiquez si l'entreprise effectue des opérations avec l'étranger.

Puisque le solde du compte 4452 n'est pas nul, l'entreprise a effectué des opérations avec les pays de l'Union européenne. Il s'agit donc d'acquisitions intracommunautaires. Par conséquent, l'entreprise effectue des opérations avec l'étranger. En revanche, il n'est pas possible de dire si elle effectue des opérations avec l'étranger hors UE car la TVA autoliquidée est inscrite dans le compte 4457 en l'absence de compte spécifique créé par l'ANC.

2. Indiquez la signification des soldes créditeurs de TVA.

Les soldes créditeurs de TVA représentent les montants de TVA collectée par l'entreprise (dans son rôle d'intermédiaire) et qu'elle doit à l'État. Il s'agit de la TVA collectée sur les opérations en France et en Europe (dettes vis-à-vis de l'État).

3. Déterminez le montant de TVA à décaisser.

TVA collectée :	
Comptes 44571 et 4452 = 15 850 + 3 600 =	19 450 €
TVA déductible :	
Comptes 44562 et 44566 = 2 500 + 12 650 =	15 150 €
TVA à décaisser = 19 450 – 15 150 =	4 300 €

Application 5 Calculer le crédit de TVA – p. 104

Compétence attendue : C1

1. Calculez le montant du crédit de TVA.

La déclaration de TVA fait apparaître les montants suivants :

TVA collectée	37 232
TVA sur immobilisations	– 27 859
TVA sur autres biens et services	– 16 952
Crédit de TVA	– 7 579

	28-févr		
44571	TVA collectée	37 232,22	
44567	Crédit de TVA à reporter	7 579,00	
44562	TVA sur immobilisations		27 858,74
44566	TVA sur autres biens et services		16 951,64
758	Autres produits de gestion courante		0,84
	Liquidation de la TVA de février		

2. Indiquez en une phrase la signification de ce crédit.

Le compte 44567 « Crédit de TVA » est débiteur, ce qui signifie que l'entreprise a une créance sur l'État d'un montant de 7 579 €. Cela signifie aussi que l'entreprise a collectée moins de TVA qu'elle n'en a déduit.

Application 6 Déterminer et enregistrer la TVA à décaisser et la TVA intracommunautaire – p. 105

Compétences attendues : C1 et C2

1. Présentez et enregistrez la liquidation de TVA du mois de mars N.

Éléments	Calculs	TVA
TVA collectée	200 000 × 20 %	40 000
TVA intracommunautaire	30 000 × 20 %	6 000
TVA exigible		46 000
TVA sur immobilisations	20 000 × 20 %	4 000
TVA sur autres B et S	(50 000 + 30 000) × 20 %	16 000
TVA déductible		20 000
TVA à décaisser		26 000

	31-mars		
44571	TVA collectée	40 000	
4452	TVA due intracommunautaire	6 000	
44551	TVA à décaisser		26 000
44562	TVA sur immobilisations		4 000
44566	TVA sur autres biens et services		16 000
	liquidation de la TVA de mars		

2. Enregistrez le télépaiement de la TVA en date du 22 avril N.

	22-avr		
44551	TVA à décaisser	26 000	
512	Banque		26 000
	paiement de la TVA de mars		

Application 7 Calculer et enregistrer la TVA à décaisser – p. 105

Compétences attendues : C1 et C2

1. Déterminez la TVA à décaisser ou le crédit de TVA de février et mars N.

Pour le calcul des arrondis, il est nécessaire de se référer aux rubriques de la déclaration CA3, car l'arrondi est appliqué rubrique par rubrique.

TVA de février			
Éléments	**Calculs**	**TVA**	**Déclaration**
TVA collectée TVA sur immobilisations TVA sur autres B et S	130 173,24 × 20 % 42 000 × 20 % 99 127,45 × 20 %	26 034,65 – 8 400,00 – 19 825,49	26 035 – 8 400 – 19 825
Crédit de TVA à reporter	Charge d'arrondi : 0,84 €	– 2 190,84	– 2 190

TVA de mars			
Éléments	**Calculs**	**TVA**	**Déclaration**
TVA collectée TVA sur immobilisations TVA sur autres B et S Report de crédit de TVA	190 147,43 × 20 % 17 000 × 20 % 101 978,92 × 20 %	38 029,49 – 3 400,00 – 20 395,78 – 2 190,00	38 029 – 3 400 – 20 396 – 2 190
TVA à payer	Produit d'arrondi : 0,71 €	12 043,71	12 043

2. Présentez les écritures nécessaires pour février et mars N.

	28-févr		
44571	TVA collectée	26 034,65	
44567	Crédit de TVA à reporter	2 190,00	
658	Autres charges de gestion courante	0,84	
44562	TVA sur immobilisations		8 400,00
44566	TVA sur autres biens et services		19 825,49
	Liquidation de la TVA de février		
	31-mars		
44571	TVA collectée	38 029,49	
44551	TVA à décaisser		12 043,00
44562	TVA sur immobilisations		3 400,00
44566	TVA sur autres biens et services		20 395,78
44567	Crédit de TVA à reporter		2 190,00
758	Autres produits de gestion courante		0,71
	Liquidation de la TVA de mars		

Application 8 QCM – p. 105

Répondez par « Vrai » ou « Faux » aux affirmations ci-dessous en donnant les explications nécessaires.

1. Une entreprise de services dont le chiffre d'affaires est de 125 000 € est obligatoirement soumise au régime du réel simplifié.

Faux. Cette entreprise relève normalement du régime simplifié, mais elle peut opter pour le régime réel normal.

2. Un assujetti dont le chiffre d'affaires est de 875 000 € est obligatoirement soumis au régime du réel normal.
Faux. Il dépasse le seuil lui permettant de bénéficier du régime simplifié, mais il peut opter pour ce régime si la TVA annuelle à payer est inférieure à 4 000 €.

3. Les termes « TVA exigible » et « TVA collectée » sont synonymes.
Faux. Dans une entreprise qui réalise des acquisitions intracommunautaires, la TVA exigible comprend la TVA collectée et la TVA sur acquisitions intracommunautaires.

4. Dans le régime normal, le paiement de la TVA s'effectue en même temps que la télédéclaration CA3.
Vrai. Dans le régime réel normal, le paiement de la TVA est spontané ; le contribuable ne doit pas attendre un ordre de paiement du fisc.

5. Le premier acompte de TVA d'une année N, dans le régime simplifié, est calculé sur la TVA due au titre de l'année N–1.
Vrai. Les calculs sont basés sur l'année N–1 pour le premier et le second acompte.

6. En régime simplifié, les acomptes de TVA sont basés sur le chiffre d'affaires réalisé par l'entreprise.
Faux. Les acomptes dépendent du montant de la TVA collectée de l'année de référence, sous déduction de la TVA déductible sur autres biens et services de cette même année.

7. Dans le cas d'un crédit de TVA, le compte « 44551. TVA à décaisser » est débité.
Faux. On utilise le compte « 44567. Crédit de TVA à reporter » et non un compte de TVA à décaisser.

8. En fin de période, les comptes de TVA collectée et de TVA déductible sont soldés.
Vrai. En principe, par virement au compte 44551 ou au compte 44567. Mais ils peuvent ne pas être soldés lorsque l'entreprise n'utilise pas de comptes spécifiques pour l'enregistrement de la TVA sur les encaissements.

9. Les conséquences de l'arrondi des montants de TVA sur la déclaration sont enregistrées en autres charges de gestion courante.
Faux. L'affirmation est exacte en cas d'arrondis en défaveur de l'entreprise ; mais, dans le sens contraire, les conséquences des arrondis sont enregistrées en autres produits de gestion courante.

Mettre en œuvre les compétences

Application Régime simplifié de TVA – p. 106

Compétences attendues : C1 et C2

1. Déterminez les acomptes de TVA réglés en N.

Base : 21 500 – 6 850 = 14 650 €
1er acompte : 14 650 × 55 % = 8 058 €
2e acompte : 14 650 × 40 % = 5 860 €
Total des acomptes versés : 13 918 €

2. Enregistrez les premier et deuxième acomptes (le 22 du mois concerné).

	22-oct (juil)		
44581	Acomptes - Régime simplifié de TVA	8 058,00	
512	Banque		8 058,00
	1er compte de TVA		
	22-déc		
44581	Acomptes - Régime simplifié de TVA	5 860,00	
512	Banque		5 860,00
	4e acompte de TVA (2e)		

3. Déterminez la TVA due pour l'année N et le solde de TVA à décaisser le 25 avril N+1 figurant sur la déclaration CA12.

Rappel : sur les prestations de services, la TVA est collectée lors du règlement effectif des clients et est déductible lors du paiement de la charge. L'information sur les prestations de services facturées n'est pas prise en compte pour le calcul de la TVA due pour l'année. Seule l'information sur les prestations encaissées est nécessaire ; il en est de même pour l'achat de services.

TVA sur prestations de services encaissées : 156 000 × 0,20 / 1,20	26 000
TVA sur achats de fournitures et matières : 43 600 × 0,20	– 8 720
TVA sur règlements de factures de services : 27 600 × 0,20 / 1,20	– 4 600
TVA sur achat d'immobilisations : 28 000 × 0,20	– 5 600
TVA due pour l'année :	7 080
Total des acomptes versés :	13 918 €
Excédent de versements :	6 838 €

4. Comptabilisez la déclaration CA12 de l'année N.

	31-déc		
44571	TVA collectée	26 000,00	
44567	Crédit de TVA à reporter	6 838,00	
44562	TVA sur immobilisations		5 600,00
44566	TVA sur autres biens et services		13 320,00
44581	Acomptes - Régime simplifié de TVA		13 918,00
	Liquidation de la TVA de l'année (déclaration CA12)		

Chapitre 6

Les achats et ventes de biens ou services : règles générales

Comprendre les notions

Application 1 Évaluation d'une facture de doit – p. 130

Compétence attendue : C2

Présentez le corps de la facture de doit.

Calcul des éléments du bas de facture de doit :

	Q	PU	Brut	Remise	Remise	Net commercial
Sacs de ciment	30,00	45,50	1 365,00		0,00	1 365,00
Gravier	10,00	140,00	1 400,00	10,00 %	140,00	1 260,00
Sable de rivière	60,00	190,00	11 400,00	5,00 %	570,00	10 830,00
Grès de Bavière	25,00	150,00	3 750,00	10,00 %	375,00	3 375,00
Sacs de plâtre	50,00	52,00	2 600,00	10,00 %	260,00	2 340,00
Plaques de plâtre	30,00	90,00	2 700,00		0,00	2 700,00
			23 215,00		**1 345,00**	**21 870,00**

TVA	20,00%	4 374,00
NAP TTC		**26 244,00**

Application 2 Évaluation d'une facture d'avoir – p. 130

Compétence attendue : C2

Présentez le corps de la facture d'avoir.

Calcul des éléments du bas de la facture d'avoir :

FACTURE D'AVOIR

	Q	PU	Brut	Remise	Remise	Net commercial
Grès de Bavière	10,00	150,00	1 500,00	10,00 %	150,00	1 350,00
Plaques de plâtre	5,00	90,00	450,00		0,00	450,00
			1 950,00		**150,00**	**1 800,00**
				TVA	20,00%	360,00
				NAP TTC		**2 160,00**

Application 3 Évaluation d'une facture de doit et son enregistrement selon l'activité des entreprises client et fournisseur – p. 130

Compétence attendue : C2

1. **Complétez la facture.**

Société Peint
12 rue de la gare
13012 Marseille

Facture D567
14/05/N

Doit **Société Dupuis**
11 rue Blancarde
13 004 Marseille

Désignation	Q	PU HT	Montant
Peinture laquée pot 5kg	5	135,00	675,00
Vernis satiné - bidon 3l	3	152,00	456,00

Total brut HT		1 131,00
Remise	5,00%	56,55
Net commercial		1 074,45
Port facturé		100,00
TVA	20,00%	234,89
Net à payer TTC		**1 409,34**

2. Comptabilisez la facture chez Peint, entreprise industrielle de fabrication de peinture.

	14-mai		
411	Clients Dupuis	1 409,34	
701	Ventes de produits finis		1 074,45
7085	Port facturé		100,00
44571	TVA collectée		234,89
	Fact D 567		

3. Comptabilisez la facture chez Peint, entreprise de négoce en gros de peinture.

	14-mai		
411	Clients Dupuis	1 409,34	
707	Ventes de marchandise		1 074,45
7085	Port facturé		100,00
44571	TVA collectée		234,89
	Fact D 567		

4. Comptabilisez la facture chez Dupuis, entreprise industrielle ; cette facture concerne l'approvisionnement en matières premières de son atelier « peinture ».

	14-mai		
601	Achats de matières premières	1 074,45	
6242	Transports sur achats	100,00	
44566	TVA déductible abs	234,89	
401	Fournisseur Peint		1 409,34
	Fact D 567		

5. Comptabilisez la facture chez Dupuis, entreprise exploitant un commerce de droguerie ; cette facture concerne l'approvisionnement en marchandises destinées à la revente.

	14-mai		
607	Achats de marchandises	1 074,45	
6242	Transports sur achats	100,00	
44566	TVA déductible abs	234,89	
401	Fournisseur Peint		1 409,34
	Fact D 567		

Application 4 Évaluation et enregistrement de factures de doit et d'avoir – p. 131

Compétence attendue : C1 et C2

Recherchez les montants manquants et enregistrez les écritures nécessaires chez l'entreprise Solène.

Total brut HT		45 423,80
TVA	20,00 %	9 084,76
Net à payer TTC		**54 508,56**

	03-juin		
411	Clients	54 508,56	
707	Ventes de marchandises		45 423,80
44571	TVA collectée		9 084,76
	03-juin		
512	Banque	54 508,56	
411	Clients		54 508,56

Total brut HT		18 778,33
TVA	20,00 %	3 755,67
Net à rendre TTC		**22 534,00**

	05-juin		
7097	RRR accordés	18 778,33	
4457	TVA collectée	3 755,67	
411	Client Victor		22 534,00

Total brut HT		50 000,00
Remise	1,00 %	- 500,00
Rabais	2,00 %	- 990,00
Net commercial		48 510,00
TVA	20,00 %	9 702,00
Net à payer TTC		**58 212,00**

	10-juin		
411	Client Hector	58 212,00	
707	Ventes de marchandises		48 510,00
44571	TVA collectée		9 702,00

Total brut HT		5 000,00
Remise	1,00 %	- 50,00
Rabais	2,00 %	- 99,00
Net commercial		4 851,00
TVA	20,00 %	970,20
Net à rendre TTC		**5 821,20**

	18-juin		
707	Ventes de marchandises	4 851,00	
4457	TVA collectée	970,20	
411	Client Hector		5 821,20

Total brut HT		25 000,00
Escompte	1,00 %	- 250,00
Net financier		24 750,00
TVA	20,00 %	4 950,00
Net à payer TTC		**29 700,00**

	20-juin		
607	Achats de marchandises	25 000,00	
44566	TVA déductible abs	4 950,00	
765	Escomptes obtenus		250,00
401	Fournisseur Sectar		29 700,00

	20-juin		
401	Fournisseur Sectar	29 700,00	
512	Banque		29 700,00
	Chq n° 568		

Application 5 Achats et ventes de prestations de service – p. 131

Compétences attendues : C1 et C2

Enregistrez les opérations de la SA USB.

Total brut HT		1 500,00
TVA	20,00 %	300,00
Net à payer TTC		**1 800,00**

	11-mai		
411	Clients Micro	1 800,00	
706	Prestations de services		1 500,00
44574	TVA collectée sur encaisst		300,00
	Fact 1 306		

Total brut HT		400,00
TVA	20,00 %	80,00
Net à rendre TTC		**480,00**

	13-mai		
615	Travaux d'entretien	400,00	
44564	TVA ded sur encaissement	80,00	
401	Fournisseur O'Prop		480,00
	Fact 568		

	31-mai		
512	Banques	1 800,00	
44574	TVA collectée sur encaisst	300,00	
44571	TVA collectée		300,00
411	Client Micro		1 800,00
	Virt n°...		

Application 6 Évaluation et enregistrement de factures de doit et d'avoir – p. 131

Compétence attendue : C2

Comptabilisez ces opérations chez la société Kelly.

Chaussures		7 200,00
Duvets		3 312,00
Total brut HT		**10 512,00**
Remise	10,00 %	- 1 051,20
Net commercial		**9 460,80**
Port		200,00
TVA	20,00 %	1 932,16
Net à payer TTC		**11 592,96**

	08-déc		
411	Client Dufour	11 592,96	
701	Ventes de produits		9 460,80
7085	Transports facturés		200,00
44571	TVA collectée		1 932,16
	Fact V1237		

Total brut HT		7 200,00
Remise	10,00 %	- 720,00
Net commercial		6 480,00
Rabais supp	15,00 %	- 972,00
TVA à déduire	20 %	194,40
À rendre		**1 166,40**

	27-déc		
7091	RRR accordés	972,00	
44571	TVA collectée	194,40	
411	Client Dufour		1 166,40
	Fact A 326		

Application 7 Opérations d'achats et ventes de biens à l'étranger – p. 132

Compétence attendue : C2

Enregistrez ces opérations dans la comptabilité de l'entreprise E.

5 bureaux		2 500,00
Total brut HT		**2 500,00**
Remise	10,00 %	- 250,00
Net commercial		**2 250,00**
Port		0,00
TVA	20,00 %	450,00
TTC		**2 700,00**

	10-juin		
60702	Achat bureaux	2 250,00	
44562	TVA ded abs	450,00	
4452	TVA due intracommunautaire		450,00
40102	Fournisseur Spain		2 250,00
	Fact 534		

50 luminaires	5 000,00
Total brut HT	5 000,00
Port	**150,00**

	11-juin		
41105	Client Can	5 150,00	
70705	Vents luminaires hors UE		5 150,00
	Fact 320		

3 bibliothèques		3 600,00
Total brut HT		**3 600,00**
Remise	5,00 %	- 180,00
Net commercial		**3 420,00**
Port		250,00
Commission		135,00
Droits de douane		335,00
TVA sur frais et droits		144,00
TVA sur marchandises		684,00
TTC		**4 354,00**

	12/06/N		
60705	Achats de marchandises hors UE	3 420,00	
44566	TVA sur autres biens et services	684,00	
40105	Fournisseurs hors UE		3 420,00
44575	TVA collectée sur importations		684,00
	Achat au fournisseur Hard		

	12/06/N		
6241	Transports sur achats	250,00	
622	Rémunérations d'intermédiaires et honoraires	135,00	
60705	Achats de marchandises hors UE	335,00	
44566	TVA sur autres biens et services	144,00	
40101	Fournisseurs		864,00
	Facture du transitaire		

Mettre en œuvre des compétences

Application 1 Enregistrement de facture de doit et d'avoir – p. 132

Compétences attendues : C1 et C2

1. Enregistrez les factures dans la comptabilité de l'entreprise Mary.

Total brut HT		10 000,00
Remise	10,00 %	- 1 000,00
Remise	5,00 %	- 450,00
Net commercial		8 550,00
TVA	20,00 %	1 710,00
Net à payer TTC		**10 260,00**

	01-déc		
411	Client Maxence	10 260,00	
707	Ventes de marchandises		8 550,00
44571	TVA collectée		1 710,00
	Fact 9612001		

Total brut HT		**30 000,00**
Rabais		- 2 000,00
Net commercial		**28 000,00**
Port		300,00
TVA	20,00 %	5 660,00
Net à payer TTC		**33 960,00**

	08-déc		
411	Client Gipsie	33 960,00	
701	Ventes de produits		28 000,00
7085	Transports facturés		300,00
44571	TVA collectée		5 660,00
	Fact 9612002		

Net commercial		8 550,00
Escompte	2,00 %	**- 171,00**
TVA	20,00 %	34,20

	08-déc		
665	Escomptes accordés	171,00	
44571	TVA collectée	34,20	
411	Client Maxence		205,20
	08-déc		
512	Banques	10 054,80	
411	Client Maxence		10 054,80

2. Doit-on établir une facture d'avoir pour accompagner l'écriture du 8/12/N ?

Le stock final au 31 mars N est de 1 000 unités (8 000 – 7 000).

Non, il ne faut pas établir de facture d'avoir. Le principe de cet escompte conditionnel est mentionné dans la facture de doit.

Application 2 Enregistrement de facture de doit et d'avoir – p. 133

Compétences attendues : C1 et C2

Établissez la facture d'avoir et enregistrez les opérations chez l'entreprise Fact et le client Jules.

Facture de doit

Total brut HT		**30 000,00**
Remise	10,00 %	- 3 000,00
Net commercial		**27 000,00**
Port		200,00
TVA	20,00 %	5 440,00
Net à payer TTC		**32 640,00**

Chez Entreprise Fact

	03-déc		
411	Client Jules	32 640,00	
707	Ventes de marchandises		27 000,00
7085	Port facturé		200,00
44571	TVA collectée		5 440,00
	Fact 220		

Chez Entreprise Jules

	03-déc		
607	Achats de marchandises	27 000,00	
6241	Port facturé	200,00	
44566	TVA déductible abs	5 440,00	
401	Fournisseur Fact		32 640,00
	Fact 220		

Facture d'avoir

Total brut HT		**2 000,00**
Remise	10,00 %	- 200,00
Net commercial		**1 800,00**
Rabais	5,00 %	- 67,50
TVA	20,00 %	373,50
Net à votre crédit TTC		**2 241,00**

Chez Entreprise Fact

	05-déc		
707	Ventes de marchandises	1 800,00	
7097	RRR accordés	67,50	
44571	TVA collectée	373,50	
411	Client Jules		2 241,00

Chez Entreprise Jules

	05-déc		
401	Fournisseur Fact	2 241,00	
607	Achats de marchandises		1 800,00
6 097	RRR obtenus		67,50
44566	TVA déductible sur ABS		373,50

Application 3 Enregistrement d'évènements postérieurs à la facture initiale – p. 133

Compétences attendues : C1 et C2

Dans chacune des trois hypothèses, présentez le corps des factures d'avoir et comptabilisez les factures d'avoir chez la société Varape et la société Vent.

Hypothèse 1

Total brut HT sacs à dos		1 350,00
Remise	10,00 %	- 135,00
Net co. sacs à dos		1 215,00
Rabais sup	20,00 %	- 243,00
TVA	20,00 %	48,60
Net à votre crédit TTC		**291,60**

Chez la société Varape

	15-juin		
7091	RRR accordés	243,00	
44571	TVA coll	48,60	
411	Client Vent		291,60

Chez la société Vent

	15-juin		
401	Fournisseur Varape	291,60	
6097	RRR obtenus		243,00
44566	TVA déductible sur ABS		48,60

Hypothèse 2

Écart valeur sac		300,00
Remise	10,00 %	- 30,00
Net co. sacs à dos		270,00
TVA	20,00 %	54,00
Net à votre crédit TTC		**324,00**

Chez la société Varape

	15-juin		
701	Ventes de marchandises	270,00	
44571	TVA collectée	54,00	
411	Client Vent		324,00

Chez la société Vent

	15-juin		
401	Fournisseur Varape	324,00	
601	Achats de marchandises		270,00
44566	TVA déductible sur ABS		54,00

Hypothèse 3

Total brut HT		2 100,00
Remise supp	5,00 %	- 105,00
TVA	20,00 %	21,00
Net à votre crédit TTC		**126,00**

Chez la société Varape

	15-juin		
7091	RRR accordés	105,00	
44571	TVA collectée	21,00	
411	Client Vent		126,00

Chez la société Vent

	15-juin		
401	Fournisseur Varape	126,00	
6091	RRR obtenus		105,00
44566	TVA déductible sur ABS		21,00

Application 4 Enregistrement d'achats et de ventes de prestations de service – p. 134

Compétences attendues : C1 et C2

Comptabilisez ces opérations chez Dépanetout.

Facture de doit

Total brut HT		**650,00**
Remise	5,00 %	- 32,50
Net commercial		**617,50**
TVA	20,00 %	123,50
Net à payer TTC		**741,00**

	09-juin		
615	Travaux d'entretien	617,50	
44564	TVA ded sur encaissements	123,50	
401	Fournisseurs		741,00
	Fact 0906		

Total brut HT		**320,00**
TVA	20,00 %	64,00
Net à votre crédit TTC		**384,00**

	10-juin		
411	Client Son	384,00	
706	Prestations de service		320,00
44571	TVA collectée		64,00
	Fact 1 006		

Net commercial		*617,50*
Escompte	**2,00 %**	**12,35**
TVA	20,00 %	2,47
TTC		**14,82**

	17-juin		
401	Fournisseurs	14,82	
765	Escomptes obtenus		12,35
44566	TVA déductible sur ABS		2,47
	17-juin		
401	Fournisseurs	726,18	
44566	TVA déductible sur ABS	123,50	
44564	TVA ded sur encaissements		123,50
512	Banque		726,18
	Rgt garagiste		

Encaissement prestation de service Client Son

	20-juin		
512	Banque	384,00	
411	Client Son		384,00
	Rgt Fact 1 006		

Facture de doit

Total brut HT		**450,00**
TVA	20,00 %	90,00
Net à payer TTC		**540,00**

	26-juin		
615	Travaux d'entretien	450,00	
44566	TVA déductible sur ABS	90,00	
401	Fournisseur NetProp		540,00
	Fact F43		

	30-juin		
401	Fourn Net prop	540,00	
512	Banque		540,00
	Chq 4325		

Application 5 Enregistrement d'achats et de ventes de biens à l'étranger – p. 134

Compétences attendues : C1 et C2

Comptabilisez ces opérations chez la société Nuage.

Tronçonneuses	2 100,00
Total brut HT	**2 100,00**

	03-juin		
41102	Client UE Ola	2 100 00	
70702	Ventes UE		2 100,00

Élagueuses		5 430,00
Total brut HT		5 430,00
Remise	5,00 %	- 271,50
Net commercial		**5 158,50**
TVA	20,00 %	1 031,70
TTC		**6 190,20**

	06-juin		
60702	Achats de marchandises - UE	5 158,50	
44566	TVA déductible sur ABS	1 031,70	
4452	TVA due intracommunautaire		1 031,70
40102	Fournisseurs - UE		5 158,50
	Fact 324		
	06-juin		
40102	Fournisseurs - UE	5 158,50	
512	Banque		5 158,50

Perceuses	3 400,00
Total brut HT	**3 400,00**

	13/06/N		
60705	Achats de marchandises hors UE	3 400,00	
44566	TVA sur autres biens et services	680,00	
40105	Fournisseurs hors UE		3 400,00
44575	TVA collectée sur importations		680,00
	Facture du fournisseur canadien		

Droits de douane		120,00
Commissions		110,00
Frais de transport		150,00
TVA	20,00 %	76,00
TTC		**456,00**

	15/06/N		
60705	Achats de marchandises hors UE	380,00	
44566	TVA sur autres biens et services	76,00	
40101	Fournisseurs		456,00
	Facture du fournisseur transitaire		

Chapitre 7

Les achats et ventes : acomptes, frais accessoires, emballages

Comprendre les notions

Application 1 Comptabiliser des acomptes sur achats et ventes de biens – p. 155

Compétence attendue : C1

1. Retrouvez le montant du solde à payer.

Montant brut hors taxes	3 000 €
Remise : 3 000 × 5 %	– 150 €
Net commercial	2 850 €
Frais de transport	150 €
Total HT	3 000 €
TVA : 3 000 × 20 %	600 €
Montant TTC	3 600 €
Acompte versé	– 600 €
Solde à payer	3 000 €

2. Présentez les écritures relatives à ces différentes opérations :
a. dans le journal de l'entreprise Lola ;

– 1er avril : l'acompte est soumis à TVA. Le montant décaissé étant de 600 €, la TVA est incluse et s'élève à (600 / 1,20) × 0,20 = 100 €.

	01-avr		
4091	Fournisseurs, avances et acomptes versés sur commandes	600,00	
44566	TVA sur autres biens et services	100,00	
512	Banque		600,00
44585	TVA déductible lors du paiement		100,00
	Acompte à France Textiles		

– 15 avril : la facture concerne de la marchandise (achat stocké). Les frais de transport sont inclus dans le coût d'acquisition. Lors de la facturation, il convient de solder l'acompte versé :

	15-avr		
607	Achats de marchandises	3 000,00	
44566	TVA sur autres biens et services	500,00	
44585	TVA déductible lors du paiement	100,00	
401	Fournisseurs		3 000,00
4091	Fournisseurs, avances et acomptes versés sur commandes		600,00
	Facture de France Textiles		

b. dans le journal du fournisseur France Textiles.

– 1er avril : l'acompte est soumis à la TVA.

	01-avr		
512	Banque	600,00	
44584	TVA récupérée d'avance	100,00	
4191	Clients - Avances et acomptes reçus sur commandes		600,00
44571	TVA collectée		100,00
	Acompte SARL Lola		

– 15 avril : la facture concerne une vente de marchandises. Lors de la facturation, il convient de solder l'acompte versé.

	15-avr		
411	Clients	3 000,00	
4191	Clients - Avances et acomptes reçus sur commandes	600,00	
707	Ventes de marchandises		3 000,00
44571	TVA collectée		500,00
44584	TVA récupérée d'avance		100,00
	Facture n° 06-251 au client Garage de la Turbie		

Application 2 Comptabiliser des acomptes sur achats et ventes de prestations de services – p. 155

Compétence attendue : C1

1. Enregistrez les opérations décrites au journal de l'entreprise JLS, en supposant qu'elle n'a pas opté pour les débits.

Seuls les encaissements rendent la TVA exigible. La TVA sera collectée à l'encaissement de l'acompte et à l'encaissement de la facture.

– 10 mai : l'acompte est soumis à TVA.

	10-mai		
512	Banque	960,00	
44584	TVA récupérée d'avance	160,00	
4191	Clients-Avances et acomptes reçus sur commandes		960,00
44571	TVA collectée		160,00
	Règlement du client Alpes Ménager		

– 3 juillet : la facturation ne rend pas la TVA exigible. Il faut cependant solder l'acompte reçu et la TVA récupérée d'avance. Le montant du compte d'attente de TVA « 44574. TVA collectée sur les encaissements » sera égal au montant de TVA restant à recevoir du client.

Compte 706	2 530,00 €		
Compte 7085	230,00 €		
Compte 44584 pour solde	160,00 €	160,00	Soit le montant total de la TVA
Compte 44574 (2 352 / 1,20) × 20 %)	392,00 €	+ 392,00	
		552,00	
Compte 4191 pour solde de l'acompte	– 960,00 €		
Compte client (net à payer)	2 352,00 €		

	03-juil		
411	Clients	2 352,00	
4191	Clients - Avances et acomptes reçus sur commandes	960,00	
706	Prestations de services		2 530,00
7085	Ports et frais accessoires facturés		230,00
44584	TVA récupérée d'avance		160,00
44574	TVA collectée sur les encaissements		392,00
	Facture au client Alpes Ménager		

– 25 juillet : règlement de la facture par le client Alpes Ménager.
La TVA est exigible sur l'encaissement.
Montant du règlement : 2 352 €

TVA collectée : (2 352 / 1,20) × 20 % = 392,00.

Le compte TVA collectée sur les encaissements est soldé par le crédit du compte 44571. TVA collectée. Le compte client est soldé.

25-juil

512	Banque	2 352,00	
44574	TVA collectée sur les encaissements	392,00	
411	Clients		2 352,00
44571	TVA Collectée		392,00
	Règlement pour solde Alpes Ménager		

2. Réalisez le même travail en supposant que l'entreprise a opté pour les débits.

– 10 mai : l'acompte est soumis à TVA. Rien ne change quant à l'enregistrement.

– 3 juillet : lors de la facturation, la TVA est exigible. Le compte à utiliser sera donc le compte 44571. TVA collectée au lieu du compte 44574. TVA collectée sur les encaissements.

15-avr

411	Clients	2 352,00	
4191	Clients - Avances et acomptes reçus sur commandes	960,00	
706	Prestations de services		2 530,00
7085	Ports et frais accessoires facturés		230,00
44584	TVA récupérée d'avance		160,00
44571	TVA collectée		392,00
	Facture au client Lola		

– 25 juillet : règlement de la facture par le client Alpes Ménager. Le règlement s'enregistre comme pour une vente de biens.

25-juil

512	Banque	2 352,00	
411	Clients		2 352,00
	Règlement pour solde Alpes Ménager		

3. Enregistrez les opérations dans le journal de l'entreprise Alpes Ménager dans les deux hypothèses précédentes.

Cas 1 : JLS n'a pas opté pour les débits

Seuls les règlements rendent la TVA déductible. La TVA sera déductible au règlement de l'acompte et au règlement de la facture.

– 10 mai : l'acompte est soumis à TVA.

	10-mai		
4091	Fournisseurs - Avances et acomptes versés sur commandes	960,00	
44566	TVA déductible	160,00	
512	Banque		960,00
44585	TVA déductible lors du paiement		160,00
	Règlement au fournisseur JLS		

– 3 juillet : la facturation ne rend pas la TVA déductible. Il faut solder l'acompte versé et la TVA déductible lors du paiement. Le montant du compte d'attente de TVA 44564 « TVA déductible sur les décaissements » sera égal au montant de TVA restant à devoir au fournisseur.

Compte 622	2 530,00 €		
Compte 624	230,00 €		
Compte 44585 pour solde	160,00 €	160,00	Soit le montant total de la TVA
Compte 44564 (2 352 / 1,20) × 20 %)	392,00 €	+ 392,00	
Compte 4091 pour solde de l'acompte	– 960,00 €	552,00	
Compte fournisseur (net à payer)	2 352,00 €		

	03-juil		
622	Rémunérations d'intermédiaires et honoraires	2 530,00	
6241	Transports sur achats	230,00	
44564	TVA déductible sur les décaissements	392,00	
44585	TVA déductible lors du paiement	160,00	
4091	Fournisseurs - Avances et acomptes versés sur commandes		960,00
401	Fournisseurs		2 352,00
	Facture fournisseur JLS		

– 25 juillet : règlement de la facture au fournisseur JLS.
La TVA est déductible lors du décaissement.
Montant du règlement : 2 352,00 €
TVA déductible : (2 352 / 1,20) × 20 % = 392.
Le compte TVA déductible lors du paiement est soldé par le débit du compte 44566. TVA sur autres biens et services. Le compte fournisseur est soldé.

	25-juil		
401	Fournisseurs	2 352,00	
44566	TVA sur autres biens et services	392,00	
512	Banque		2 352,00
44564	TVA déductible sur les décaissements		392,00
	Règlement pour solde de JLS		

Cas 2 : JLS a opté pour les débits

– 10 mai : l'acompte est soumis à TVA. Rien ne change quant à l'enregistrement.

– 3 juillet : lors de la facturation, la TVA est déductible. Le compte à utiliser est donc le compte 44566. TVA sur autres biens et services au lieu du compte « 44564. TVA déductible sur les décaissements ».

	03-juil		
622	Rémunérations d'intermédiaires et honoraires	2 530,00	
6241	Transports sur achats	230,00	
44566	TVA sur autres biens et services	392,00	
44585	TVA déductible lors du paiement	160,00	
4091	Fournisseurs - Avances et acomptes versés sur commandes		960,00
401	Fournisseurs		2 352,00
	Facture fournisseur JLS		

– 25 juillet : règlement de la facture par Alpes Ménager. Le règlement s'enregistre comme pour un achat de biens.

	25-juil		
401	Fournisseurs	2 352,00	
512	Banque		2 352,00
	Règlement pour solde de JLS		

Application 3 Comptabiliser les frais accessoires – p. 156

Compétence attendue : C1

1. Expliquez les deux méthodes de comptabilisation des frais accessoires évoquées dans l'énoncé.

L'énoncé évoque deux des trois méthodes d'enregistrement des frais accessoires sur achat :

– L'enregistrement des frais dans des comptes de charges par nature : les frais accessoires font l'objet d'une ligne spécifique dans l'écriture comptable. Les comptes à utiliser, principalement « 624 – Transports sur achats » ou « 616 – Primes d'assurance », sont débités du montant HT des frais accessoires.

– L'enregistrement des frais dans les comptes d'achats : dans ce cas, les frais sont regroupés dans le même compte que le compte d'achat de marchandises ou d'approvisionnements concerné.

2. Comptabilisez les opérations ci-dessous.

	20/09		
607100	Achats de vêtements (22,50 × 50 × 0,9 +40)	1 052,50	
44566	TVA sur autres biens et services	210,50	
401	Fournisseurs		1 263,00
	FA... Frs x		

	24/09		
607100	Achats de vêtements (30 × 40 + 30)	1 230,00	
44566	TVA sur autres biens et services (1 230 × 0,98) × 0,2	241,08	
765	Escomptes obtenus (1 230 × 0,02)		24,60
401	Fournisseurs		1 446,48
	FA... Frs y		

	27/09		
607200	Achats d'objets de décoration (45 × 8,50) + 20	402,50	
44566	TVA sur autres biens et services	80,50	
401	Fournisseurs		483,00
	FA... Frs z		

3. Expliquez la méthode alternative de comptabilisation évoquée dans l'article 946-60 du PCG.

La méthode alternative permet d'enregistrer séparément les frais accessoires sur achats pour conserver leur trace. Cela permet, grâce au paramétrage du logiciel, de regrouper les frais avec les achats par catégorie (achats de marchandises par exemple) tout en permettant de déterminer la nature de ces frais (frais de transport par exemple).

Exemple : « 6087124 : Frais de transport sur achats de vêtements ».

4. Comptabilisez les opérations précédentes selon cette méthode.

	20/09		
607100	Achats de vêtements (22,50 × 50 × 0,9)	1 012,50	
6087124	Frais de transport sur achats de vêtements	40,00	
44566	TVA sur autres biens et services	210,50	
401	Fournisseurs		1 263,00
	FA... Frs x		

24/09

607100	Achats de vêtements (30 × 40)	1 200,00	
6087124	Frais de transport sur achats de vêtements	30,00	
44566	TVA sur autres biens et services (1 230 × 0,98) × 0,2	241,08	
765	Escomptes obtenus		24,60
401	Fournisseurs		1 446,48
	FA… Frs y		

27/09

607200	Achats d'objets de décoration (45 × 8,50)	382,50	
6087224	Frais de transport sur achats d'objets	20,00	
44566	TVA sur autres biens et services	80,50	
401	Fournisseurs		483,00
	FA… Frs z		

Application 4 Comptabiliser des achats d'emballages – p. 156

Compétences attendues : C1 et C2

1. Citez le compte à utiliser lors de la réception de la facture relative à la livraison du 3 janvier. Justifiez votre réponse.

Il s'agit d'un achat de matériel destiné à un stockage interne, il faudra donc utiliser un sous-compte du compte « 215. Installations techniques, matériels et outillages industriels ». Cet achat est un achat d'immobilisation (ces achats sont étudiés au chapitre 11).

2. Procédez aux enregistrements comptables des factures reçues.

– 5 janvier : la facture concerne un achat d'emballages non récupérables (non consignés) ; les cartons étant stockés, on utilise le compte « 60261. Emballages perdus ». Les films plastique n'étant pas stockés, on utilise le compte « 606. Achats non stockés de matières et fournitures ».
Calculs nécessaires :
Films plastique : .... 210,20 €
Cartons 636,60 – 36,60 : ....600,00 €

	05-janv		
60261	Emballages perdus	600,00	
606	Achats non stockés de matières et fournitures	210,20	
44566	TVA sur autres biens et services	158,80	
765	Escomptes obtenus		16,20
401	Fournisseurs		952,80
	facture Allo cartons		

– 7 janvier : avoir pour retour de cartons.

	7/01		
401	Fournisseurs	62,06	
765	Escomptes obtenus	1,06	
60261	Emballages perdus		52,78
44566	TVA sur autres biens et services		10,34
	Avoir fournisseur Allo cartons		

– 10 janvier : achat d'emballages qui seront consignés aux clients. Il s'agit d'emballages non identifiables ; on utilise donc le compte « 60265. Emballages récupérables non identifiables ».

	10-janv		
60265	Emballages récupérables non identifiables	163,00	
44566	TVA sur autres biens et services	32,60	
401	Fournisseurs		195,60
	Facture fournisseur		

Application 5 Comptabiliser les consignations d'emballages – p. 157

Compétences attendues : C1 et C2

1 Procédez aux calculs nécessaires à l'établissement des documents commerciaux, sachant que le taux de TVA est de 5,5 % pour les produits laitiers et de 20 % pour les emballages.

– 2 mai : vente à la coopérative.

Lait (9 000 × 0,32 €) : .... 2 880,00 €
Consignation (3 × 150,00) : .... 450,00 €
TVA (2 880 × 5,5 %) : .... 158,40 €
Net à payer : .... 3 488,40 €

– 3 mai : vente au supermarché.
25 packs (25 × 4,50 €) : .... 112,50 €
Consignation (5 × 3,50 €) : .... 17,50 €
TVA (112,50 × 5,5 %) : .... 6,19 €
Net à payer : .... 136,19 €

– 5 mai : avoir pour retour des trois cuves.
Boni HT : [(150 – 145) /1,20] × 3 .... 12,50 €
TVA sur boni : 12,50 × 20 % .... 2,50 €
Boni TTC : .... 15,00 €
Dû au client (total consigné) .... 450,00 €
Dû par client (boni TTC) .... – 15,00 €
Solde au crédit du compte client .... 435,00 €

– 6 mai : avoir pour retour d'emballages
Emballage vendu HT (4,50 / 1,20) : 3,75 €
TVA sur vente (3,75 × 20 %) : 0,75 €
Total TTC : 4,50 €
Facturé au client (total consignation) : 17,50 €
Dû par client (vente emballage) : – 4,50 €
Solde au crédit du compte client : 13,00 €

2. Enregistrez ces opérations au journal de l'entreprise La Laitière.

	03-mai		
411	Clients	136,19	
701	Ventes de produits finis		112,50
4196	Clients – Dettes pour emballages et matériels consignés		17,50
44571	TVA collectée		6,19
	Facture supermarché		

	02-mai		
411	Clients	3 488,40	
701	Ventes de produits finis		2 880,00
4196	Clients – Dettes pour emballages et matériels consignés		450,00
44571	TVA collectée		158,40
	Facture client		

	05-mai		
4196	Clients – Dettes pour emballages et matériels consignés	450,00	
7086	Bonis sur reprises d'emballages consignés		12,50
44571	TVA collectée		2,50
411	Clients		435,00
	Avoir coopérative retour d'emballages		

	06-mai		
4196	Clients – Dettes pour emballages et matériels consignés	17,50	
7088	Autres produits des activités annexes		3,75
44571	TVA collectée		0,75
411	Clients		13,00
	Avoir Supermarché retour d'emballages		

Application 6 QCM – p. 157

Répondez par « Vrai » ou par « Faux » aux affirmations ci-dessous ou choisissez le résultat exact en donnant toutes explications utiles.

1. Une entreprise reçoit une facture concernant un achat de marchandises (TVA à 20 %) qui mentionne les éléments suivants : montant brut HT : 1 000 € ; remises de 5 % et 3 % ; frais de livraison : 28 € HT ; acompte versé : 200 €.
Le net à payer est égal à :
939,40 €.

2. Une entreprise reçoit une facture d'achat de fournitures non stockées (TVA à 20 %) comportant les éléments suivants : montant brut HT : 1 000 € ; remise : 5 % ; escompte de règlement : 2 %. Le montant à inscrire au compte « 606. Achats non stockés » est égal à :
950,00 €.
Comme il s'agit de fournitures non stockées, le montant enregistré en compte d'achat est le net commercial, soit 1 000 × 95 % = 950 €.

3. Les commissions versées à un transitaire qui s'occupe du dédouanement de biens importés sont :
incorporées dans le coût d'acquisition des biens stockés si l'entreprise opte pour cette solution.

4. Le compte 608 récapitulant les frais sur achats ne peut être utilisé que par les entreprises dépassant certains seuils.
Faux. Toute entreprise peut utiliser le système développé si elle en ressent le besoin pour l'analyse de ses comptes.

5. Le fait générateur précède toujours l'exigibilité de la TVA.
Faux. L'encaissement d'un acompte entraîne l'exigibilité de la TVA avant même que ne soit réalisé le fait générateur qui est la vente du bien ou l'achèvement de la prestation de service.

6. Lorsque les emballages portent chacun un numéro, ils sont qualifiés d'emballages « identifiables ».
Faux. La numérotation des emballages ne suffit pas pour les qualifier d'identifiables ; il faut en plus qu'il existe un suivi individuel de ces emballages.

7. Les emballages perdus sont des emballages non retournés par les clients.
Vrai. Ils font partie du coût de production des ventes aux clients, mais ne leur sont pas facturés à part.

8. Une entreprise retourne 10 emballages qui lui avaient été consignés 250 € HT et sont repris pour 200 €. Le mali constaté est égal à :
500 €.
Les emballages étant consignés (et repris) hors taxes, le mali correspond à la différence entre le prix de consignation et le prix de reprise.

9. Lorsque le prix de consignation est TTC, cela évite d'envoyer une facture complémentaire au client dans le cas où il ne restitue pas les emballages.
Vrai. Si le prix de consignation est fixé hors taxes, il faut établir une facture complémentaire égale au montant de la TVA ; la consignation TTC permet d'éviter ce problème, surtout avec les clients occasionnels.

10. Les comptes 4191 et 4091 enregistrent toujours le montant total du flux financier.
Vrai. Les comptes d'acompte enregistrent toujours le montant du règlement, que cela soit sur des ventes de biens ou sur des ventes de prestations de services.

Mettre en œuvre les compétences

Application 1 Acomptes et facturation – p. 159

Compétence attendue : C1

Enregistrez les opérations dans la comptabilité de Renov 06.

– Le 1/12 :

Achats de fournitures...626,00
Escompte 2 % (626 × 2 %)..................................– 12,52
Net financier...613,48
TVA au taux de 20 %..122,70
Acompte 150,00
Net à payer 586,18
L'acompte comprenait un montant de TVA de 150 × 0,20 / 1,20 = 25 €.
TVA restant à déduire :122,70 – 25 = 97,70 €

– Le 1/12 :

Le taux de TVA est de 10 % puisqu'il s'agit d'un client particulier. Le montant de TVA compris dans le règlement est de 22,73 € (250 / 1,10 × 0,10).

– Le 2/12 : la facturation est destinée à une entreprise, le taux de TVA applicable est de 20 %.

- Acompte TTC : 1 000 €,

dont TVA sur acompte versé 1 000 / 1,2 × 0,2.........166,67

- Facturation

Prestation de services..2 600,00
TVA 20 %..520,00
Dont 166,67 € déjà collectés
Total TTC...3 120,00
Acompte..– 1 000,00
Net à payer 2 120,00
Dont (2 120 / 1,20) × 0,2 = 353,33 € de TVA restant à collecter.

– Le 6/12 : le taux de TVA applicable est de 10 % (client particulier).

- Acompte TTC : 460 €,

dont TVA sur acompte versé 460 / 1,1 × 0,1............ 41,82

- Facturation

Prestation de services..1 600,00
Rabais 1 600 × 5 %.. 80,00
Net commercial..1 520,00
TVA 10 %...152,00
Total TTC...1 672,00
Acompte..– 460,00
Net à payer 1 212,00

Dont (1 212 / 1,10 × 0,1 soit 110,18 de TVA collectée puisque la facture est réglée immédiatement.

	1/12		
606	Achats non stockés de matières et fournitures	626,00	
44566	TVA sur autres biens et services	97,70	
44585	TVA déductible lors du paiement	25,00	
765	Escomptes obtenus		12,52
4091	Fournisseurs – Avances et acomptes		150,00
512	Banque		586,18
	Facture fournisseur		
	1/12		
512	Banque	250,00	
44584	TVA récupérée d'avance (250/1,10) × 0,1	22,73	
4191	Clients-Avances et acomptes reçus		250,00
44571	TVA collectée		22,73
	Acompte client 2/12		
411	Clients	2 120,00	
4191	Client-Avances et acomptes versés	1 000,00	
706	Prestations de services		2 600,00
44574	TVA coll. sur les encaissements		353,33
44584	TVA récupérée d'avance		166,67
	Fact. Kasprzak 5/12		
512	Banque	600,00	
44584	TVA récupérée d'avance (600/1,20) × 0,20	100,00	
44571	TVA collectée		100,00
4191	Clients-Avances et acomptes reçus		600,00
	Acompte Marine 6/12		

	6/12		
512	Banque	1 212,00	
4191	Clients-Avances et acomptes reçus	460,00	
706	Prestations de services		1 520,00
44584	TVA récupérée d'avance		41,82
44571	TVA Collectée		110,18
	Facture Gabriel		

Application 2 Consignation et déconsignation d'emballages – p. 159

Compétence attendue : C1

Enregistrez les opérations décrites (décomposez l'enregistrement de l'avoir en deux écritures).

– Enregistrement de la facture de vente : la SARL est une entreprise commerciale, elle utilise donc le compte de vente « 707. Ventes de marchandises ».

	03-déc		
411	Clients	1 196,02	
707	Ventes de marchandises		1 019,92
44571	TVA collectée		56,10
4196	Clients -Dettes pour emballages consignés		120,00
	Facture 2348 au client Martini		

– Enregistrement de l'avoir :

Retour de marchandises :

Marchandises au net commercial : 179,00 × 0,88 .... 157,52 €

TVA (157,52 × 5,5 %) : .... 8,66 €

Total dû au client : .... 166,18 €

Retour d'emballages :

L'emballage est repris 25 €, il a été consigné 30 €, soit 5,00 € TTC de boni :

Boni HT (3 × 5,00 / 1,20) ....12,50 €

TVA sur boni : .... 2,50 €

Total TTC dû par le client : .... 15,00 €

Le prix de vente TTC correspond au prix de consignation, soit 30,00 €.

Vente d'emballages HT (30,00 / 1,20) : .... 25,00 €
TVA sur vente (25,00 × 20 %) : ....5,00 €
Total TTC dû par le client : .... 30,00 €
En compte.
Total consigné (4 casiers) : solde du compte 4196 .... 120,00 €
Dû par le client ....– 45,00 €
Net au crédit du compte client : .... 75,00 €
Total TVA : 2,50 + 5,00 = 7,50 €

	10-déc		
707	Ventes de marchandises	157,52	
44571	TVA collectée	8,66	
411	Clients		166,18
	Avoir A424 retour de marchandises		
	d°		
4196	Clients – Dettes pour emballages et matériels consignés	120,00	
7086	Bonis sur reprises d'emballages consignés		12,50
7088	Autres produits des activités annexes		25,00
44571	TVA collectée		7,50
411	Clients		75,00
	Avoir A424 Déconsignation		

Application 3 Consignation et déconsignation d'emballages – p. 160

Compétences attendues : C1 C2

1. Déterminez si les emballages achetés par l'entreprise ont une nature de charge ou d'immobilisation.

Les emballages achetés ne sont pas destinés au stockage interne des matières ; ils ne sont pas non plus identifiables. En conséquence, l'achat des emballages récupérables ne peut s'enregistrer qu'en charge.

2. Déterminez le prix de consignation, le nombre total d'emballages consignés et le nombre d'emballages ayant fait l'objet d'une déconsignation (pour retour ou vente).

Prix de consignation unitaire : 125 000 / 1 250 × 1,35 = 135 €.
Nombre d'emballages consignés : 243 000 / 135 = 1 800 emballages.
Nombre d'emballages déconsignés : 175 500 / 135 = 1 300 emballages

(L'enregistrement de la déconsignation se fait forcément au prix de consignation).

3. Calculez le nombre d'emballages vendus au cours de l'exercice.

Les emballages sont facturés (hors taxes) au prix de consignation. Le solde du compte 7088. Cessions d'approvisionnements correspond donc au nombre d'emballages vendus multiplié par le prix de consignation.
Nombre d'emballages vendus : 22 950 / 135 = 170 emballages.

4. Déterminez le prix de reprise des emballages retournés.

Nombre d'emballages retournés : 1 300 – 170 = 1 130.
Boni par emballage retourné : 45 200 / 1 130 = 40 €.
Prix de reprise : 135 – 40 = 95 €.

5. Retrouvez le nombre d'emballages en dépôt chez les clients à la fin de l'exercice et le nombre total d'emballages possédés par l'entreprise.

Nombre d'emballages en dépôt chez les clients : 1 800 – 1 300 = 500 emballages ; ce nombre correspond bien au solde du compte d'emballages consignés :
(243 000 – 175 500) / 135 = 500 emballages.
Le nombre total d'emballages possédés comprend ceux qui sont réellement en magasin et ceux qui sont en dépôt chez les clients. En supposant qu'il n'y a aucune perte d'emballage durant l'exercice, l'entreprise en possède en fin d'exercice :
1 250 + 600 – 170 = 1 680 (dont 1 180 en magasin).

6. Reconstituez globalement les écritures relatives aux emballages enregistrées durant l'exercice (une écriture par type d'opération).

– Consignations d'emballages

	N		
411	Clients	243 000,00	
4196	Clients – Dettes pour emballages et matériels consignés		243 000,00

– Reprise des emballages consignés

	N		
4196	Clients – Dettes pour emballages consignés (1 130 × 135)	152 550,00	
7086	Bonis sur reprises d'emballages consignés		45 200,00
44571	TVA collectée		9 040,00
411	Clients		98 310,00

– Vente d'emballages consignés

	N		
4196	Clients – Dettes pour emballages consignés (170 × 135)	22 950,00	
411	Clients	4 590,00	
7088	Cessions d'approvisionnements – Emballages		22 950,00
44571	TVA collectée		4 590,00

– Achats d'emballages consignés

	02-mai		
6026	Achats d'emballages récupérables	66 105,00	
44566	TVA sur autres biens et services	13 221,00	
401	Fournisseurs		79 326,00

Chapitre 8

Les crédits et les règlements

Comprendre les notions

Application 1 Repérer les erreurs et contrôler la caisse – p. 176

Compétence attendue : C1

1. Dans un tableau en deux colonnes, indiquez les moyens de paiement possibles, chez Jardin d'Antan, pour les particuliers et pour les entreprises.

Moyens de paiement particuliers (ventes au comptoir)	Moyens de paiement entreprises
Espèces	Espèces au comptant ou à terme
Carte bancaire (avec ou sans paiement sans contact)	Carte bancaire au comptant ou à terme
Chèque	Chèque au comptant ou à terme
	Virement, prélèvement au comptant ou à terme
	Effets de commerce à terme

2. Citez les moyens de paiement à privilégier pour les règlements à terme.

Les moyens à privilégier sont les effets de commerce. Cependant, ils entraînent des frais pour le fournisseur bénéficiant d'un règlement client.

3. Analysez les mouvements figurant en annexe et procédez aux enregistrements comptables rectificatifs.

Le versement du pourboire au livreur est correctement enregistré au crédit de la Caisse 53.

En revanche, les recettes du jour ont été mal comptabilisées. Elles devraient figurer au débit du compte 53 pour le montant encaissé en espèces, soit 1 532 €.
Il est donc nécessaire, dans un premier temps, de contrepasser l'écriture pour l'annuler puis, dans un second temps de passer l'écriture correcte.

	25/04		
53	Caisse	1 532,00	
707	Ventes de marchandises		1 276,67
44571	TVA Collectée		255,33
	Contrepassation écriture erronée		

	25/04		
53	Caisse	1 532,00	
707	Ventes de marchandises		1 276,67
44571	TVA Collectée		255,33
	Enregistrement écriture correcte		

4. Calculez le nouveau solde du compte 531.

Solde créditeur : 5,90
Contrepassation : .... + 1 532,00
Enregistrement juste : .... + 1 532,00
Solde débiteur.................................... 3 058,10

5. Indiquez, sans faire de calcul, la raison pour laquelle la responsable a été alertée par le solde du compte Caisse.

Le compte Caisse ne peut jamais présenter un solde créditeur car cela voudrait dire qu'il est sorti de la caisse plus d'argent qu'il n'y en avait. Le compte 53 ne peut donc avoir qu'un solde débiteur, voire nul.

Application 2 Analyser un effet de commerce – p. 176

Compétences attendues : C1 et C2

1. Indiquez l'identité du signataire du document présenté en annexe et la nature de l'opération en cause

Le document en annexe est un billet à ordre, par conséquent c'est le débiteur qui l'émet. Dans notre cas il s'agit de la SARL Dumont. Le signataire est son représentant légal.
Il s'agit pour la SARL Dumont de régler un achat de 2 400 € TTC à son fournisseur, l'entreprise Cartes, au 30/06/N.
Cet effet sera envoyé à son fournisseur.

2. Procédez à l'enregistrement comptable nécessaire dans les comptes de l'entreprise Dumont au 10 mai et au 30 juin.

	10/05		
401	Fournisseurs Cartes	2 400,00	
403	Fournisseurs – Effets à payer		2 400,00
	Émission billet à ordre pour Cartes		

	30/06		
403	Fournisseurs – Effet à payer	2 400,00	
512	Banque		2 400,00
	Échéance billet à ordre		

Application 3 Enregistrer une lettre de change – p. 177

Compétence attendue : C2

Enregistrez toutes les écritures relatives à ces opérations :

1. dans les comptes de l'entreprise Gaëtan ;

	05-févr		
411	Clients	1 500,00	
707	Ventes de marchandises		1 250,00
44571	TVA collectée		250,00
	Facture à ABEL		

L'enregistrement suivant concerne la réception de la lettre de change acceptée par le client. Il permet de solder le compte client par le compte « Clients – Effets à recevoir », jusqu'à l'encaissement de l'effet de commerce.

	12-févr		
413	Clients - effets à recevoir	1 500,00	
411	Clients		1 500,00
	LC Abel		

Le 25 avril, la remise à l'encaissement fait l'objet d'un enregistrement :

	25-avr		
5113	Effets à l'encaissement	1 500,00	
413	Clients - effets à recevoir		1 500,00
	Remise de la LC		

Le 3 mai, la somme est créditée sur le compte bancaire, déduction faite des frais. Ces frais sont soumis à TVA.
Commission TTC : 1 500 – 1 470 = 30 €.
Commission hors TVA : 30 / 1,20 = 25 €

	03-mai		
512	Banques	1 470,00	
627	Services bancaires et assimilés	25,00	
44566	TVA sur autres biens et services	5,00	
5113	Effets à l'encaissement		1 500,00
	Avis de crédit		

2. dans les comptes de l'entreprise Abel.

Pour l'entreprise Abel, seuls font l'objet d'un enregistrement comptable la facture, l'acceptation de la lettre de change, et l'avis de débit de sa banque.

	07-févr		
607	Achats de marchandises	1 250,00	
44566	TVA sur autres biens et services	250,00	
401	Fournisseurs		1 500,00
	Facture GAETAN		

	07-févr		
401	Fournisseurs	1 500,00	
403	Fournisseurs - Effets à payer		1 500,00
	Lettre de change Gaétan		

	02-mai		
403	Fournisseurs - Effets à payer	1 500,00	
512	Banque		1 500,00
	Avis de débit		

Application 4 Calculer des gains et des pertes de change – p. 178

Compétence attendue : C1

> **Calculez les gains et ou les pertes de change pour ces deux opérations.**

Opération avec le fournisseur américain :
Montant de l'achat au 31/01 :
1 € = 1,1488 $
X = 12 000 $
12 000 = 1,1488 X
X = 12 000 / 1,1488 = 10 445,68 €

Montant du règlement le 28/02
1 € = 1,11518 $
X = 12 000 $
12 000 = 1,1151 X
X = 12 000 / 1,1151 = 10 761,37 €
La société BM règle 10 761,37 € à son fournisseur. Dans ses comptes, la dette fournisseur est enregistrée pour 10 445,68. Elle fait donc une perte de change de 10 761,37 € – 10 445,68 € = 315,69 €.

Opération avec le fournisseur roumain :
Montant de l'achat au 31/01 :
1 € = 4,7271 lei
X = 59 040 lei
59 040 = 4,7271 X
X = 59 040 / 4,7271 = 12 489,69 €

Montant du règlement le 28/02
1 € = 4,743 lei
X = 59 040 lei
59 040 = 4,743 X
X = 59 040 / 4,743 = 12 447,82 €
La société BM règle 12 447,82 € à son fournisseur. Dans ses comptes la dette fournisseur est enregistrée pour 12 489,69 €. Elle fait donc un gain de change de 12 489,69 € – 12 447,82 € = 41,87 €.

Application 5 QCM – p. 178

Répondez par « Vrai » ou par « Faux » aux affirmations ci-dessous ou choisissez le résultat exact en donnant toutes explications utiles.

1. Dans le cas de cartes de crédit à débit différé, les enregistrements comptables sont effectués en fin de chaque période à partir des relevés bancaires.
Faux. Le compte 512. Banque doit être crédité dès le paiement même si la date de valeur se situe en fin de période. On ne peut pas attendre les relevés bancaires.

2. Lors de l'émission d'un chèque, le tireur désigne le signataire du chèque.
Vrai. Le tireur est effectivement le signataire du chèque ; le tiré est la banque.

3. Le compte « 5112. Chèques à encaisser » est utilisé par le débiteur en attendant que le bénéficiaire encaisse effectivement le chèque.
Faux. Le compte 5112 est un compte transitoire entre la remise des chèques à la banque et l'avis informant le client (l'entreprise) que les chèques ont bien été encaissés.

4. Les commissions bancaires sont soumises à la TVA.
Vrai. Les commissions bancaires rémunèrent des services et sont donc soumises à la TVA, à l'exception des commissions sur encaissement des cartes de crédit.

5. Le compte « 108. Compte de l'exploitant » est débité lorsque l'exploitant retire des fonds du compte bancaire de l'entreprise pour son utilisation personnelle.
Vrai. Le débit du compte 108 constate une diminution de ses apports dans l'entreprise.

6. La domiciliation figurant sur une lettre de change est la banque du tireur.
Faux. La domiciliation concerne la banque de la personne qui devra payer la lettre de change et donc la banque du tiré.

7. Un billet à ordre « à vue » ne comporte pas de date d'échéance.
Vrai. Un billet à ordre peut ne pas comporter de date d'échéance ; il est alors payable à vue, c'est-à-dire dès que le bénéficiaire le remet à l'encaissement.

8. La lettre de change-relevé n'est pas un effet de commerce.

Faux. Seule la lettre de change-relevé magnétique ne relève pas des règles relatives aux effets de commerce.

9. La variation du cours des devises a des conséquences sur le coût d'acquisition des biens acquis à l'étranger figurant dans les comptes d'achats.

Faux. Ces comptes sont débités du montant des achats convertis en euros au jour de l'opération. Ce montant n'est pas remis en cause lors des variations ultérieures du cours des devises ; les gains et pertes de change sont des produits et charges financiers.

10. Une augmentation du cours de l'euro par rapport à une autre devise entraîne un gain de change.

Faux. Cela ne vaut que pour les dettes ; pour une créance, une augmentation du cours de l'euro par rapport à la devise étrangère entraîne une perte de change.

11. Une entreprise vend des marchandises à un client et facture en devise D. Montant de la vente : 1 000 D ; cours du jour de la vente : 1 € = 4 D ; cours du jour du règlement : 1 € = 4,20 D. Il en résulte :

une perte de change de 11,90 €.

Montant facturé : 1 000 / 4 = 250 €. Montant encaissé : 1 000 / 4,20 = 238,10 €.

Perte de change : 250 – 238,10 = 11,90 €.

Mettre en œuvre les compétences

Application 1 Comptabilisation de moyens de règlement au comptant – p. 179

Compétence attendue : C2

Enregistrez toutes les opérations au journal de l'entreprise Vianney.

	03-janv		
607	Achats de marchandises	645,00	
44566	TVA sur autres biens et services	129,00	
401	Fournisseurs		774,00
	Facture fournisseur Henry		
	05-janv		
411	Clients	535,20	
707	Ventes de marchandises		446,00
44571	TVA collectée		89,20
	Facture client René		
	06-janv		
401	Fournisseurs	774,00	
512	Banques		766,26
765	Escomptes obtenus		6,45
44566	TVA sur autres biens et services		1,29
	Règlement Henry		
	07-janv		
5112	Chèques à encaisser	527,17	
665	Escomptes accordés	6,69	
44571	TVA collectée	1,34	
411	Clients		535,20
	Encaissement René		
	08-janv		
623	Publicité, publications, relations publiques	5,00	
531	Caisse		5,00
	Pourboire livreur		

	09-janv		
606	Achats non stockés de matières et fournitures	35,00	
44566	TVA sur autres biens et services	7,00	
512	Banque		42,00
	Fournitures de bureau		
	10-janv		
512	Banques	527,17	
5112	Chèques à encaisser		527,17
	Avis de crédit banque		
	11-janv		
616	Primes d'assurances	61,00	
512	Banques		61,00
	Avis de prélèvement		

	12-janv		
512	Banques	180,00	
707	Ventes de marchandises		150,00
44571	TVA collectée		30,00
	Facture de vente		
	13-janv		
625	Déplacements, missions et réceptions	70,00	
44566	TVA sur autres biens et services	14,00	
108	Compte de l'exploitant		84,00
	Repas clientèle		
	14-janv		
606	Achats non stockés de matières et fournitures	46,00	
44566	TVA sur autres biens et services	9,20	
512	Banques		55,20
	Produits d'entretien		
	16-janv		
627	Services bancaires et assimilés	19,14	
512	Banques		19,14
	Commissions CB		

Application 2 Renouvellement d'un effet de commerce – p. 180

Compétence attendue : C2

Présentez les écritures relatives à ces opérations :
1. dans la comptabilité de la SAS Claire ;

Le 12 avril, aucune écriture n'est à enregistrer, la société Claire n'ayant pas connaissance de l'acceptation de la lettre de change par son client. La première écriture est en date du 17 avril. Le 20 juin, une nouvelle lettre de change annule et remplace la première afin d'octroyer un délai supplémentaire au client. Ce report d'échéance comprend des intérêts de retard mis à la charge du client.

Calculs relatifs aux intérêts de retard :
Intérêts TTC : 3 680 – 3 620 = 60 €
Intérêts HT : 60 / 1,2 = 50 €.

	12-avr		
413	Clients - Effets à recevoir	3 620,00	
411	Clients		3 620,00
	LC CLARISSE		

	20-juin		
411	Clients	3 620,00	
413	Clients - Effets à recevoir		3 620,00
	Annulation LC Clarisse 23-juin		
413	Clients - Effets à recevoir	3 680,00	
7631	Revenus des créances commerciales		50,00
44571	TVA collectée		10,00
411	Clients		3 620,00
	Nouvelle lettre de change Clarisse		

2. dans la comptabilité de la SARL Clarisse.

Le 15 avril, il faut enregistrer l'acceptation de la lettre de change. Le 23 juin, la société Clarisse renvoie la nouvelle lettre de change acceptée à la société Claire.

	15-avr		
401	Fournisseurs	3 620,00	
403	Fournisseurs - Effets à payer		3 620,00
	Acceptation LC Claire 22-juin		
403	Fournisseurs - Effets à payer	3 620,00	
401	Fournisseurs		3 620,00
	Annulation LC Claire 22-juin		
401	Fournisseurs	3 620,00	
661	Charges d'intérêts	50,00	
44566	TVA sur autres biens et services	10,00	
403	Fournisseurs - Effets à payer		3 680,00
	Nouvelle LC Claire		

Application 3 Règlements en devises – p. 180

Compétence attendue : C2

1. Retrouvez, pour la vente en Roumanie, le montant facturé en lei.

Prix de vente en € : .... 1 400,00 €
Cours de l'euro au 10 mai : .... 4,5078 RON
Total RON : .... 1 400 × 4,5078 = 6 310,92 RON.

2. Calculez et justifiez le montant de la TVA sur les droits de douane pour l'achat au Maroc.

L'entreprise doit régler la TVA portant sur les droits de douane, soit 48 € × 10 % = 4,80 €. Le taux de TVA sur les droits de douane est celui qui frappe la marchandise taxée.

3. Calculez les gains et pertes de change réalisés sur ces quatre opérations.

– Sur l'achat au Maroc
Montant enregistré à la facturation (11 260 / 10,9447) : .... 1 028,81 €
Montant réglé au 12 mai (11 260 / 11,0163) : .... 1 022,12 €
Soit un gain de change de : .... 6,69 €
– Sur l'achat en Suède
Montant facturé le 7 mai (7 440 / 8,5885) : .... 866,27 €
Montant effectivement réglé le 19 mai (7 440 / 8,5345) : .... 871,76 €
Soit une perte de change de 871,76 – 866,27 = ... 5,49 €
– Sur la vente en Roumanie
Montant facturé le 10 mai et réglé le 15 mai : .... 6 310,92 RON
Valeur au 10 mai : .... 1 400,00 €
Valeur au 15 mai (6 310,92 / 4,5569) : .... 1 384,92 €
Soit une perte de change de : .... 15,08 €
– Sur la vente en Suisse (facturation en francs suisses)
Valeur au 11 mai : 2 460/1,2451 = ... 1 975,74 €
Valeur au 29 mai : 2 460/1,2194 = ... 2 017,39 €
Soit un gain de change de : .... 41,65 €

4. Procédez aux enregistrements comptables des différentes opérations.

Rappel : les exportations ainsi que les livraisons intracommunautaires ne sont pas soumises à TVA. Les importations font l'objet d'une autoliquidation par l'entreprise de la TVA due. Les droits de douane s'enregistrent au compte d'achat par nature auquel ils correspondent. Pour les acquisitions intracommunautaires, c'est également à l'acquéreur de constater la TVA due au Trésor public.

	04-mai		
601	Achats stockés de matières et fournitures	1 028,81	
44566	TVA sur autres biens et services	102,88	
401	Fournisseurs		1 028,81
44575	TVA exigible sur importations		102,88
	Achat Maroc 07-mai		
601	Achats stockés de matières et fournitures	792,46	
44566	TVA sur autres biens et services	155,32	
401	Fournisseurs		792,46
4452	TVA due intracommunautaire		155,32
	Achat Suède 09-mai		
601	Achats stockés de matières et fournitures	48,00	
44566	TVA sur autres biens et services	4,80	
512	Banque		52,80
	Douanes n° 10-mai		
411	Clients	1 400,00	
701	Ventes de produits finis		1 400,00
	Vente Bulgarie 11-mai		
411	Clients 11 mai	1 581,89	
701	Ventes de produits finis		1 581,89
	Vente Suisse 12-mai		
401	Fournisseurs	1 028,81	
766	Gains de change		6,69
512	Banque		1 022,12
	Règlement Maroc 15-mai		
512	Banque	1 384,92	
666	Pertes de change	15,08	
411	Clients		1 400,00
	Encaissement Roumanie 19-mai		
401	Fournisseurs	792,46	
666	Pertes de change	4,58	
512	Banque		797,04
	Règlement Suède 29-mai		
512	Banque	1 608,47	
766	Gains de change		26,58
411	Clients		1 581,89
	Encaissement Suisse		

Application 4 Achats et ventes à l'étranger – p. 181

Compétence attendue : C2

Enregistrez au journal de la société les opérations réalisées durant le mois de mai.

– 2 mai : acquisition intracommunautaire de fraises

3 × 1 000 × 1,20 € .... 3 600,00 €

TVA intracommunautaire : 3 600 × 5,5 % .... 198,00 €

	02		
607	Achats de marchandises	3 600,00	
44566	TVA sur autres biens et services	198,00	
401	Fournisseurs		3 600,00
4452	TVA due intracommunautaire		198,00
	Achat Espagne		

– 4 mai : exportation de pommes

3 × 1 000 × 0,27 £ : .... 810,00 £

Soit en euros : 810 / 0,8453 .... 958,24 €

	04-mai		
411	Clients	958,24	
707	Ventes de marchandises		958,24
	Vente Grande-Bretagne		

– 6 mai : importation de Floride. Les frais relatifs au passage en douane sont gérés par un service spécifique de l'entreprise qui procède lui-même aux enregistrements.

2 × 1 000 × 1 $: .... 2 000,00 $

Soit en euros : 2 000 / 1,2797 :.. 1 562,87 €

TVA exigible et déductible : 1 562,87 × 5,5 % : ....85,96 €

	06-mai		
607	Achats de marchandises	1 562,87	
44566	TVA sur autres biens et services	85,96	
401	Fournisseurs		1 562,87
44575	TVA collectée sur importations		85,96
	Achat États-Unis		

– 7 mai : vente à crédit à des détaillants

	07-mai		
411	Clients	15 825,00	
707	Ventes de marchandises		15 000,00
44571	TVA collectée		825,00
	Vente à crédit		

– 8 mai : règlement de l'achat du 6 mai

2 000 $ / 1,2927 : .... 1 547,15 €

Prix facturé le 6 mai : .... 1 562,87 €

Soit un gain de change de : .... 15,72 €

	08-mai		
401	Fournisseurs	1 562,87	
756	Gain de change sur créances et dettes commerciales		15,72
512	Banque		1547,15
	Règlement États-Unis		

– 9 mai : importation de Côte d'Ivoire

1 quintal = 100 kg

5 000 kg / 100 × 26 238,28 : .... 1 311 914 XOF

Soit en euros : 1 311 914 / 655,957 = ... 2 000,00 €

TVA : 2 000 × 5,5 % = ...110,00 €

	09-mai		
607	Achats de marchandises	2 000,00	
44566	TVA sur autres biens et services	110,00	
401	Fournisseurs		2 000,00
44575	TVA collectée sur importations		110,00
	Achat Côte d'Ivoire		

– 12 mai : acquisition intracommunautaire d'Italie

	12-mai		
607	Achats de marchandises	900,00	
44566	TVA sur autres biens et services	49,50	
401	Fournisseurs		900,00
4452	TVA due intracommunautaire		49,50
	Achat Italie		

– 13 mai : livraison intracommunautaire en Allemagne
288 bouteilles à 15,08 €, soit : 4 343,04 €.

13-mai			
411	Clients	4 343,04	
707	Ventes de marchandises		4 343,04
	Vente Allemagne		

– 14 mai : achats Rungis
100 kg × 0,42 € soit : .... 42,00 €
150 kg × 0,73 € soit : .... 109,50 €
Total achats : .... 151,50 €
TVA (151,50 × 5,5 %) : .... 8,33 €

14-mai			
607	Achats de marchandises	151,50	
44566	TVA sur autres biens et services	8,33	
401	Fournisseurs		159,83
	Achat Rungis		

– 15 mai : règlement au fournisseur ivoirien. Le taux est fixe ; il ne peut donc y avoir de gain ou de perte de change.
Sont dus : 1 311 914,00 XOF, soit 2 000,00 €.

15-mai			
401	Fournisseurs	2 000,00	
512	Banque		2 000,00
	Virement Côte-d'Ivoire		

– 18 mai : achat de services sans option pour les débits
La TVA ne sera déductible que lors du règlement.

18-mai			
615	Entretien et réparations	424,00	
44564	TVA déductible sur décaissements	84,80	
401	Fournisseurs		508,80
	Entretien des locaux		

– 19 mai : exportation au Japon
144 bouteilles × 19,60 €, soit : 2 822,40 €.

19-mai			
411	Clients	2 822,40	
707	Ventes de marchandises		2 822,40
	Vente Japon		

– 22 mai : acquisition intracommunautaire de Belgique
4 × 600 €, soit : 2 400,00 €
TVA : 2 400 × 5,5 % = 132,00 €.

22-mai			
607	Achats de marchandises	2 400,00	
44566	TVA sur autres biens et services	132,00	
401	Fournisseurs		2 400,00
4452	TVA due intracommunautaire		132,00
	Achat Belgique		

– 25 mai : encaissement du Japon
A été facturé l'équivalent de 2 822,40 € au cours de 138,90 JPY, soit 2 822,40 × 138,90 = 392 031,36 JPY. Le client règle 392 031,36 JPY, soit 392 031,36 / 143,20=2 737,65 €.
Perte de change :
Facture : .... 2 822,40 €
Règlement : .... 2 737,65 €
Perte : .... 84,75 €

25-mai			
512	Banque	2 737,65	
656	Pertes de change sur créances et dettes commerciales	84,75	
411	Clients		2 822,40
	Encaissement Japon		

– 27 mai : encaissement du client anglais (vente du 4 mai)
Est encaissé l'équivalent de 810,00 £, soit 810 / 0,8321 =973,44 €.
Il a été facturé :.. 810 / 0,8453 = 958,24 €,
soit un gain de : .... 15,20 €.

27-mai			
512	Banque	973,44	
756	Gains de change sur créances et dettes commerciales		15,20
411	Clients		958,24
	Encaissement Angleterre		

– 30 mai : règlement de la prestation de services

Il faut régulariser la TVA car celle-ci est déductible lors du règlement.

	30-mai		
401	Fournisseurs	508,80	
44566	TVA sur autres biens et services	84,80	
512	Banque		508,80
44564	TVA sur déductible sur décaissements		84,80
	Règlement entretien des locaux		

Application 5 Cas de synthèse : achats, ventes et règlements – p. 181

Comptabilisez au journal de la SARL Aristide les opérations relatives au mois de mars.

– 5 mars : facture au client Dubois

Montant brut.. 4 000,00 €

Remise : 4 000 × 2 % .... 80,00 €

Net commercial HT .... 3 920,00 €

Port forfaitaire HT : 3 920 × 5 % .... 196,00 €

Montant HT... 4 116,00 €

TVA : 4 116 × 20 % .... 823,20 €

Emballages HT : 5 × 12 €.. 60,00 €

Net à payer .... 4 999,20 €

	05-mars		
411	Clients	4 999,20	
707	Ventes de marchandises		3 920,00
7085	Ports et frais accessoires facturés		196,00
4196	Clients, dettes pour emballages consignés		60,00
44571	TVA collectée		823,20
	Facture n° 530 au client Dubois		

– 6 mars : il s'agit d'une avance sur ventes de marchandises taxées au taux de 5,5 %. TVA comprise dans l'avance : 200 / 1,055 × 5,5 % = 10,43 €

	06-mars		
512	Banque	200,00	
44584	TVA récupérée d'avance	10,43	
4191	Clients - Avances et acomptes reçus sur commandes		200,00
44571	TVA collectée		10,43
	Chèque n° 126 du client Sidati		

– 8 mars : la livraison intracommunautaire n'est pas soumise à la TVA.

08-mars

411	Clients	2 500,00	
707	Ventes de marchandises		2 500,00
	Facture n° 531 au client allemand Moeller		

– 9 mars : facture d'avoir au client Dubois

Déconsignation de 5 caisses : 5 × 12 €.. – 60,00 €

Frais de déconsignation : 3 × (12 € – 10 €) .... 6,00 €

Vente de 2 caisses consignées : 2 × 12 €.. 24,00 €

TVA sur déconsignation : 3 × (12,00 – 10,00) × 20 % .... 1,20 €

TVA sur vente d'emballages : 2 × 12,00 × 20 %................................ 4,80 €

Avoir net :.. – 24,00 €

09-mars

4196	Clients, dettes pour emballages consignés	60,00	
411	Clients		24,00
7086	Bonis sur reprises d'emballages consignés		6,00
7088	Autres produits des activités annexes		24,00
44571	TVA collectée		6,00
	Facture n° AV23 au client Dubois		

– 10 et 11 mars : montant de l'achat en euros : 3 500 / 1,30 = 2 692,31 €.

Coûts accessoires inclus (facture du transitaire) : 70 + 120 = 190 € HT.

TVA sur les marchandises : 2 692,31 × 20 % = 538,46 €.

TVA sur les coûts accessoires : 190 × 20 % = 38 €

10-mars

607	Achats de marchandises hors UE	2 692,31	
44566	TVA sur autres biens et services	538,46	
401	Fournisseurs		2 692,31
44575	TVA collectée sur importations		538,46
	Facture du fournisseur indien Kochi		

11-mars

607	Achats de marchandises	190,00	
44566	TVA sur autres biens et services	38,00	
40101	Fournisseurs		228,00
	Facture du fournisseur transitaire		

– 12 mars : facture au client Sidati

Montant brut : 10 × 540 € : .... 5 400,00 €
Remise : 5 400 × 10 % :.......... – 540,00 €
Net commercial : .... 4 860,00 €
Port forfaitaire : 4 860 × 5 % : .... 243,00 €
Total hors taxes : .... 5 103,00 €
TVA : 5 103 × 5,5 % : .... 280,67 €
Total TTC : .... 5 383,67 €
Avance du 6 mars : .... – 200,00 €
Net à payer : .... 5 183,67 €

	12-mars		
411	Clients	5 183,67	
4191	Clients - Avances et acomptes reçus sur commandes	200,00	
707	Ventes de marchandises		4 860,00
7085	Port et frais accessoires facturés		243,00
44571	TVA collectée		270,24
44584	TVA récupérée d'avance		10,43
	Facture n° 532 au client Sidati		

– 13 mars : règlement reçu du client Dubois

Escompte HT : 3 920 × 5 % : .... 196,00 €
TVA sur escompte : 196 × 20 % : .... 39,20 €
Facture d'avoir AV24 : .... 235,20 €
Facture n° 530 : .... 4 999,20 €
Avoir n° AV23 : .... – 24,00 €
Avoir n° AV24 : .... – 235,20 €
Montant du règlement : .... 4 740,00 €

	13-mars		
512	Banque	4 740,00	
665	Escomptes accordés	196,00	
44571	TVA collectée	39,20	
411	Clients (4 999,20 - 24,00)		4 975,20
	Chèque n° 2543 du client Dubois et AV24		

– 14 mars : règlement de la facture Toutforum

TVA à déduire : 390 × 0,20/1,20 .... 65,00 €

14-mars

401	Fournisseurs	390,00	
44566	TVA sur autres biens et services	65,00	
512	Banque		390,00
44564	TVA déductible sur décaissements		65,00
	Chèque n° 1256 au fournisseur Toutforum		

– 18 mars : règlement du fournisseur indien Laxmi

Montant figurant en compte : 2 100 / 1,25 .... 1 680,00 €

Montant du virement : 2 100 / 1,30.. <u>1 615,38</u> €

Gain de change : .... 64,62 €.

18-mars

401	Fournisseurs	1 680,00	
512	Banque		1 615,38
756	Gains de change sur créances et dettes commerciales		64,62
	Virement bancaire au fournisseur indien Laxmi		

– 22 mars : facture d'entretien des véhicules

Entretien du véhicule de tourisme TTC : 90 × 1,20......................... 108,00 €

Entretien d'un véhicule utilitaire : .... <u>130,00</u> €

Charge d'entretien totale : .... 238,00 €

TVA déductible : 130 × 20 % : .... <u>26,00</u> €

Net à payer : .... 264,00 €

(Rappel : la TVA non déductible est intégrée dans la charge correspondante.)

22-mars

615	Travaux d'entretien	238,00	
44566	TVA sur autres biens et services	26,00	
512	Banque		264,00
	Facture n° 1257 de Petrus Auto - Chèque n° 3652		

Chapitre 9

Le suivi de la trésorerie

Comprendre les notions

Application 1 Calculer des intérêts et enregistrer des opérations de financement – p. 204

Compétence attendue : C1

1. Calculez, pour chaque opération, le montant net inscrit en compte.

Traite :
Nominal de la traite escomptée : .... 4 800,00 €
Commission HT : .... – 18,00 €
TVA sur commission : 18 × 0,2 .... – 3,60 €
Intérêts 4 800 × 0,95 % × 57 / 30 : .... – 86,64 €
Montant net porté en compte : .... 4 691,76 €
Créances transmises en affacturage :
Montant total .... 6 200,00 €
Commission d'affacturage HT : 6 200 × 2,4 % : .... – 148,80 €
TVA sur commission 148,80 × 0,2 : .... – 29,76 €
Commission de financement : 6 200 × 2,5 % .... – 155,00 €
Montant net porté en compte .... 5 866,44 €

2. Comptabilisez les opérations au journal de la société W.-Buffet.

		2/03	
5114	Effets à l'escompte	4 800,00	
413	Clients – Effets à recevoir		4 800,00
	à l'escompte de la traite		

		06/03	
512	Banque	4 691,76	
627	Services bancaires	18,00	
44566	TVA sur autres biens et services	3,60	
661	Charges d'intérêts	86,64	
5114	Effets à l'escompte		4 800,00
	Avis de crédit		

		8/03	
467	Société d'affact.	5 866,44	
6225	Rémunérations d'affacturage	148,80	
44566	TVA sur autres biens et services	29,76	
668	Autres charges financières	155,00	
411	Clients		6 200,00
	Transfert des créances, bordereau n°…		

		11/03	
512	Banque	5 866,44	
467	Société d'affacturage		5 866,44
	Versement sur bordereau n°…		

Application 2 Calculer des intérêts et enregistrer des opérations de financement – p. 204

Compétence attendue : C1

1. Calculez l'agio.

Nombre de jours : (28 – 8) pour février + 31 en mars + 1 jour de banque = 52 jours.
Intérêts : 5 000 × (52 / 360) × 7 % = 50,56 €.
Commission d'endos : 5 000 × (52 / 360) × 0,5 % = 3,61 €.
Commission de manipulation : 9 × 1,20 = 10,80 € TTC.
Total : 50,56 + 3,61 + 10,80 = 64,97 € TTC.

2. Comptabilisez l'opération sachant que l'avis de négociation est revenu à l'entreprise le 11 février N.

Commissions HT : 3,61 + 9,00 = 12,61 €.
TVA : 9 × 20 % = 1,80 €.

	08/02		
5114	Effets à l'escompte	5 000,00	
413	Clients, effets à recevoir		5 000,00
	Remise à l'escompte	13,00	
	11/02	2,60	
512	Banque	4 935,03	
627	Services bancaires	12,61	
44566	TVA sur autres biens et services	1,80	
661	Charges d'intérêts	50,56	
5114	Effets à l'escompte		5 000,00
	Selon avis de négociation n°		

3. Comptabilisez l'opération en prenant l'hypothèse d'une LCR magnétique (la commission de manipulation n'étant, dans ce cas, que de 2 € HT).

	8/02/N		
512	Banque	4 943,43	
627	Services bancaires (3,61 + 2,00)	5,61	
44566	TVA sur autres biens et services (2 × 20 %)	0,40	
661	Charges d'intérêts	50,56	
5192	Concours bancaires courants-LCR		5 000,00
	Avis de crédit de la banque n°...		
	31/03/N		
512	Banque	5 000,00	
411	Clients		5 000,00
	Paiement du client		
	d°		
5192	Concours bancaires courants-LCR	5 000,00	
512	Banque		5 000,00
	Remboursement du crédit		

Application 3 QCM – p. 204

Répondez par « Vrai » ou par « Faux » aux affirmations ci-dessous en donnant toutes explications utiles.

1. Une entreprise bénéficie d'un escompte lorsqu'elle remet un effet de commerce avant la date d'échéance.

Faux. Il ne faut pas confondre l'escompte de règlement, qui est une réduction obtenue pour paiement immédiat, et la remise à l'escompte, qui consiste à négocier une traite auprès de sa banque pour disposer des fonds de manière anticipée.

2. Le compte « 5114. Effets à l'escompte » est utilisé pendant la période allant de la négociation de l'effet à la banque jusqu'au versement des fonds sur le compte bancaire de l'entreprise.

Vrai. Le compte 5114 est un compte d'attente qui permet le suivi des effets remis à l'escompte. Son utilisation n'est pas obligatoire, mais elle permet d'éviter les erreurs.

3. Le CMCC prend généralement la forme d'un billet à ordre remis à l'escompte.

Vrai. Le CMCC (Crédit de mobilisation des créances commerciales) consiste à souscrire un billet à ordre correspondant à des créances, puis à le remettre à l'escompte.

4. La commission d'affacturage rémunère le recouvrement des créances mais ne tient pas compte du risque d'impayé des créances.
Faux. La commission d'affacturage rémunère à la fois le recouvrement de la créance et le risque d'impayé. Le risque d'impayé est en effet pris en charge par la société d'affacturage.
5. Les comptabilités sont dites « réciproques » quand les comptes fonctionnent de la même façon dans deux entités comptables différentes.
Faux. Les comptes fonctionnent en sens inverse de telle sorte que les soldes des deux comptes à une date donnée sont égaux et de sens contraire.
6. L'état de rapprochement permet notamment de découvrir les erreurs commises.
Vrai. Toutes les différences entre le compte Banque tenu dans l'entreprise et le compte tenu par l'agence bancaire sont mises en évidence par l'état de rapprochement, y compris les erreurs de comptabilisation.
7. La cession de créances professionnelles empêche l'entreprise de recouvrer ses créances clients.
Faux. L'accord entre la banque et l'entreprise prévoit généralement que l'entreprise continue à recouvrer ses créances clients.
8. Les créances cédées dans le cadre de la loi Dailly ne figurent plus à l'actif du bilan.
Vrai. La comptabilisation de la cession en pleine propriété des créances dans le cadre de la loi Dailly doit en principe exclure les créances clients du bilan. Cependant, on utilise le compte 4116, notamment si l'entreprise continue à recouvrer ces créances.
9. La cession de créances professionnelles peut permettre de garantir un crédit bancaire.
Vrai. Cette cession peut se réaliser à titre de garantie d'un crédit bancaire dans le cadre d'un nantissement.
10. L'objectif de l'état de rapprochement est la concordance des soldes de début de période.
Faux. Il s'agit de vérifier la concordance des soldes de fin de période. Les soldes de début de période ont déjà été rapprochés lors de l'état de rapprochement de la période précédente.

Mettre en œuvre les compétences

Application 1 Comptabiliser les effets de commerce - Escompte – p. 205

Compétence attendue : C1

Présentez les écritures concernant les différentes opérations décrites, en justifiant tous les calculs.

Le 1er mars, la société rédige un effet de commerce (billet à ordre) au bénéfice de son fournisseur :

	01-mars		
401	Fournisseurs	1 250,00	
403	Fournisseurs – Effets à payer		1 250,00
	Billet à ordre Laurent		

– Remise à l'escompte du 5 mars :

	05-mars		
5114	Effets à l'escompte	3 200,00	
413	Clients – Effets à recevoir		3 200,00
	Remise à l'escompte		

– Calculs relatifs à l'opération d'escompte :

Commission = 3 200 × 0,8 % : .... 25,60 €

TVA s/ commission = 25,60 × 20 % : .... 5,12 €

Escompte = 3 200 × 0,75 % × 55/30 : .... 44,00 €

Total : .... 74,72 €

	08-mars		
512	Banques	3 125,28	
6275	Frais sur effets	25,60	
44566	TVA sur autres biens et services	5,12	
6616	Intérêts bancaires et sur opérations de financement	44,00	
5114	Effets à l'escompte		3 200,00
	Avis de crédit		

– Le 12 mars : il n'est pas spécifié que la lettre de change-relevé est magnétique. On solde le compte 403 qui a été crédité lors de l'acceptation de la lettre de change :

	12-mars		
403	Fournisseurs – Effets à payer	2 600,00	
512	Fournisseurs – Effets à payer		2 600,00
	LCR avis de débit		

– Le 16 mars, il suffit de solder le compte Fournisseurs car le montant n'a pas été transféré au compte 403. Effets à payer pour une lettre de change magnétique.

	16-mars		
401	Fournisseurs	350,00	
512	Banque		350,00
	LCR avis de débit		

– Le 17 mars, la remise à encaissement des effets clients permet de solder le compte 413. Clients – Effets à recevoir, débité lors de la réception des effets de commerce :

	17-mars		
5113	Effets à l'encaissement	2 460,00	
413	Clients – Effets à recevoir		2 460,00
	Remise des effets à l'encaissement		

– Calculs relatifs à la commission de l'avis de crédit du 21 mars :

Commissions = 2 460 × 0,70 % : .... 17,22 €

TVA sur commissions = 17,22 × 20 % : .... 3,44 €

Total : .... 20,66 €

D'où un crédit net en banque de 2 460 – 20,66 : .... 2 439,34 €.

L'écriture permet de solder le compte 5113. Effets à l'encaissement.

	21-mars		
512	Banque	2 439,34	
6275	Frais sur effets	17,22	
44566	TVA sur autres biens et services	3,44	
5113	Effets à l'encaissement		2 460,00
	Avis de crédit de la banque		

Application 2 Comptabiliser les effets de commerce - Escompte – p. 206

Compétence attendue : C1

Enregistrez ces différentes opérations au journal de l'entreprise Évrard.

– Le 5 juin, aucun enregistrement n'est à passer. Le 10 juin, il faut solder le compte Clients par le compte 413 et enregistrer la remise à l'escompte immédiate en soldant le compte 413 par le compte 5114.

	10-juin		
413	Clients – Effets à recevoir	650,00	
411	Clients		650,00
	LC Armel		
	d°		
5114	Effets à l'escompte	650,00	
413	Clients – Effets à recevoir		650,00
	Remise à l'escompte		

– Le 14 juin, l'avis de la banque fait état des frais suivants :

Commission : .... 13,00 €
TVA sur commission : 13 × 20 % : .... 2,60 €
Intérêts : .... 12,00 €
Total frais : .... 27,60 €

Soit un net de : 650 – 27,60 = 622,40 €.

	14-juin		
512	Banque	622,40	
661	Charges d'intérêts	12,00	
627	Services bancaires et assimilés	13,00	
44566	TVA sur autres biens et services	2,60	
5114	Effets à l'escompte		650,00
	avis de crédit n°		

– Le 19 juin : réception du billet à ordre. Il faut solder le compte Client par le compte 413 :

	19-juin		
413	Clients – Effets à recevoir	2 400,00	
411	Clients		2 400,00
	BO Hya		

– Le 25 juin, l'écriture est identique :

	25-juin		
413	Clients – Effets à recevoir	1 660,00	
411	Clients		1 660,00
	LCR Helen		

– Le 3 juillet, s'agissant d'une LCR magnétique, il faut solder le compte Clients par le débit du compte Banque, comme s'il s'agissait d'un règlement par chèque :

	03-juil		
512	Banque	1 874,00	
411	Clients		1 874,00
	Règlement Jeude		

– La remise à l'encaissement du 26 juillet permet de solder le compte 413 par le compte d'attente 5113 pour le montant total, soit 1 660 + 2 400 = 4 060 € :

	26-juil		
5113	Effets à l'encaissement	4 060,00	
413	Clients – Effets à recevoir		4 060,00
	Remise des effets n°		

– Le 3 août, l'avis de la banque fait état des frais suivants :

Commission TTC : .... 84 €
TVA .... - 14 €
Commission HT .... 70 €

	03-août		
512	Banque	3 976,00	
627	Services bancaires et assimilés	70,00	
44566	TVA sur autres biens et services	14,00	
5113	Effets à l'encaissement		4 060,00
	Avis de crédit n°		

Application 3 Comptabiliser le crédit de mobilisation des créances commerciales – p. 206

Compétence attendue : C1

Enregistrez, dans le journal de la société Jaguar, les écritures au 31 août N et au 30 septembre N concernant le crédit obtenu sur le chiffre d'affaires de septembre N.

Chiffre d'affaires : 45 000 € HT.
Crédit accordé : 80 % × 4 000 = 36 000 €.
Intérêts : 36 000 × 7 % × 30 jours (crédit sur septembre) / 360 = 210 €

	31/08/N		
512	Banque	35 718	
627	Services bancaires	60	
44566	TVA sur autres biens et services	12	
661	Charges d'intérêt	210	
5191	Crédit de mobilisation des créances		36 000
	Avis de crédit de la banque n°		
	30/09/N		
5191	Crédit de mobilisation des créances	36 000	
512	Banque		36 000
	Remboursement du crédit		

Application 4 Comptabiliser une LCR magnétique et une cession de créances professionnelles – p. 207

Compétence attendue : C1

1. Retrouvez le montant des commissions taxables et celui des charges financières non soumises à TVA.

Commission taxable : (16,00 / 0,20) = 80 €.
Charge financière : 190 – 80 – 16 = 94 €.

2. Comptabilisez le décompte.

Total de la remise à l'escompte : 2 075 + 9 600 + 4 325 = 16 000 €

	29-janv		
512	Banque	15 810	
627	Services bancaires	80	
44566	TVA sur autres biens et services	16	
661	Charges d'intérêt	94	
5192	Concours bancaires courants-LCR		16 000
	Avis de crédit de la banque n°...		
	10-févr		
512	Banque	2 075	
411	Clients		2 075
	Règlement client Romei		
	12-août		
512	Banque	13 925	
411	Clients		13 925
	Règlement clients CDC et Jufra		
	id		
5192	Concours bancaires courants-LCR	16 000	
512	Banque		16 000
	Annulation du crédit bancaire		

3. Enregistrez l'opération si l'entreprise a associé à la LCR magnétique un acte de cession de créances professionnelles à titre de garantie.

Les écritures sont identiques, le compte 5192 étant remplacé par le compte 5194 (Crédits garantis par des créances).

Application 5 Comptabiliser une cession de créances professionnelles – p. 207

Compétence attendue : C1

Enregistrez cette opération dans le journal de l'entreprise Cantal.

	2/03/N		
5121	Banque compte courant	44 000	
5122	Banque-retenue de garantie	6 000	
4116	Créances professionnelles cédées		50 000
	Transmission du bordereau de cession n°		
	10/03/N		
661	Charges d'intérêt	680	
627	Services bancaires	100	
44566	État-TVA déductible sur biens et services	20	
5121	Banque compte courant		800
	Commission et intérêts		
	30/04/N		
5121	Banque	50 000	
411	Clients		50 000
	Règlements des clients		
	id		
4116	Créances professionnelles cédées	50 000	
5121	Banque compte courant		44 000
5122	Banque-retenue de garantie		6 000
	Annulation des créances cédées		

Application 6 Comptabiliser un affacturage – p. 207

Compétence attendue : C1

Enregistrez cette opération au journal de la société Puimary.

Commission : 457 781 × 2,5 % = 11 444,53 €.
Intérêts : 457 781 × 7,5 % × (23 / 360) = 2 193,53 €.

	8 mai N		
512	Banque	441 854,03	
622	Rémunérations d'intermédiaires et honoraires	11 444,53	
44566	État – TVA déductible sur ABS	2 288,91	
668	Autres charges financières	2 193,53	
411	Clients		457 781,00
	Transfert des créances, bordereau récapitulatif n°		

Application 7 Établir un état de rapprochement bancaire – p. 208

Compétence attendue : C2

1. Présentez l'état de rapprochement du compte « 512. Banque « avec l'extrait de compte de la banque, sachant qu'aucune erreur d'enregistrement n'a été commise.

Seul le solde de fin de période du relevé bancaire est connu. Il est plus simple de mettre à jour en premier lieu le compte tenu par la banque puisque seules deux opérations n'ont pas encore été prises en compte par celle-ci. Il s'agit de deux opérations à porter au crédit : l'une d'un montant de 4 700,00 €, et l'autre d'un montant de 1 800,00 €. Le solde réel concordant est donc de :
22 556 + 4 700 + 1 800 = 29 056,00 €.
Concernant la comptabilité de l'entreprise, trois opérations n'ont pas été enregistrées : le retour impayé d'une LCR papier générant des frais de 36 €, des frais bancaires pour un montant de 119,60 € (ces deux opérations sont à porter au crédit du compte 512. Banque), et un encaissement de dividendes pour un total de 785,00 € (à porter au débit du compte).
Sachant qu'aucune erreur d'enregistrement n'a été commise et que les soldes de fin de période doivent être concordants, on obtient par différence le solde du compte 512 avant rapprochement bancaire :

512. Banque		Opérations	Compte tenu par la banque	
Débit	Crédit		Débit	Crédit
34 726,60		Soldes de fin de période		22 556,00
		Virement du client Sorey		4 700,00
		Remise de chèque		1 800,00
	6 300,00	Impayé		
	36,00	Frais		
	119,60	Frais de banque		
785,00		Dividendes encaissés		
	29 056,00	**Soldes concordants**	**29 056,00**	
35 511,60	**35 511,60**	**Totaux**	**29 056,00**	**29 056,00**

2. Enregistrez, dans la comptabilité de l'entreprise, les opérations qui en découlent.

627	Services bancaires [(36,00 + 119,60)/1,20]	129,67	
44566	TVA sur autres biens et services (129,67 × 20 %)	25,93	
411	Clients	6 300,00	
512	Banque		6 455,60
	Selon état de rapprochement		

512	Banque	785,00	
764	Revenus des VMP		785,00
	Selon état de rapprochement		

Application 8 Établir un état de rapprochement – p. 208

Compétence attendue : C2

1. Présentez l'état de rapprochement au 31/10/N.

	Société Générale Relevé bancaire au 31/10	**Débit**	**Crédit**
01-oct	Solde créditeur au 1/10		**7 321,10**①
04-oct	Chèque n° 0325	1 250,00①	
05-oct	Chèque n° 0326	10 946,15①	
06-oct	Remise de chèques		5 725,50①
06-oct	Chèque n° 0327	412,36	
10-oct	Remise d'espèces	1 000,00②	
12-oct	Virement Tommelles		765,00…
15-oct	Domiciliations échues	1 850,00③	
17-oct	Virement Étang de l'abbaye		**1 760,00**
22-oct	Négociation effet n° T112		3 628,04
22-oct	Coupons (revenus de VMP)		**124,00**
23-oct	Achat 120 actions Alcatel (VMP)	2 198,75	
24-oct	Chèque n° 0328	324,00④	
27-oct	Prélèvement EDF	**478,40**	
29-oct	Remise de chèques		2 312,00⑥
31-oct	Intérêts de découvert	**12,50**	
31-oct	Solde créditeur		
	Totaux	18 472,16	21 635,64
	Solde au 31/10		**3 163,48**

Extrait du compte 512 du 1er au 31 octobre				
Dates	**Libellés**	**Débit**	**Crédit**	**Solde**
01-oct	Solde débiteur	850,45①		850,45
04-oct	Chèque n° 0327 à Rappala		412,63	437,82
09-oct	Chèque n° 0328 à Mepps		324,00④	113,82
10-oct	Remise d'espèces		1 000,00②	– 886,18
13-oct	Virement Tommelles	765,00⑤		–121,18
15-oct	Domiciliations échues		1 850,00③	–1 971,18
16-oct	Chq n° 45874 de Pescalis	1 436,00⑥		– 535,18
20-oct	Escompte effet n° T 112	3 840,00		3 304,82
22-oct	Chq n° 412 de Brame	876,00⑥		4 180,82
23-oct	Achat de titres Alcatel	2 198,75		6 379,57
26-oct	Chq n° 0329 à Eagle		**2 497,00**	3 882,57
31-oct	Chq n° 0330 à Garbolino		**471,60**	3 410,97

(1) Le rapprochement des soldes de départ montre que les premières opérations enregistrées par la Société Générale ont déjà été comptabilisées par l'entreprise. En effet : 7 321,10 – 1 250,00 – 10 946,15 + 5 725,50 = 850,45.

Les pointages (2) à (5) ne présentent pas de difficulté.

Le pointage (6) est un regroupement de deux chèques clients déposés à la banque lors d'une même remise. Il faut donc regrouper ces deux sommes.

Six montants sont entourés. Ils correspondent à trois opérations dont les enregistrements ne concordent pas dans la comptabilité de l'entreprise et à la banque.

La première correspond à une erreur de saisie imputable à l'entreprise, qui a crédité 412,63 € au lieu de 412,36 €. Il faudra donc rectifier la comptabilité de l'entreprise pour la différence de 0,27 € au débit, afin de réduire la somme portée effectivement au crédit du 512.

La deuxième opération correspond à un achat de valeurs mobilières de placement ; l'entreprise a débité la somme au lieu de la créditer. Il faut donc créditer 2 198,75 € deux fois pour annuler l'erreur et rectifier le compte 512.

La dernière opération est une négociation d'effet. Elle est portée au compte 512 pour son montant brut alors que l'opération est soumise à des frais. Le rapprochement bancaire devra donc tenir compte de l'imputation de ces frais.

512. Banque		Opérations	Compte tenu par la banque	
Débit	Crédit		Débit	Crédit
3 410,97		Soldes de fin de période		3 163,48
0,27		Erreur sur chèque 327 (412,63 – 412,36)		
1 760,00		Virement Étang de l'Abbaye		
124,00		Encaissement dividendes		
	211,96	Intérêts et commissions		
	2 198,75	Annulation de la somme portée au débit		
	2 198,75	Achat de VMP		
	12,50	Intérêts de découvert		
	478,40	Prélèvement EDF		
		Chèque 329	2 497,00	
		Chèque 330	471,60	
	194,88	**Soldes concordants**	**194,88**	
5 295,24	**5 295,24**	**Totaux**	**3 163,48**	**3 163,48**

2. Enregistrez, dans la comptabilité de l'entreprise Soleil 2000, les opérations qui en découlent.

512	Banque	1 884,27	
401	Fournisseurs		0,27
411	Clients		1 760,00
764	Revenus des VMP		124,00
	Selon état de rapprochement		

627	Services bancaires (commissions d'escompte)	10,00	
44566	TVA sur autres biens et services	2,00	
661	Charges d'intérêts (199,96 € + 12,50 €)	212,46	
401	Fournisseurs	478,40	
503	VMP	4 397,50	
512	Banque		5 100,36
	Selon état de rapprochement		

Application 9 Établir un état de rapprochement – p. 210

Compétence attendue : C2

1. Rappelez l'intérêt d'effectuer un état de rapprochement bancaire.

L'état de rapprochement bancaire permet :
– de constater les décalages temporels entre le compte 512 et le relevé de compte ;
– de mettre en évidence leurs divergences, les erreurs ;
– de mettre à jour par de nouvelles écritures comptables, le compte banque tenu par l'entreprise.

2. À partir de l'annexe, présentez l'état de rapprochement bancaire au 31 octobre N.

État de rapprochement au 31 octobre N				
Compte 512 BPM tenu par l'entreprise		**Libellés**	**Relevé bancaire tenu par la banque**	
Débit	**Crédit**		**Débit**	**Crédit**
410 (SD)		Soldes finaux au 30/09 avant rapprochement		1 100 (SC)
1 000		Virement client Esterel		
	120	Frais bancaires		
		Chèque n° 130	100	
	300	Prélèvement L.C. magnétique Thierry		
	240	Prélèvement France télécom		
250		Dividendes actions		
	1 000 (SD)	Soldes finaux au 31/10 après rapprochement	1 000 (SC)	
1 660	**1 660**	**TOTAUX**	**1 100**	**1 100**

3. Comptabilisez, au journal de l'entreprise, les écritures relatives à cet état de rapprochement.

	31-oct		
512	Banque	1 250	
411	Clients		1 000
764	Revenus des VMP		250
	Selon état de rapprochement		
	id		
627	Services bancaires	100	
44566	TVA sur autres biens et services	20	
401	Fournisseurs	540	
512	Banque		660
	Selon état de rapprochement		

Chapitre 10

Les opérations relatives au personnel et aux organismes sociaux

Comprendre les notions

Application 1 Calculer le salaire brut – p. 228

Compétence attendue : C1

1. Calculez la rémunération brute de M. Quentin au titre du mois de novembre N.

Rémunération fixe		1 400,00 €
Rémunération variable		1 537,50 €
– tranche 2 : (16 000 – 8 000) × 2 %	160,00 €	
– tranche 3 : (30 000 – 16 000) × 4 %	560,00 €	
– tranche 4 : (43 625 – 30 000) × 6 %	817,50 €	
Rémunération totale		2 937,50 €

2. Calculez la rémunération brute de M. Hubert pour les mois de novembre et décembre N.

– Novembre N :

Rémunération fixe	1 000,00 €
Rémunération au rendement : 600 × 1,18	708,00 €
Rémunération totale	1 708,00 €

– Décembre N :

Rémunération fixe	1 000,00 €
Rémunération au rendement : 600 × 0,84 = 504 €	504,00 €
Rémunération totale	1 504,00 €

Dans les deux cas, la rémunération minimale est atteinte.

Application 2 Calculer les composantes du coût salarial – p. 228

Compétence attendue : C1

Déterminez, pour le mois d'avril N, le salaire brut, le salaire net et le salaire net à payer de M. Charles ainsi que le coût total pour l'employeur.

Heures au taux horaire de base : 151,67 × 14	2 123,38 €
Prime de panier	123,00 €
Salaire brut	**2 246,38 €**
Cotisations salariales : 2 246,38 × 22 %	– 494,20 €
Salaire net	**1 752,18 €**
Allocation forfaitaire pour frais	158,00 €
Avance sur salaire	– 300,00 €
Salaire net à payer	**1 610,18 €**
Cotisations patronales : 2 246,38 × 45 %	1 010,87 €
Coût total pour l'employeur : 2 246,38 + 158,00 + 1 010,87	**3 415,25 €**

Application 3 Calculer l'assiette des cotisations sociales – p. 228

Compétence attendue : C1

Déterminez, pour chaque salarié, les montants sur lesquels seront assises les différentes cotisations en retenant le plafond indiqué dans le cours.

– Mlle Sylvie (salaire de 15 000 €) :

Sécurité sociale :

- sur plafond .... 3 666 €
- sur salaire brut .... 15 000 €

Pôle Emploi : cotisations uniquement patronales

Brut jusqu'à 4 × plafond .... 14 664 €

Retraite cadre :

- sur tranche 1 .... 3 666 €
- sur tranche 2 (15 000 – 3 666) .... 11 334 €

– M. Léonard (salaire de 3 000 €)

Sécurité sociale :

- sur plafond .... 3 000 €
- sur salaire brut .... 3 000 €

Pôle Emploi :
Pôle Emploi : cotisations uniquement patronales
Brut jusqu'à 4 × plafond .... 3 000 €
Retraite non-cadre :
• sur tranche 1 .... 3 000 €

Application 4 Interpréter une documentation sociale et comptable – p. 229

Compétences attendues : C1 et C2

1. Indiquez si l'avantage octroyé peut s'analyser comme un avantage en nature.

Si la valeur faciale d'un ticket-restaurant est en principe librement fixée par l'employeur, des règles d'origine sociale l'encadrent. L'employeur ne peut prendre en charge que 60 % de la valeur faciale dans la limite de 6,50 €. Si la prise en charge est supérieure, la différence devient un avantage en nature.
Le dirigeant prend en charge 60 % de la valeur faciale. Il n'excède donc pas la première limite.
Calcul de la deuxième limite :
9 × 60 % .... 5,40 €
En prenant en charge 5,40 €, l'employeur reste dans les limites fixées. Dès lors, l'avantage financier n'est pas considéré comme un avantage en nature.

2. Indiquez les conséquences sur le bulletin de salaire si la contribution patronale excédait les limites légales.

Si la contribution de l'employeur avait dépassé 6,50 € ou 60 %, la différence avec la limite légale aurait été considérée comme un avantage en nature. Sur le bulletin de salaire, l'avantage en nature figure en haut du bulletin de salaire et fait partie du salaire brut. À ce titre, il est soumis à cotisations sociales.

3. Analysez l'enregistrement comptable figurant en annexe.

• Sur les montants
Nombre de jours travaillés : 180,00 € / 9 : = ... 20 jours
Participation patronale : 180 × 60 % = ... 108 €
Participation du salarié : 180 × 40 % = ... 72 €

• Sur le crédit du compte 512 : l'entreprise a payé l'intégralité du prix des 20 tickets.
• Sur le débit : le prix total est réparti à 60-40 et figure pour partie en charges de personnel (60 %) et en créances sur le personnel (débit du compte 421). Cette créance sera soldée lors du paiement du salaire au salarié.

Application 5 QCM – p. 230

Répondez par « Vrai » ou par « Faux » aux affirmations ci-dessous ou choisissez le résultat exact en donnant toutes explications utiles.

1. Le coût salarial total pour un employeur est égal à la somme des salaires bruts, des cotisations salariales et des cotisations patronales.
Faux. Les cotisations salariales sont retenues sur les salaires bruts et sont donc déjà intégrées dans celui-ci. Le coût salarial total est égal à la somme des salaires bruts et des cotisations patronales.

2. Les primes, gratifications et avantages en nature entrent dans la base imposable du salarié.
Vrai. Ce sont des éléments soumis à la fois aux cotisations salariales et patronales et sur lesquels le salarié devra payer un impôt.

3. Les remboursements de frais doivent figurer sur le bulletin de salaire.
Faux. Les remboursements de frais ne figurent sur le bulletin de salaire que s'il s'agit d'éléments forfaitaires. En revanche, les remboursements sur pièces n'entrent pas dans la comptabilité des salaires.

4. Pour le versement des cotisations de retraite complémentaire, l'employeur peut choisir entre l'ARRCO et l'AGIRC.
Faux. Depuis 2019, il s'agit d'une caisse unique.

5. La contribution au remboursement de la dette sociale fait partie de la base imposable du salarié.
Vrai. La CRDS n'est pas déductible pour le calcul de la base imposable. Le salarié paie donc un impôt sur un impôt.

6. Le plafond de la Sécurité sociale est révisé deux fois par an, les 1er janvier et 1er juillet.
Faux. Le plafond de la Sécurité sociale est fixé par décret une fois par an et entre en vigueur le 1er janvier.

7. Dans le but de favoriser certains salariés, les employeurs peuvent cotiser aux caisses de retraite complémentaire.
Faux. Les cotisations aux caisses de retraite complémentaire sont obligatoires ; les cotisations facultatives concernent les caisses de prévoyance supplémentaire (dite retraite supplémentaire) et les mutuelles.

8. Pour l'enregistrement des rémunérations, le compte « 641. Rémunérations du personnel » est débité par le crédit du compte « 421. Personnel – Rémunérations dues » et des comptes créés au nom des organismes collecteurs.
Faux. L'article 444-42 du PCG précise que le compte 421 doit être crédité du montant des rémunérations brutes, une obligation qui n'est pas respectée par tous les logiciels de paie.

9. Un salarié perçoit une rémunération brute de 2 000 € sur laquelle sont calculés 426 € de cotisations salariales. Les remboursements de frais sur présentation de pièces sont de 360 €. Une opposition de 400 € doit être prise en compte. Le salaire net à payer sera de :
1 174 € (2 000 – 426 – 400).

10. Le paiement de toutes les cotisations sociales peut être regroupé sur un même bordereau.
Faux. Le paiement des cotisations doit être regroupé sur la DSN (Déclaration sociale nominative). Il doit être effectué le même jour que la déclaration, c'est-à-dire le 5 ou le 15 du mois suivant selon la taille de l'entreprise.

Mettre en œuvre les compétences

Application 1 Comptabilisation d'un bulletin de paie – p. 231

Compétences attendues : C1 et C2

1. Présentez, dans un tableau, les montants totaux à payer aux différents organismes collecteurs en distinguant charges salariales et charges patronales.

	Part salariale		Part patronale	
URSSAF	174,37+11,11+158,67+67,67 +16,22-19,25	407,79	176,90+50,54+216,07+48,02 +87,19 + 100 -370,04 =308,68	465,29
			Pôle Emploi 106,14	
			Taxes 50,47	
AGIRC-ARCCO		101,34		151,88
Mutuelle		17,69		17,69
Total cotisations		526,82	Total cotisations	634,86
Administration fiscale (PAS)		193,17		

2. Enregistrez toutes les écritures relatives à ce bulletin de salaire, y compris le paiement à la salariée. Vous utiliserez les subdivisions des comptes 641 et 645.

Salaires bruts : il y a des accessoires (des primes et des heures supplémentaires).

6411	Salaires appointements (2 244,72+148+22,20)	2 414,92	
6413	Primes et gratifications	112,24	
421	Personnel rémunérations dues		2 527,16
	Salaire du mois		

Cotisations salariales

421	Personnel – Rémunérations dues **(526,82+193,17)**	719,99	
431	Sécurité sociale		407,79
4371	AGIRC-ARRCO		101,34
4372	Complémentaire santé		17,69
4421	Prélèvements à la source – Impôt sur le revenu		193,17
	Salaire du mois		

Versement des salaires

421	Personnel – Rémunérations dues	1 807,17	
425	Personnel – Avances et acomptes		200,00
512	Banque		1 607,17
	Règlement salaire du mois		

Cotisations patronales

633	Impôts taxes et versements assimilés sur rém.	50,47	
6451	Cotisations à l'URSSAF	308,68	
6452	Cotisations aux mutuelles	17,69	
6453	Cotisations aux caisses de retraite	151,88	
6454	Cotisations Pôle Emploi	106,14	
431	Sécurité sociale (50,47+ 308,68 + 106,14)		465,29
4371	AGIC-ARRCO		151,88
4372	Complémentaire santé		17,69
	Cotisations patronales du mois de mai		

3. Toutes les cotisations sont payées mensuellement le 5 du mois suivant. Le prélèvement à la source est réglé le 8 du mois. Présentez les écritures de paiement aux organismes sociaux.

431	Sécurité sociale (465,29 +407,79)	873,08	
512	Banque		873,00
758	Produits divers de gestion courante		0,08
	Règlement des Cotisations à l'URSSAF du mois		

4371	AGIRC-ARRCO (101,34+151,88)	253,22	
758	Produits divers de gestion courante		0,22
512	Banque		253,00
	Règlement Cotisations AGIRC-ARRCO du mois		

4372	Complémentaire santé	**35,38**	
512	Banque		**35,38**
	Règlement Complémentaire santé du mois		

PAS

4421	Prélèvements à la source – Impôt sur le revenu	**193,17**	
512	Banque		**193,00**
758	Produits divers de gestion courante		**0,17**
	Règlement PAS du mois		

Application 2 Comptabilisation du livre de paie – p. 233

Compétences attendues : C1 et C2

1. Indiquez trois éléments constitutifs du salaire brut.

Le premier élément est le salaire de base. En complément du salaire de base peuvent être cités les heures supplémentaires, les primes et gratifications ainsi que les avantages en nature.

2. Rappelez la formule de calcul permettant, à partir du salaire brut, de déterminer le salaire net à payer et procédez à son calcul.

Salaire net à payer = salaire brut – cotisations salariales – prélèvements à la source – avances et acomptes – oppositions sur salaires + indemnisations frais professionnels

Salaire net à payer :

Salaire brut	30 000
– Cotisations salariales et prélèvements à la source	– 9 190
– Acomptes	– 1 300
– Oppositions	– 1 000
+ Indemnisations frais professionnels	+ 0
= Salaire net à payer	18 510

3. Calculez le coût des rémunérations pour l'employeur au titre du mois de juin.

Le coût pour l'employeur correspond aux salaires bruts auxquels on ajoute les charges patronales

Coût total employeur = 30 000 + 11 310 = 41 310 €. Il est représenté par l'ensemble des sommes inscrites en comptes de la classe 6.

4. Enregistrez au journal les opérations constatant le salaire brut ainsi que les charges sociales au 30 juin.

	30/06		
6411	Salaires appointements	30 000,00	
421	Personnel - Rémunérations dues		30 000,00
	Salaire du mois		

	30/06		
421	Personnel – Rémunérations dues	9 190,00	
431	Sécurité sociale		5 400,00
4371	AGIRC-ARRCO		1 600,00
4372	Complémentaire santé		350,00
4421	Prélèvements à la source		1 840,00
	Cotisations salariales		

	30/06		
645	Charges de sécurité sociale et de prévoyance	11 310,00	
431	Sécurité sociale		9 160,00
4371	AGIC-ARRCO		1 800,00
4372	Complémentaire santé		350,00
	Cotisations patronales du mois		

5. Enregistrez les différents règlements au 5 juillet.

	5/07		
421	Personnel – Rémunérations dues	20 810,00	
425	Personnel – Avances et acomptes		1 300,00
427	Personnel - Oppositions		1 000,00
512	Banque		18 510,00
	Règlement salaire du mois de juin		

431	Sécurité sociale (5 400 + 7 900 + 1 260)	14 560,00	
512	Banque		14 560,00
	Règlement des Cotisations URSSAF du mois		

4371	AGIRC-ARRCO (1 600 + 1 800)	3 400,00	
512	Banque		3 400,00
	Règlement Cotisations AGIRC ARRCO du mois		

4372	Complémentaire santé (350 + 350)	700,00	
512	Banque		700,00
	Règlement Complémentaire santé du mois		

4421	Prélèvements à la source –	1 840,00	
512	Banque		1 840,00
	Règlement PAS du mois		

Chapitre 11

Les opérations courantes d'investissement et de placement

Comprendre les notions

Application 1 Distinguer une charge et une immobilisation – p. 258

Compétence attendue : C1

Pour chaque élément, indiquez s'il s'agit d'une charge ou d'une immobilisation.

Opérations	Charge	Immobilisation
1	☑	
2		☑
3	☑	
4	☑	
5	☑	
6	☑	
7		☑
8		☑
9	☑	
10	☑	

(5) Il faut tenir compte du prix d'acquisition de l'ensemble et non de celui de chaque élément.

(7) L'entreprise peut également considérer qu'il s'agit d'une immobilisation même si son prix d'acquisition hors taxes n'est pas supérieur à 500 €.

(8) Les loyers sont des charges ; en revanche, si l'entreprise lève l'option au terme des trois ans, les 800 € de prix de levée d'option constitueront une immobilisation corporelle.

Application 2 Identifier et qualifier la nature d'une immobilisation – p. 258

Compétence attendue : C2

Pour chaque élément, indiquez s'il s'agit d'une immobilisation incorporelle, corporelle ou financière.

Opérations	Immobilisation incorporelle	Immobilisation corporelle	Immobilisation financière
1		☑	
2	☑		
3		☑	
4		☑	
5			☑
6			☑
7		☑	
8		☑	
9	☑		
10		☑	

Application 3 Justifier, évaluer et comptabiliser des coûts d'acquisition – p. 258

Compétences attendues : C3 et C4

1. Justifiez le choix de comptabilisation du comptable.

L'ordinateur ne peut pas fonctionner sans système d'exploitation ; celui-ci ne peut donc pas être dissocié du matériel. De plus, il n'est pas facturé séparément. En revanche, le choix des progiciels et logiciels est indépendant de celui des matériels ; ils représentent donc des droits d'exploitation à inscrire en immobilisations incorporelles.

2. Évaluez les coûts d'acquisition des immobilisations corporelles et incorporelles.

Le coût d'entrée d'une immobilisation est toujours évalué net de toutes réductions, qu'elles soient à caractère commercial (remise) ou financier (escompte).

Matériel informatique	Montant brut	3 000 €
	Remise : 3 000 × 5 %	– 150 €
	Net commercial	2 850 €
	Escompte : 2 850 × 2 %	– 57 €
	Net financier	2 793 €
Logiciels :	Montant brut : 1 000 + 4 000	5 000 €
	Escompte : 5 000 × 2 %	– 100 €
	Net financier	4 900 €

3. Comptabilisez les opérations décrites au journal de l'entreprise Pennino.

	02-févr		
205	Concessions et droits similaires..., logiciels...	4 900,00	
2183	Matériel de bureau et matériel informatique	2 793,00	
44562	TVA sur immobilisations	1 538,60	
404	Fournisseurs d'immobilisations		9 231,60
	acquisition d'un ordinateur et de logiciels		
	04-févr		
404	Fournisseurs d'immobilisations	9 231,60	
512	Banque		9 231,60
	virement bancaire au fournisseur de matériel informatique		

Application 4 Évaluer et comptabiliser la production d'une immobilisation corporelle – p. 259

Compétences attendues : C3 et C4

1. Calculez le coût de production du mobilier, par périodes et au total.

Les quotes-parts de charges administratives ne sont jamais comprises dans un coût de production.

Éléments	N	N+1	Total
Matières premières	4 000	1 500	5 500
Fournitures	200	400	600
Main-d'œuvre	3 000	2 000	5 000
Charges sociales	1 200	800	2 000
Charges indirectes	1 000	900	1 900
Total	9 400	5 600	15 000

2. Enregistrez au journal les écritures de N et N+1 relatives à la production du mobilier.

		Débit	Crédit
	31/12/N		
231	Immobilisations corporelles en cours	9 400	
722	Production immobilisée - Immobilisations corporelles		9 400
	production en cours de mobilier		
	15/03/N+1		
2184	Mobilier	15 000	
231	Immobilisations corporelles en cours		9 400
722	Production immobilisée - Immobilisations corporelles		5 600
	achèvement de la fabrication du mobilier		

3. Indiquez l'incidence de ces opérations sur le compte de résultat de l'entreprise en N et N+1 en présentant les extraits de ce compte (sans tenir compte des charges administratives).

	N	N+1
Production immobilisée	9 400	5 600
Total produits	9 400	5 600
Matières premières consommées	4 000	1 500
Fournitures consommées	200	400
Charges de personnel	4 200	2 800
Autres charges	1 000	900
Total charges	9 400	5 600
Résultat	0	0

Application 5 Évaluer et comptabiliser la production d'une immobilisation incorporelle – p. 259

Compétences attendues : C3 et C4

1. Indiquez le coût de production du logiciel.

Charges constatées en N–1 .... 9 880 €
Charges constatées en N .... 5 420 €
Frais d'essais avant la mise en service .... 520 €
Coût de production du logiciel.....................15 820 €

2. Enregistrez au journal les écritures de N–1 et N relatives à la conception du logiciel.

		31/12/N		
232		Immobilisations incorporelles en cours	9 880	
	721	Production immobilisée - Immobilisations incorporelles		9 880
		Production en cours de logiciel		
		15/03/N+1		
205		Concessions..., logiciels...	15 820	
	232	Immobilisations incorporelles en cours		9 880
	721	Production immobilisée - Immobilisations incorporelles		5 940
		Mise en service du logiciel		

Application 6 Distinguer, qualifier et comptabiliser les titres de placement – p. 260

Compétences attendues : C3 et C5

1. Pour chaque élément, indiquez dans un tableau le compte de titres concerné en justifiant à chaque fois votre réponse.

Titres	Comptes	Justifications
Actions Silac	273	Investissement dans le cadre d'une activité de portefeuille.
Actions Joliot	261	Pourcentage de participation de 12 % ; première étape d'une prise de contrôle.

Obligations Jouxtra	272	Investissement financier à long terme dans des droits de créance.
Actions Publicis	503	Opération spéculative.
Actions SIM	271	Obligation de conservation des titres pendant une durée importante.

2. Comptabilisez l'acquisition de ces titres au journal de la société Pinault.

– Actions Silac

273	Titres immobilisés de l'activité de portefeuille	120 000	
512	Banque		120 000
	(400 × 300 €)		

– Actions Joliot

261	Titres de participation	180 000	
512	Banque		180 000
	(600 × 300 €)		

– Obligations Jouxtra

272	Titres immobilisés (droit de créance)	560 000	
512	Banque		560 000
	(700 × 800 €)		

– Actions Publicis

503	Valeurs mobilières de placement - Actions	1 500	
627	Services bancaires	70	
44566	TVA sur autres biens et services	14	
512	Banque		1 584
	(50 × 30 €)		

– Actions SIM

271	Titres immobilisés (droit de propriété)	7 800	
512	Banque		7 800
	(100 × 78 €)		

Application 7 Traiter l'acquisition d'une immobilisation en devises – p. 260

Compétences attendues : C3 et C5

1. Calculez le coût d'acquisition du matériel industriel.

Le coût d'acquisition est déterminé en retenant le taux de change au jour de la livraison de la machine : 1 000 000 / 10,27 = 97 370,98 €.

2. Enregistrez au journal les écritures d'acquisition et de paiement du matériel.

Montant versé en acompte : 1 000 000 × 20 % / 10,35 = 19 323,67 €.
Les acomptes sur commandes intracommunautaires ne sont pas soumis à la TVA (CGI, art. 269, al. 2, d).
Gain de change à la facturation : (200 000 / 10,27) – 19 323,67 = 150,52 €.
Montant restant à payer à la facturation : 800 000 / 10,27 = 77 896,79 €.
TVA due intracommunautaire : 97 370,98 × 20 % = 19 474,20 €.
Paiement du solde : 800 000 / 10,22 = 78 277,89
Perte de change sur le règlement : 78 277,89 – 77 896,79 = 381,10 €.

	15/02		
238	Avances et acomptes versés sur commandes d'immob. corporelles	19 323,67	
512	Banque		19 323,67
	Acompte sur commande		
	31/03		
2154	Matériel industriel	97 370,98	
44562	TVA sur immobilisations	19 474,20	
238	Avances et acomptes versés sur commandes…		19 323,67
404	Fournisseurs d'immobilisations		77 896,79
4452	TVA due intracommunautaire		19 474,20
766	Gains de change financiers		150,52
	Facture du fournisseur suédois		
	30/04		
404	Fournisseurs d'immobilisations	77 896,79	
666	Pertes de change financières	381,10	
512	Banque		78 277,89
	Paiement du solde		

Application 8 Évaluer et comptabiliser l'acquisition de titres gratuitement et par voie d'échange – p. 260

Compétence attendue : C5

1. Pour l'opération du 6 mai, valorisez l'entrée des titres dans le patrimoine de l'entreprise et passez l'écriture correspondante.

Les obligations vont entrer dans le patrimoine de la société pour leur valeur vénale, soit 10 × 50 € × 103 % = 515 €.

	06/05		
272	Titres immobilisés (droits de créance)	515	
778	Produits exceptionnels divers		515
	Apport à titre gratuit		

2. Pour l'opération du 5 juin, valorisez l'entrée des titres dans le patrimoine dans deux hypothèses :
a) On estime que l'opération entraînera une modification des flux de trésorerie ultérieurs.

L'opération a une substance commerciale (modification ultérieure des flux de trésorerie) ; l'évaluation à l'entrée se fait donc à la valeur vénale des titres reçus en échange, soit 200 × 50 = 10 000 €.

b) On estime que cette opération n'aura aucune conséquence sur les flux de trésorerie ultérieurs.

L'opération n'ayant pas de substance commerciale, les titres entrants seront valorisés à la valeur comptable de ceux remis en échange, soit 8 000 €.

Application 9 QCM – p. 261

1. Un élément est identifiable lorsqu'il est possible de le séparer des autres éléments du patrimoine de l'entreprise.
Vrai. Un élément ne peut être identifiable que s'il est possible de lui attribuer une valeur propre.

2. La valeur économique positive d'un élément se définit par le fait qu'il est possible de le vendre.
Faux. La valeur économique positive d'un élément est liée à la possibilité qu'il puisse dégager des flux de trésorerie futurs.

3. Les éléments qui ne procurent pas directement de flux de trésorerie ne peuvent pas être inscrits en immobilisations.
Faux. Certains éléments ne procurent pas de flux de trésorerie de manière directe mais contribuent au fonctionnement de l'entreprise (c'est le cas des immobilisations dites de support : ordinateurs du service comptable…).

4. Un bien acquis pour une valeur inférieure ou égale à 500 € ne peut pas être inscrit en immobilisations.
Faux. L'entreprise conserve la possibilité de ne pas suivre la règle fiscale et d'immobiliser, puis d'amortir ce bien.

5. Lorsque la durée résiduelle d'un prêt devient inférieure à un an, ce prêt ne figure plus dans les immobilisations financières.
Faux. C'est la durée initiale du prêt qui conditionne son inscription en immobilisations financières.

6. L'action est un titre qui confère un droit patrimonial sur une société.
Faux. Une action correspond à une fraction du capital de la société qui l'émet.

7. L'obligation confère le droit de participer à la gestion de la société.
Faux. L'obligation n'est qu'un droit de créance sur la société qui l'a émise ; son détenteur n'a aucun pouvoir de décision dans la société émettrice.

8. L'action est un titre émis par une société anonyme.
Vrai. Seules les sociétés anonymes (et les sociétés en commandite par actions) peuvent émettre des actions qui sont des titres librement négociables.

9. Les titres de participation permettent d'avoir une influence notable sur la gestion de la société.
Vrai. Cette influence est présumée dès lors que le détenteur des titres possède au moins 10 % du capital de la société émettrice.

10. Les acquisitions de TIAP permettent un placement de trésorerie à court terme.
Faux. Les TIAP sont des titres acquis dans une perspective d'activité de portefeuille, donc de placements financiers, à moyen ou long terme.

11. Les autres titres immobilisés sont des titres dont la possession est jugée indispensable à l'entreprise.
Faux. Leur possession n'est pas indispensable mais elle est souvent liée à une obligation de les détenir ou une impossibilité de les céder à brève échéance.

12. Les bons de caisse sont des titres représentatifs d'une créance.
Vrai. Ils représentent une créance sur l'État (bons du Trésor) ou sur un établissement financier autorisé à les émettre.

13. Le coût d'acquisition d'une immobilisation comprend les droits de douane et la TVA non déductible.
Vrai. Les impôts non déductibles sont un élément du coût d'acquisition.

14. Les frais d'acquisition de titres sont toujours enregistrés en charges.
Faux. L'entreprise a le choix entre la comptabilisation dans le compte de titres concernés et l'inscription en charges. Néanmoins, en vertu du principe de permanence des méthodes, la même méthode doit être appliquée à l'ensemble des titres dès lors qu'elle a été choisie.

15. Une immobilisation est acquise pour un prix de 10 000 € HT, sous déduction d'une remise de 4 % et d'un escompte de règlement de 2 %. Le transporteur facture 600 € HT. Le coût d'acquisition est de : 10 008 €.
Prix d'acquisition net de réductions : 10 000 × 0,96 × 0,98 = 9 408 €.
Coût total : 9 408 + 600 = 10 008 €.

16. Une immobilisation est acquise aux États-Unis dans les conditions suivantes : montant facturé par le fournisseur : 10 000 USD ; droits de douane : 400 € ; frais de livraison et d'installation : 1 200 €. Cours : 1 € = 1,19 USD à la facturation et 1,23 USD lors du paiement. Le coût d'acquisition est de : 10 003,36 €.
Prix d'acquisition en euros : 10 000 / 1,19 = 8 403,36 €.
Coût total : 8 403,36 + 400 + 1 200 = 10 003,36 €.

17. Un bien obtenu gratuitement est comptabilisé à l'actif du bilan pour une valeur nulle.
Faux. Il est comptabilisé pour sa valeur vénale.

18. Un acompte sur commande d'immobilisation corporelle est comptabilisé pour un montant hors taxes dans un compte d'immobilisations.
Vrai. Les avances et acomptes sur commandes d'immobilisations corporelles sont soumis à la TVA, sauf s'il s'agit d'un acompte sur commande intracommunautaire. La TVA est inscrite en compte de TVA déductible et le compte d'immobilisation enregistre le montant HT de l'acompte.

19. L'inscription des frais de constitution d'une société à l'actif du bilan constitue une méthode de référence du plan comptable.
Faux. Au contraire, la méthode de référence consiste à inscrire les frais de constitution de société dans les comptes de charges par nature.

20. Les revenus de VMP sont des produits des activités annexes.
Faux. Les revenus des VMP font partie de l'activité financière de l'entreprise et constituent donc des produits financiers.

Mettre en œuvre les compétences

Application 1 Acquisition d'une immobilisation corporelle – p. 263

Compétences attendues : C3 et C4

1. Enregistrez la facture dans le journal de l'entreprise Pigou dans le cas d'un paiement ayant lieu à l'échéance.

	01-avr		
215	Installations techniques, matériels et outillages industriels	5 130,00	
44562	TVA sur immobilisations	1 026,00	
404	Fournisseurs d'immobilisations		6 156,00
	Facture 175 du fournisseur Keynes		

2. Enregistrez la même facture dans le cas d'un paiement le 2/04, à réception de la facture.

Coût d'acquisition des matériels : 5 130 – (5 130 × 2 %) = 5 027,40 €.

	02-avr		
215	Installations techniques, matériels et outillages industriels	5 027,40	
44562	TVA sur immobilisations	1 005,48	
512	Banque		6 032,88
	Facture 175 du fournisseur Keynes		

3. Calculez, dans chaque cas, le coût d'acquisition d'une visseuse et d'un chariot élévateur.

Dans le cas d'un règlement à crédit :
– visseuse : 600 × 0,95 = 570 € ;
– chariot élévateur : 1 500 × 0,95 = 1 425 €.

Dans le cas d'un règlement au comptant :
– visseuse : 600 × 0,95 × 0,98 = 558,60 € ;
– chariot élévateur : 1 500 × 0,95 × 0,98 = 1 396,50 €.

Application 2 Acquisition d'un ensemble immobilier – p. 264

Compétences attendues : C3 et C4

1. Indiquez les avantages et les inconvénients de l'inclusion des honoraires, commissions et frais d'acte dans le coût d'acquisition.

Avantages	Inconvénients
• L'utilisation d'une méthode de référence du PCG est toujours préférable. • Lorsque ces charges sont importantes, le résultat de l'exercice n'est pas obéré par ces montants. • L'actif du bilan, qui reflète la valeur économique de l'entreprise, est plus élevé.	• La dérogation à une méthode de préférence doit être justifiée en annexe. • Les frais n'étant pas constatés en charges, ils ne sont pas déductibles fiscalement et ne le seront que par étalement pour un bien amortissable ou lors de la cession du bien.

2. Retrouvez le montant de chaque billet à ordre.

Acquisition restant à régler : 600 000 – 50 000 – 200 000 = 350 000 €.
Montant de chaque billet à ordre : 350 000 / 5 = 70 000 €.

3. Enregistrez au journal l'écriture d'acquisition de l'ensemble immobilier.

Les frais d'actes, honoraires et droits d'enregistrement ne sont pas rattachés directement aux deux éléments concernant l'ensemble immobilier, le terrain et la construction. Ils seront donc répartis en proportion du prix de chacun de ces éléments :
– frais hors taxes : 30 000 – 2 000 = 28 000 € ;
– frais à rattacher au terrain : 28 000 × 150 000 / 600 000 = 28 000 × ¼ = 7 000 € ;
– frais à rattacher à la construction : 28 000 × 450 000 / 600 000 = 28 000 × ¾ = 21 000 €.

	15-juin		
211	Terrains	157 000	
213	Constructions	471 000	
44562	TVA sur immobilisations	2 000	
238	Avances et acomptes versés sur commandes d'immobilisations corporelles		50 000
405	Fournisseurs d'immobilisations - Effets à payer		350 000
512	Banque		230 000
	Achat d'un ensemble immobilier		

L'acquisition de l'ensemble immobilier n'étant pas soumis à la TVA, il en est de même pour l'acompte versé.

Application 3 Acquisition et production d'immobilisations corporelles – p. 264

Compétence attendue : C4

Présentez les écritures constatant ces opérations en donnant toutes explications utiles.

L'acquisition du tracteur routier est soumise à TVA (facture du 12/04) ; cette TVA est déductible pour l'acheteur. L'acquisition du véhicule d'occasion est soumise à TVA (facture du 12/04) ; elle n'est pas déductible pour l'acheteur. Les travaux réalisés par le service entretien entrent dans le coût d'entrée des véhicules car ils ont un objectif plus important que de l'entretien ordinaire. Ils constituent une production immobilisée.
La production immobilisée n'est, en principe, pas soumise à TVA. Cependant, lorsque la TVA n'est pas déductible, partiellement ou totalement (ce qui est le cas pour véhicule de tourisme), l'opération de production est soumise à TVA. L'entreprise produisant l'immobilisation collecte elle-même cette TVA au jour de la mise en service du bien.
En ce qui concerne le tracteur, la production immobilisée n'est pas soumise à TVA (cas général).

	12-avr		
2154	Matériel industriel	140 000,00	
2182	Matériel de transport	11 000,00	
44562	TVA sur immobilisations	28 000,00	
404	Fournisseurs d'immobilisations		179 000,00
	Achat tracteur routier et véhicule de tourisme		
	30-avr		
2182	Matériel de transport	7 200,00	
722	Production immobilisée – Immobilisations corporelles		6 000,00
44571	TVA collectée		1 200,00
	Aménagement du véhicule de transport. TVA non déductible		
	15-juin		
2154	Matériel industriel	54 000,00	
722	Production immobilisée – Immobilisations corporelles		54 000,00
	Transformation du tracteur routier		

Coût total du matériel de levage : 140 000 + 54 000 = 194 000 €.
Coût total du véhicule : 11 000 + 7 200 = 18 200 €.

Application 4 Acquisition et production d'un ensemble immobilier – p. 265

Compétences attendues : C3 et C4

1. Indiquez les comptes d'immobilisations à utiliser et le coût à affecter à chaque compte.

– 211. Terrains : 34 000 €.
– 212. Aménagements des terrains : 22 000 €.
– 213. Constructions : 23 000 + 182 000 + 212 000 + 140 000 = 557 000 €.

2. Enregistrez au journal toutes les écritures relatives aux opérations décrites.

– Acquisition du terrain

	05-mars		
211	Terrains	34 000,00	
622	Rémunérations d'intermédiaires et honoraires	1 800,00	
635	Autres impôts, taxes et versements assimilés	120,00	
44562	TVA sur immobilisations	6 800,00	
44566	TVA sur autres biens et services	360,00	
512	Banque		43 080,00
	Acquisition terrain		

– Honoraires de l'architecte : il est possible de les inscrire soit directement dans le compte 213, soit en compte « 231. Immobilisations en cours » dans l'attente de l'achèvement de la construction.

	05-mai		
231	Immobilisations corporelles en cours	23 000,00	
44564	TVA sur les encaissements	4 600,00	
404	Fournisseurs d'immobilisations		27 600,00
	Honoraires de l'architecte		
	05-juin		
404	Fournisseurs d'immobilisations	27 600,00	
44562	TVA sur immobilisations	4 600,00	
512	Banque		27 600,00
44564	TVA sur les encaissements		4 600,00
	Paiement des honoraires de l'architecte		

– Production immobilisée

	23-déc		
212	Aménagements des terrains	22 000,00	
213	Constructions	557 000,00	
231	Immobilisations corporelles en cours		23 000,00
722	Production immobilisée – Immobilisations corporelles		556 000,00
	Mise en service de l'ensemble immobilier produit		

NB : la TVA a déjà été décomptée sur les honoraires de l'architecte ; la production immobilisée n'est pas soumise à TVA lors de la mise en service.

Application 5 Qualification et acquisition de titres – p. 265

Compétences attendues : C3 et C5

1. Indiquez, pour chaque acquisition, la qualification des titres en justifiant votre choix.

Dates	Qualification	Justifications
03/04	Titres de participation	Pourcentage > 10 % et volonté d'immixtion.
07/04	VMP	Placement d'excédents de trésorerie à court terme.
10/04	TIAP	Recherche d'un revenu financier dans le cadre d'une activité de portefeuille.

2. Procédez à l'enregistrement comptable des opérations réalisées par la société Rey.

Actions de la société Fournioux :

	03-avr		
261	Titres de participation	245 000	
512	Banque		245 000
	Acquisition de 25 % du capital de la sté Fournioux		

Obligations SA Stirbu et actions Gini :

	05-avr		
503	Valeurs mobilières de placement - Actions	800	
506	Valeurs mobilières de placement - Obligations	970	
512	Banque		1 770
	actions : 4 x 200 € ; obligations : 20 x 50 € x 97 %		

Parts sociales Léo :

	10-avr		
273	Titres immobilisés de l'activité de portefeuille	5 430	
512	Banque		5 430
	Acquisition de parts sociales Léo		

Les frais étant inscrits en charges, il n'est pas nécessaire de les répartir entre les différentes acquisitions.

	14-avr		
627	Services bancaires	1 600,00	
44566	TVA sur autres biens et service	320,00	
512	Banque		1 920,00
	Frais d'acquisition des titres		

Application 6 Revenus des titres – p. 266

Compétence attendue : C5

Comptabilisez ces différentes opérations au journal de la société Tatiana.

– Dividendes Fructis : il n'y a pas de distinction à faire entre la perception de dividendes et d'acomptes sur dividendes.

	31-mars		
512	Banque	500	
764	Revenus des valeurs mobilières de placement		500
	Acompte sur dividendes Fructis : 500 x 1,00 €		

– Intérêts des obligations STG : 10 000 × 1 € × 2,4 % = 440 €.

	31-mars		
512	Banque	500	
762	Produits des autres immobilisations financières		500
	Coupons d'intérêts sur obligations STG		

– Dividendes Salsis : les dividendes sont des produits dès lors qu'ils sont décidés en assemblée générale et sont donc comptabilisés à compter de ce moment lorsque l'entreprise en a connaissance, ce qui est le cas pour des titres de participation. Le compte à utiliser en attente des versements est le compte « 267. Créances rattachées à des participations ».

	10-sept		
267	Créances rattachées à des participations	120 000,00	
761	Produits de participation		120 000,00
	Dividendes Salsis à recevoir : 100 000 × 1,20 €		
	30-sept		
512	Banque	120 000,00	
267	Créances rattachées à des participations		120 000,00
	Versement des dividendes Salsis		

– Dividendes Fructis : 500 × (2,40 – 1,00) = 700 €.

	02-oct		
512	Banque	700	
764	Revenus des valeurs mobilières de placement		700
	Dividendes Fructis		

– Dividendes Bogota : 1 000 × (10 × 7,5 %) = 750 €.

	03-oct		
512	Banque	750	
764	Revenus des valeurs mobilières de placement		750
	Dividendes Bogota		

– Intérêts des obligations CAP2010 : 3 000 × (10 × 5 %) = 1 500 €.

	02-nov		
512	Banque	1 500,00	
764	Revenus des valeurs mobilières de placement		1 500,00
	Coupons d'intérêts sur obligations CAP2020		

– Intérêt aux parts d'un FCP : montant des intérêts : 100 × 1,70 = 170 €.
Nombre de parts attribuées : 170 / 20 = 8,5, soit 8 parts de 20 € = 160 €.
Intérêts aux parts payés par virement bancaire : 170 – 160 = 10 €.

	15-nov		
273	Titres immobilisés de l'activité de portefeuille	160	
512	Banque	10	
762	Produits des autres immob. financières		170
	Intérêts sur FCP - Réinvestissement dans 8 parts sociales		

Chapitre 12

Les opérations courantes liées aux cessions d'immobilisations et de VMP

Comprendre les notions

Application 1 Comptabiliser les cessions d'immobilisations corporelles – p. 278

Compétence attendue : C2

Présentez les écritures relatives à la cession des différents biens le 30 juin N.

• Cession du terrain et de la construction :

	30/06/N		
512	Banque	430 000	
775	Produits des cessions d'éléments d'actif		430 000
	cession d'un ensemble immobilier		

• Cession du mobilier :

	30/06/N		
462	Créances sur cessions d'immobilisations	14 400	
775	Produits des cessions d'éléments d'actif		12 000
44571	TVA collectée		2 400
	cession de mobilier		

Application 2 Calculer un résultat de cession de VMP et l'enregistrer – p. 278

Compétences attendues : C1 et C2

1. Calculez le gain ou la perte sur chaque cession.

– Actions Émeraude

Prix de cession : 44 × 245 €	10 780 €
Prix d'acquisition : 44 × 230 €	10 120 €
Gain	660 €

– Actions Rubis

Prix de cession : 25 × 410 €	10 250 €
Prix d'acquisition : 25 × 465 €	11 625 €
Perte	– 1 375 €

– Actions Quartz

Prix de cession : 25 × 250 €	6 250 €
Prix d'acquisition : 25 × 220 €	5 500 €
Gain	750 €

– Actions Opale

Prix de cession : 12 × 660 €	7 920 €
Prix d'acquisition : 12 × 600 €	7 200 €
Gain	720 €

2. Enregistrez les cessions au journal de l'entreprise Lafitte.

– Actions Émeraude

	10-nov		
465	Créances sur cessions de valeurs mobilières de placement	10 780,00	
767	Produits nets sur cessions de VMP		10 780,00
	Cession des actions Emeraude		
	id		
767	Produits nets sur cessions de VMP	10 120,00	
503	VMP – Actions		10 120,00
	Prix d'acquisition des actions Emeraude cédées		

– Actions Rubis

	10-nov		
465	Créances sur cessions de valeurs mobilières de placement	10 250,00	
667	Charges nettes sur cessions de VMP		10 250,00
	Cession de 25 actions Rubis		
	id		
667	Charges nettes sur cessions de VMP	11 625,00	
503	VMP – Actions		11 625,00
	Prix d'acquisition des actions Rubis cédées		

– Actions Quartz

	10-nov		
465	Créances sur cessions de valeurs mobilières de placement	6 250,00	
767	Produits nets sur cessions de VMP		6 250,00
	Cession des actions Quartz		
	id		
767	Produits nets sur cessions de VMP	5 500,00	
503	VMP – Actions		5 500,00
	Prix d'acquisition des actions Quartz cédées		

– Actions Opale

	10-nov		
465	Créances sur cessions de valeurs mobilières de placement	7 920,00	
767	Produits nets sur cessions de VMP		7 920,00
	Cession des actions Opale		
	id		
767	Produits nets sur cessions de VMP	7 200,00	
503	VMP – Actions		7 200,00
	Prix d'acquisition des actions cédées		

– Frais de vente et virement des fonds :

Total des cessions : 35 200 €

Frais au pourcentage : 35 200 × 0,1 % = 35,20 €, inférieurs au minimum de perception de 100 €.

	13-nov		
512	Banque	35 080,00	
627	Services bancaires	100,00	
44566	TVA sur autres biens et services	20,00	
465	Créances sur cessions de VMP		35 200,00
	Avis de virement bancaire pour cession de titres		

Application 3 Enregistrer les cessions d'immobilisations financières – p. 278

Compétences attendues : C1 et C2

Enregistrez toutes les écritures relatives à la cession des titres au cours de l'exercice N.

– Cession du 11 février

	11/02/N		
512	Banque	1 500 000	
775	Produits des cessions d'éléments d'actif		1 500 000
	Cession de 12 actions SART		

– Cession du 6 mars

Prix de cession au pied du coupon : 2 000 × 20 € × 101 % = 40 400 €.

Coupon couru à la cession : 2 000 × 0,72 € = 1 450 €.

	6/03/N		
512	Banque	41 850,00	
775	Produits des cessions d'éléments d'actif		40 400,00
762	Produits des autres immobilisations financières		1 450,00
	Cession de 2 000 obligations EGF		

– Cession du 23 mars

Prix de cession : 260 × 82,35 € = 21 411 €.

Prix d'acquisition : 260 86,25 € = 22 425 €.

On réalise une perte de cession : c'est donc le compte 675 qui est utilisé.

	11/02/N		
512	Banque	21 319,80	
627	Services bancaires	76,00	
44566	TVA sur autres biens et services	15,20	
675	Valeur comptable des éléments d'actif cédés		21 411,00
	Cession de 260 actions STUB		

	31/12/N		
675	Valeur comptable des éléments d'actif cédés	22 425,00	
273	Titres immobilisés de l'activité de portefeuille		22 425,00
	Sortie de 260 actions STUB		

Application 4 QCM – p. 279

1. Lors de la cession de titres immobilisés de l'activité de portefeuille, la perte ou le gain nets apparaissent comme solde du compte 675 ou du compte 775.
Vrai. Contrairement aux cessions des autres immobilisations, qu'elles soient incorporelles, corporelles ou financières, seul le solde des gains ou pertes apparaît dans le compte de produits de cessions ou de valeur comptable des éléments cédés.

2. Le plan comptable général privilégie la méthode du « premier entré – premier sorti » pour calculer le prix d'acquisition des titres cédés.
Faux. Il n'existe pas de méthode préférentielle pour évaluer le coût d'entrée des titres cédés, mais le plan comptable général privilégie le calcul au moyen du coût moyen pondéré par rapport au « premier entré – premier sorti ».

3. Le prix d'acquisition des obligations ne comprend pas la part d'intérêt déjà couru depuis la dernière échéance de paiement.
Vrai. Le prix d'acquisition d'une obligation est enregistré « au pied du coupon », les intérêts déjà courus étant portés au débit du compte de produits financiers.

4. Les gains ou pertes sur cession de valeurs mobilières de placement sont comptabilisés selon le cas en produit financier ou en charge financière.
Vrai. Les cessions de VMP font partie de l'activité financière d'une entreprise.

5. Lors de la cession de valeurs mobilières de placement, le compte 667 est débité du prix d'achat des titres et le compte 767 du prix de cession de ces titres.
Faux. Le compte à utiliser au débit comme au crédit est le compte 667 en cas de perte et le compte 767 en cas de gain. Au débit du premier et au crédit du second figurent donc les soldes des opérations réalisées.

6. Le gain ou la perte sur cession d'obligations se calcule d'après les cours « au pied du coupon ».
Vrai. Les intérêts courus tant à l'acquisition qu'à la cession des obligations n'entrent pas dans le calcul du gain ou de la perte de cession.

Mettre en œuvre les compétences

Application 1 Acquisitions et cessions de valeurs mobilières de placement – p. 279

Compétences attendues : C1 et C2

1. Enregistrez toutes les opérations sur titres au journal de la société Remi en donnant toutes les justifications nécessaires.

– Achat du 1er lot d'actions Maro

	05-févr		
503	Valeurs mobilières de placement - Actions	45 000	
512	Banque		45 000
	Achat de 1 500 actions Maro à 30 €		

– Achat des obligations Celise

Prix d'achat au pied du coupon : 10 000 × 10 € × 94 % = 94 000 €.

Coupon couru à l'acquisition : 10 000 × 0,315 € = 3 150 €.

	01-mars		
506	Valeurs mobilières de placement - Obligations	94 000	
764	Revenus des valeurs mobilières de placement	3 150	
512	Banque		97 150
	Achat de 10 000 obligations Celise		

– Achat du 2e lot d'actions Maro

	04-mars		
503	Valeurs mobilières de placement - Actions	13 000	
512	Banque		13 000
	Achat de 500 actions Maro à 26 €		

– Achat du 3e lot d'actions Maro

	2-mars		
503	Valeurs mobilières de placement - Actions	50 000	
512	Banque		50 000
	Achat de 2 000 actions Maro à 25 €		

– Encaissement des coupons d'intérêts sur obligations Celise

	01-juin		
512	Banque	4 200	
764	Revenus des valeurs mobilières de placement		4 200
	Coupons sur obligations Celise : 10 000 x 10 € x 4,2 %		

– Encaissement des dividendes sur actions Maro

	16 août		
512	Banque	4 800	
764	Revenus des valeurs mobilières de placement		4 800
	Dividendes des actions Maro : 4 000 x 1,20 €		

– Première cession d'actions Maro

Coût moyen pondéré d'une action : (45 000 + 13 000 + 50 000) / 4 000 = 27 €

Gain de cession : 1 800 × (28 – 27) = ...1 800 €

Prix de cession : 1 800 × 28 €.. 50 400 €

Prix d'acquisition : 1 800 × 27 €.. 48 600 €

	15-sept		
512	Banque	50 400	
767	Produits nets sur cessions de VMP		50 400
	Cession de 1 800 actions Maro		
	id		
767	Produits nets sur cessions de VMP	48 600	
503	VMP - Actions		48 600
	Prix d'acquisition moyen des actions Maro cédées		

– Cession des obligations Celise

Prix de cession : 10 000 × 10 € × 93,5 % .... 93 500 €

Prix d'acquisition : 10 000 × 10 € × 94 %... 94 000 €

Perte.. – 500 €

Coupon couru à la cession : 10 000 × 0,14 € 1 400 €.

	01-oct		
512	Banque	94 900	
667	Charges nettes sur cessions de VMP		93 500
764	Revenus des valeurs mobilières de placement		1 400
	Cession de 5 000 obligations Celise		
	id		
667	Charges nettes sur cessions de VMP	94 000	
506	Valeurs mobilières de placement - Obligations		94 000
	Prix d'acquisition des obligations Celise cédées		

– Deuxième cession d'actions Maro

Prix de cession : 2 000 × 31 € .... 62 000 €

Prix d'acquisition : 2 000 × 27 € .... 54 000 €

Gain .... 8 000 €

	25-oct		
512	Banque	62 000,00	
767	Produits nets sur cessions de VMP		62 000,00
	Cession de 2 000 actions Maro		
	id		
767	Produits nets sur cessions de VMP	54 000,00	
503	VMP - Actions		54 000,00
	Prix d'acquisition moyen des actions Maro cédées		

2. Reprenez les écritures du 15 septembre et du 25 octobre en supposant que la société Remi calcule le coût de sortie de ses titres en retenant la méthode du « premier entré – premier sorti ».

– Coût d'acquisition de la première sortie de titres

1er lot : 1 500 × 30 € .... 45 000 €

2e lot : 300 × 26 € .... 7 800 €

Première cession :

Prix de cession : 1 800 × 28 € .... 50 400 €

Prix d'acquisition : 45 000 + 7 800 .... 52 800 €

Perte : .... 2 400 €

	15-sept		
512	Banque	50 400	
667	Charges nettes sur cessions de VMP		50 400
	Cession de 1 800 actions Maro		
	id		
667	Charges nettes sur cessions de VMP	52 800	
503	VMP - Actions		52 800
	Prix d'acquisition en PEPS des actions Maro cédées		

– Coût d'acquisition de la seconde sortie de titres

2e lot : 200 × 26 € .... 5 200 €

3e lot : 1 800 × 25 € .... 45 000 €

Deuxième cession :

Prix de cession : 2 000 × 31 € .... 62 000 €

Prix d'acquisition : 5 200 + 45 000 .... 50 200 €

Gain .... 11 800 €

		25-oct		
512	Banque		62 000	
767		Produits nets sur cessions de VMP		62 000
	Cession de 2 000 actions Maro			
		id		
767	Produits nets sur cessions de VMP		50 200	
503		VMP - Actions		50 200
	Prix d'acquisition en PEPS des actions Maro cédées			

Application 2 Cessions d'immobilisations financières – p. 280

Compétences attendues : C1 et C2

Présentez les calculs et les écritures relatifs aux cessions de titres durant l'exercice N.

– Cession du 15 juin

Prix de cession : 12 000 × 26,70 = 320 400 €

Commission bancaire HT : 320 400 × 0,15 % = 480,60 €

		25-oct		
512	Banque		319 823,28	
627	Services bancaires		480,60	
44566	TVA sur autres biens et services		96,12	
775		Produits des cessions d'éléments d'actif		320 400,00
	Cession des titres Arthur			

– Cession du 16 septembre

		25-oct		
462	Créances sur cessions d'immobilisations		270 000	
775		Produits des cessions d'éléments d'actif		270 000
	Cession des parts de SCI Baticap			

– Cession du 25 novembre

Prix de cession : 4 000 × 44,55 = 178 200 €

Prix d'acquisition des titres cédés :

(2 500 × 32,46) + (1 000 × 38,67) + (500 × 45,25) = 142 445 €.

	15-sept		
512	Banque	178 200	
775	Produits des cessions d'éléments d'actif		178 200
	Cession de 4 000 actions Aymeric		
	id		
775	Produits des cessions d'éléments d'actif	142 445	
273	TIAP		142 445
	Prix d'acquisition des actions Aymeric cédées		

Chapitre 13

Les opérations courantes de financement

Comprendre les notions

Application 1 Reconstituer les capitaux propres d'une entreprise individuelle – p. 295

Compétences attendues : C1 et C4

1. Indiquez le montant du capital initial et présentez l'écriture de constitution de l'entreprise de M. Louis.

Les apports de M. Louis sont constitués par le total des éléments rachetés à M. Armstre sous déduction des prises en charge de dettes et augmentés du dépôt en banque qu'il effectue.

Fonds commercial	25 000
Logiciels	1 000
Matériels et outillages	5 000
Stock de fournitures	1 000
Créances clients	3 000
Apport d'actifs rachetés	35 000
Prise en charge des dettes fournisseurs	– 2 000
Apport net à payer à M. Armstre	33 000
Dépôt sur le compte bancaire de l'entreprise	2 000
Capital initial	35 000

01-oct

207	Fonds commercial	25 000	
205	Concessions, brevets…, logiciels…	1 000	
2154	Matériels et outillages	5 000	
32	Stocks de fournitures	1 000	
411	Clients	3 000	
512	Banque	2 000	
101	Capital individuel		35 000
401	Fournisseurs		2 000
	création de l'entreprise par rachat et dépôt en banque		

2. Indiquez le solde du compte de l'exploitant au 31 décembre N et présentez l'écriture nécessaire, sachant que les exercices seront clos en fin d'année civile.

Le compte de l'exploitant a été mouvementé de la manière suivante durant l'exercice :

108 - Compte de l'exploitant

31/10 prélèvement	2 000	nov. règlement fournisseur	1 500
30/11 prélèvement	2 000		
31/12 prélèvement	2 000		
total	6 000	total	1 500
		solde débiteur	4 500

À la fin de l'exercice, le solde débiteur du compte de l'exploitant est viré au compte de capital :

31-déc

101	Capital individuel	4 500	
108	Compte de l'exploitant		4 500
	virement pour détermination du capital en fin d'exercice		

Le compte « 101. Capital individuel » s'élève en fin d'exercice à 35 000 – 4 500 = 30 500 €.

Application 2 Calculer et comptabiliser les intérêts d'un compte courant d'associé – p. 295

Compétences attendues : C1 et C4

1. Indiquez le montant des intérêts dus à M. Marcel au 30 novembre N.

Du 26 janvier au 1er avril : 6 000 × 4 % × (6 + 28 + 31 + 1) / 365..... 43,40 €.
Du 2 avril au 16 octobre :
14 000 × 4 % × (29 + 31 + 30 + 31 + 31 + 30 + 16) / 365 .... 303,78 €
Du 17 octobre au 30 novembre : 10 000 × 4 % × (15 + 30) / 365 ..... 49,32 €
Total des intérêts dus au 30 novembre : .... 396,50 €

2. Comptabilisez les opérations du 25 janvier et du 30 novembre N.

– Les sommes avancées à la société sont inscrites au crédit du compte courant d'associé :

	25-janv		
512	Banque	6 000,00	
455	Associés - Comptes courants		6 000,00
	Avance de fonds de M. Marcel		

– Au 30 novembre, le compte d'associé présente un solde créditeur de 10 000 € suite aux dépôts et retraits effectués.

	30-nov		
455	Associés - Comptes courants	10 000,00	
661	Charges d'intérêts	396,50	
512	Banque		10 396,50
	Remboursement des fonds et intérêts à M. Marcel		

Application 3 Élaborer un tableau d'amortissement d'emprunt et comptabiliser l'emprunt – p. 295

Compétences attendues : C2 et C4

1. **Calculez le montant de l'annuité constante.**

$$a = 630\,000 \times \frac{0{,}054}{1 - 1{,}054^{-8}} = 99\,056{,}91 €$$

2. Présentez le tableau d'amortissement de l'emprunt.

Intérêts de la 1re année : 630 000 × 5,4 % = 34 020 €.
Remboursement de la 1re année : 99 056,91 – 34 020 = 65 036,91 €.
Montant restant dû après la 1re annuité : 630 000 – 65 036,91 = 564 963,09 €.
(Les lignes suivantes du tableau se calculent selon la même méthodologie.)

Échéances	Capital restant dû en début de période	Intérêts	Amortissement	Annuités	Capital restant dû en fin de période
01/06/N+1	630 000,00	34 020,00	65 036,91	99 056,91	564 963,10
01/06/N+2	564 963,10	30 508,01	68 548,90	99 056,91	496 414,20
01/06/N+3	496 414,20	26 806,37	72 250,54	99 056,91	424 163,66
01/06/N+4	424 163,66	22 904,84	76 152,07	99 056,91	348 011,59
01/06/N+5	348 011,59	18 792,63	80 264,28	99 056,91	267 747,31
01/06/N+6	267 747,31	14 458,35	84 598,55	99 056,91	183 148,76
01/06/N+7	183 148,76	9 890,03	89 166,87	99 056,91	93 981,88
01/06/N+8	93 981,88	5 075,02	93 981,88	99 056,91	0,00
Totaux		162 455,28	630 000,00	792 455,28	

3. Indiquez les écritures à constater les 1er juin N, 1er juin N+1 et 1er juin N+5.

		Débit	Crédit
	01/06/N		
512	Banque	630 000,00	
164	Emprunts auprès des établissements de crédit		630 000,00
	Souscription d'un emprunt bancaire		
	01/06/N+1		
164	Emprunts auprès des établissements de crédit	65 036,91	
661	Charges d'intérêts	34 020,00	
512	Banque		99 056,91
	1re annuité		
	01/06/N+5		
164	Emprunts auprès des établissements de crédit	80 264,28	
661	Charges d'intérêts	18 792,63	
512	Banque		99 056,91
	5e annuité		

Application 4 Présenter les tableaux d'amortissement d'emprunt et les comptabilisations correspondantes – p. 296

Compétences attendues : C1, C2, C3 et C4

1. Présentez les tableaux d'amortissement des deux emprunts.

Emprunt n° 1

Dates	Intérêts	Remboursement	Annuité	Restant dû
01/04/N				80 000
01/07/N	1 020,00	5 000	6 020,00	75 000
01/10/N	956,25	5 000	5 956,25	70 000
01/01/N+1	892,50	5 000	5 892,50	65 000
01/04/N+1	828,75	5 000	5 828,75	60 000
01/07/N+1	765,00	5 000	5 765,00	55 000
01/10/N+1	701,25	5 000	5 701,25	50 000
01/01/N+2	637,50	5 000	5 637,50	45 000
01/04/N+2	573,75	5 000	5 573,75	40 000
01/07/N+2	510,00	5 000	5 510,00	35 000
01/10/N+2	446,25	5 000	5 446,25	30 000
01/01/N+3	382,50	5 000	5 382,50	25 000
01/04/N+3	318,75	5 000	5 318,75	20 000
01/07/N+3	255,00	5 000	5 255,00	15 000
01/10/N+3	191,25	5 000	5 191,25	10 000
01/01/N+4	127,50	5 000	5 127,50	5 000
01/04/N+4	63,75	5 000	5 063,75	0

Emprunt n° 2

Dates	Intérêts	Remboursement	Annuité	Restant dû
01/06/N				75 000,00
01/06/N+1	3 562,50		3 562,50	75 000,00
01/06/N+2	3 562,50		3 562,50	75 000,00
01/06/N+3	3 562,50	75 000,00	78 562,50	0,00

2. Pour l'emprunt n° 1, présentez les écritures relatives à l'exercice N.

	01-avr		
512	Banque	80 000,00	
164	Emprunts auprès des établissements de crédit		80 000,00
	Souscription d'un emprunt bancaire		
	01-juil		
164	Emprunts auprès des établissements de crédit	5 000,00	
661	Charges d'intérêts	1 020,00	
512	Banque		6 020,00
	1re trimestrialité de l'emprunt		
	01-oct		
164	Emprunts auprès des établissements de crédit	5 000,00	
661	Charges d'intérêts	956,25	
512	Banque		5 956,25
	2e trimestrialité de l'emprunt		

3. Pour l'emprunt n° 2, présentez les écritures du 1er juin N, du 1er juin N+1 et du 1er juin N+3.

	01/06/N		
512	Banque	75 000,00	
164	Emprunts auprès des établissements de crédit		75 000,00
	Souscription d'un emprunt bancaire		
	01/06/N+1		
661	Charges d'intérêts	3 562,50	
512	Banque		3 562,50
	Intérêts annuels sur emprunt à remboursement in fine		
	01/06/N+3		
164	Emprunts auprès des établissements de crédit	75 000,00	
661	Charges d'intérêts	3 562,50	
512	Banque		78 562,50
	Remboursement in fine de l'emprunt et intérêts		

4. Analysez les avantages et les inconvénients liés aux deux modalités de remboursement d'emprunts en les comparant à un remboursement par annuités constantes.

Pour le premier emprunt (amortissement constant), le poids des annuités est plus important lors des premiers paiements, mais cela permet des remboursements plus élevés, donc la charge d'intérêts décroît plus rapidement que dans le cas d'annuités constantes.

Pour le second emprunt, seuls les intérêts sont dus les premières années mais l'entreprise doit prévoir un remboursement total au terme de l'emprunt, ce qui peut créer un déséquilibre de trésorerie. Les intérêts sont plus élevés qu'avec des annuités constantes puisqu'ils portent sur l'emprunt total.

Application 5 Analyser les modalités de contrats de crédit-bail et présenter les enregistrements comptables – p. 296

Compétences attendues : C3 et C4

1. Pour le premier contrat :

a. présentez les écritures du 1er février et du 1er mars N.

Les redevances sont enregistrées en charges pour leur montant TTC, la TVA sur les véhicules de tourisme n'étant pas déductible.

	01/02/N		
612	Redevances de crédit-bail	810,00	
512	Banque		810,00
	Souscription d'un contrat pour un véhicule - 1re redevance		
	01/03/N		
612	Redevances de crédit-bail	810,00	
512	Banque		810,00
	2e redevance de crédit-bail sur véhicule de tourisme		

b. présentez l'écriture à la fin du contrat en supposant que l'entreprise a décidé de lever l'option d'achat.

	01/02/N+3		
2182	Matériel de transport	3 000,00	
512	Banque		3 000,00
	Levée d'option sur contrat de crédit-bail		

2. Pour le second contrat :

a. présentez l'écriture du 1er avril N ainsi que celle du paiement de la seconde redevance ;

– Dépôt de garantie à la souscription du contrat et paiement de la première redevance

	01/04/N		
275	Dépôts et cautionnements versés	1 200	
612	Redevances de crédit-bail	1 200	
44566	TVA sur autres biens et services	240	
512	Banque		2 640
	Souscription d'un contrat de crédit-bail et cautionnement		

– Paiement de la seconde redevance

01/10/N

612	Redevances de crédit-bail	1 200,00	
44566	TVA sur autres biens et services	240,00	
512	Banque		1 440,00
	Paiement redevance		

b. présentez les écritures de fin de contrat en supposant, dans un premier temps, que l'entreprise lève l'option, puis qu'elle ne lève pas l'option.

– L'entreprise lève l'option à la fin du contrat :
TVA : 1 200 × 0,20 / 1,20 = 200 €

1/04/N+4

2183	Matériel de bureau et matériel informatique	1 000	
44562	TVA sur immobilisations	200	
275	Dépôts et cautionnement versés		1 200
	Levée d'option sur contrat de crédit-bail		

– L'entreprise ne lève pas l'option à la fin du contrat : le dépôt est récupéré.

01/04/N+4

512	Banque	1 200	
275	Dépôts et cautionnements versés		1 200
	Fin de contrat de crédit-bail - récupération du dépôt de garantie		

Application 6 QCM – p. 297

Répondez par « Vrai » ou par « Faux » aux affirmations ci-dessous en donnant toutes explications utiles.

1. Le compte de l'exploitant est viré à la fin de chaque exercice au compte de capital.

Vrai. Dans une entreprise individuelle, le compte « Capital » doit indiquer à la fin de chaque exercice le montant net des fonds investis dans l'entreprise par l'exploitant.

2. Les comptes courants d'associés sont virés à la fin de chaque exercice au compte de capital.

Faux. Les comptes courants d'associés sont considérés comme des dettes de la société envers ses associés. Ils peuvent éventuellement être intégrés au capital.

3. Les subventions d'investissement ne sont pas des produits d'exploitation.
Vrai. Les subventions qui servent à acquérir des immobilisations ou à financer des opérations à long terme ne font pas partie du cycle d'exploitation de l'entreprise mais constituent une source de financement.

4. Lors d'un remboursement d'emprunt par annuités constantes, les intérêts sont les mêmes à chaque période.
Faux. Ce sont les annuités qui sont constantes ; la part des intérêts dans l'annuité décroît.

5. Une immobilisation utilisée grâce à un contrat de crédit-bail peut être inscrite à l'actif du bilan.
Faux. Même si les conditions d'inscription à l'actif sont remplies, cette possibilité n'existe pas dans les comptes sociaux. En revanche, les éléments en crédit-bail sont inscrits à l'actif du bilan dans les comptes présentés en normes IAS/IFRS.

6. Un emprunt ne peut être inscrit en compte « 164. Emprunts auprès des établissements de crédit » que s'il a été consacré à un achat d'immobilisations.
Faux. La notion de dette financière est indépendante de l'affectation de l'emprunt. Elle fait partie de la politique de financement de l'entreprise.

7. Les subventions d'investissement ne sont pas soumises à la TVA.
Vrai. Les subventions d'investissement ne sont jamais soumises à la TVA.

8. Le service de l'emprunt correspond au paiement des intérêts et au remboursement d'une partie de l'emprunt.
Vrai. Le remboursement et la charge d'intérêt sont les deux composantes d'une annuité.

9. Un remboursement d'emprunt par amortissement constant entraîne des charges d'intérêt croissantes.
Faux. Les charges d'intérêt sont décroissantes puisqu'elles sont calculées sur des montants de plus en plus faibles.

10. Un souscripteur de contrat de crédit-bail doit acquérir le bien faisant l'objet du contrat au terme de celui-ci.
Faux. La levée d'option n'est jamais une obligation pour le souscripteur d'un contrat de crédit-bail.

Mettre en œuvre les compétences

Application Acquisition et production d'immobilisation avec subvention d'investissement – p. 298

Compétences attendues : C1 et C4

1. Qualifiez la subvention et indiquez son traitement comptable.

Il s'agit d'une subvention d'investissement destinée à acquérir une immobilisation.
Elle est inscrite en capitaux propres et sera rapportée au résultat progressivement.

2. Calculez le coût d'acquisition total du matériel de recherche et précisez son imputation comptable.

Le coût d'acquisition total est composé de plusieurs éléments :

Prix d'acquisition	100 000 €
Frais de transport et déchargement	10 000 €
Installation du matériel	12 000 €
Coût total	122 000 €

Il s'agit d'un matériel complexe non destiné directement à la production ; le compte approprié est donc le compte « 2153. Installations à caractère spécifique ».

3. Comptabilisez toutes les opérations indiquées du 23 mars au 25 juin.

– Notification de la subvention :

	23-mars		
441	État - Subventions à recevoir	20 000	
131	Subventions d'équipement		20 000
	Notification du Conseil général		

– Livraison et facturation du matériel :
S'agissant d'une acquisition intracommunautaire, l'opération est soumise à la TVA (compte « 4452. TVA due intracommunautaire »), celle-ci étant déductible.

	18-avr		
231	Immobilisations corporelles en cours	100 000	
44562	TVA sur immobilisations	20 000	
404	Fournisseurs d'immobilisations		100 000
4452	TVA due intracommunautaire		20 000
	Facture pour achat d'un matériel de recherche		

– Frais de transport et de déchargement : ils sont inclus dans le coût d'acquisition du matériel.

	20-avr		
231	Immobilisations corporelles en cours	10 000	
44562	TVA sur immob.	2 000	
404	Fournisseurs d'immobilisations		12 000
	Facture pour frais de transport et de déchargement		
	29-avr		
404	Fournisseurs d'immobilisations	12 000	
405	Fournisseurs d'immobilisations - Effets à payer		12 000
	Traite à l'ordre du transporteur		

– Frais internes d'installation et mise en service :
La production immobilisée est enregistrée au crédit du compte 722. Elle n'est pas soumise à TVA.
Lors de la mise en service, le compte 231 est soldé par le débit du compte d'immobilisation concerné.

	02-mai		
2153	Installations à caractère spécifique	122 000	
231	Immobilisations corporelles en cours		110 000
722	Production immob. - Immobilisations corporelles		12 000
	Mise en service du matériel de recherche		

– Perception de la subvention et règlement des fournisseurs :
La perception de la subvention permet de solder le compte 441 par le débit du compte « Banque ». La somme due au fournisseur allemand est bien de 100 000 €, sa facture ne mentionnant pas la TVA (il s'agit pour ce fournisseur d'une livraison intracommunautaire exonérée de TVA). Le solde du compte « 405. Fournisseurs d'immobilisations – Effets à payer » s'effectue lors du virement effectif des fonds.

		Débit	Crédit
	16-juin		
512	Banque	20 000	
441	État - Subventions à recevoir		20 000
	Virement reçu du Conseil général		
	25-juin		
404	Fournisseurs d'immobilisations	100 000	
512	Banque		100 000
	Virement à l'ordre du fournisseur allemand		
	30-juin		
405	Fournisseurs d'immobilisations - Effets à payer	12 000	
512	Banque		12 000
	Échéance de la traite à l'ordre du transporteur		

Entraînement à l'examen

❶ Analyse comptable des opérations courantes – p. 299

DOSSIER 1 - SAS Delotte

1. Exposez les régimes de TVA applicables aux prestations de services en France.

En régime de droit commun, les prestations de services relèvent de la TVA sur les encaissements, c'est-à-dire que la TVA est collectée lors de l'encaissement des sommes versées par le client et non lors de la facturation ; le fait générateur et l'exigibilité ne coïncident donc pas.
Par dérogation, les entreprises qui réalisent à la fois des ventes de biens et des prestations de services peuvent opter pour le régime de la TVA sur les débits ; la TVA devient alors exigible à la facturation ; toutefois, les encaissements d'acomptes sur prestations entraînent l'exigibilité de la TVA, même en cas d'option.
Pour l'acquéreur, le régime à appliquer suit celui du vendeur.

2. À l'aide de l'annexe, calculez le montant de la TVA due ou le montant du crédit de TVA à reporter, au titre du mois de septembre N.

TVA collectée : 97 582 × 0,20 / 1,20 .... 12 263,67 €
TVA déductible :
– sur achats de fournitures et matériaux : 25 437 × 20 %...... – 5 087,40 €
– sur achats de services : 10 561 × 20 % .... – 2 112,20 €
– sur acquisitions d'immobilisations : 12 500 × 20 % .... – 2 500,00 €
TVA due de septembre .... 2 564,07 €

3. Enregistrez la déclaration de TVA correspondante.

TVA figurant sur la déclaration de septembre
TVA collectée .... 12 264 €
TVA sur immobilisations.. – 2 500 €
TVA sur ABS : 5 087,40 + 2 112,20 = 7 199,60 arrondis à........ – 7 200 €
TVA à décaisser .... 2 564 €

		30-sept		
44571	TVA collectée		12 263,67	
44562		TVA sur immobilisations		2 500,00
44566		TVA sur autres biens et services		7 199,60
44551		TVA à décaisser		2 564,00
758		Autres produits de gestion courante		0,07
	Déclaration CA3 de septembre N			

DOSSIER 2 – SARL Aux Bons Vins de France

1. Rappelez le traitement du crédit-bail en normes françaises et indiquez en quoi il contrevient à la définition d'un actif.

Les biens utilisés grâce à un contrat de crédit-bail ne figurent pas à l'actif du bilan ; seules les redevances sont comptabilisées, lors de leur paiement ; elles constituent alors des charges d'exploitation.
Cette solution n'est pas conforme à la définition d'un actif puisque les biens utilisés en crédit-bail remplissent les caractéristiques d'un actif énoncées par le Plan comptable général :
– l'élément est identifiable et peut être individualisé ;
– il a une valeur économique positive (même si l'entreprise n'en est pas propriétaire, au sens juridique).

2. Précisez les options possibles relatives à la comptabilisation des frais sur titres.

Les frais sur titres peuvent, au choix de l'entité, être comptabilisés :
– soit dans le coût d'acquisition de ces titres,
– soit en charges d'exploitation.

3. Enregistrez au journal de la SARL Aux Bons Vins de France toutes les opérations de septembre N décrites en annexe.

– 03/09 : Annuité d'emprunt bancaire

		03-sept		
164	Emprunts auprès des établissements de crédit		10 000,00	
661	Charges d'intérêts		5 400,00	
512		Banque		15 400,00
	Avis de débit pour annuité d'emprunt			

– 05/09 : Levée d'option sur contrat de crédit-bail

	05-sept		
2154	Matériel industriel	20 000,00	
44562	TVA sur immobilisations	4 000,00	
275	Dépôts et cautionnements versés		18 000,00
512	Banque		6 000,00
	Levée d'option - Facture CB 2311		

– 07/09 : Achat de marchandises

Prix d'acquisition brut : 240 × 300 €...... 72 000 €
Remise : 72 000 × 5 %......................... – 3 600 €
Prix d'acquisition net............................ 68 400 €
Frais de transport................................ 1 600 €
Coût d'acquisition hors taxes................ 70 000 €
TVA : 70 000 × 20 % .... 14 000 €

	07-sept		
607	Achats de marchandises	70 000,00	
44566	TVA sur autres biens et services	14 000,00	
4096	Fournisseurs, créances pour emballages à rendre	15 000,00	
401	Fournisseurs		99 000,00
	Facture V2725		

– 10/09 : Versement d'acomptes

TVA sur commande d'ordinateur : 600 × 0,20 / 1,20 = 100 €. L'acompte est comptabilisé HT dans le compte d'immobilisation.

	10-sept		
238	Avances et acomptes versés sur com. d'immob. corp.	500	
44562	TVA sur immobilisations	100	
512	Banques		600
	Versement d'acompte sur ordinateur par chèque bancaire		

TVA sur commande de vins : 2 400 × 0,20 / 1,20 = 400 €. L'acompte est comptabilisé TTC dans le compte de tiers.

	10-sept		
4091	Fournisseurs, avances et acomptes versés sur com.	2 400	
44566	TVA sur autres biens et services	400	
44585	TVA déductible lors du paiement		400
512	Banques		2 400
	Versement d'acompte sur achat de vins par chèque bancaire		

– 12/09 : Frais de retour d'emballages : les frais de retour de la citerne sont engagés après l'entrée des marchandises en stock. Elles ne sont donc pas incluses dans le coût d'acquisition de ces marchandises, mais inscrites en frais de transport.

	12-sept		
624	Transports de biens	1 250,00	
44566	TVA sur autres biens et services	250,00	
512	Banque		1 500,00
	Retour d'une citerne		

– 17/09 : Facture d'avoir sur retour d'emballage
Prix de consignation .... 15 000 €
Prix de reprise .... – 14 000 €
Mali HT sur emballage .... 1 000 €
TVA sur mali .... 200 €
Montant de l'avoir : 15 000 – 1 000 – 200 = 13 800 €.

	17-sept		
401	Fournisseurs	13 800,00	
6136	Malis sur emballages	1 000,00	
44566	TVA sur autres biens et services	200,00	
4096	Fournisseurs, créances pour emballages à rendre		15 000,00
	Facture AV2725		

– 19/09 : Règlement de la facture V2725 sous escompte.
Montant dû au fournisseur : 99 000 – 13 800 = 85 200 €
Escompte hors taxes : 70 000 × 2 % = 1 400 €
TVA sur escompte : 1 400 × 20 % = 280 €.

	20-sept		
401	Fournisseurs	85 200	
765	Escomptes obtenus		1 400
44566	TVA sur autres biens et services		280
512	Banque		83 520
	Règlement facture V2725 - AV2725 sous escompte de 2 %		

– 25/09 : Achat d'ordinateur, logiciels et fournitures
Coût d'acquisition de l'ordinateur : 4 000 + 400 = 4 400 €.
Acquisition d'immobilisations : 4 400 + 500 = 4 900 €.
TVA sur immobilisations : 4 900 × 20 % = 980 €.
TVA sur immobilisation restant à déduire : 980 – 100 = 880 €.
TVA sur autres biens : 100 × 20 % = 20 €.

25-sept

2183	Matériel de bureau et matériel informatique	4 400	
205	Concessions et droits similaires, brevets, ..., logiciels	500	
606	Achats non stockés de matières et fournitures	100	
44562	TVA sur immobilisations	880	
44566	TVA sur autres biens et services	20	
238	Avances et acomptes versés sur immob..		500
512	Banque		5 400
	Facture n° 011986 Eurosoft		

– 28/09 : Achat de titres en Bourse : les titres Gaumont répondent à la définition des titres immobilisés de l'activité de portefeuille, et les titres L'Oréal à celle des valeurs mobilières de placement.

	28-sept		
273	Titres immobilisés de l'activité de portefeuille	5 800,00	
503	Valeurs mobilières de placement - Actions	8 700,00	
6271	Frais sur titres	250,00	
44566	TVA sur autres biens et services	50,00	
512	Banque		14 800,00
	avis de débit pour achat de titres		

❷ Analyse comptable des opérations courantes – p. 301

DOSSIER 1 – Opérations courantes

1. Expliquez l'utilité d'un effet de commerce pour un fournisseur.

Les effets de commerce sont des instruments de paiement à terme. Ils permettent d'accorder un délai de paiement au client tout en gardant la possibilité d'obtenir les fonds avant l'échéance de la traite, si besoin, grâce à la possibilité de remise à l'escompte.

2. Indiquez les raisons pour lesquelles la lettre de change magnétique n'est pas traitée en comptabilité comme un véritable effet de commerce.

Le Code de commerce stipule que la lettre de change doit prendre la forme d'un support papier. Le changement de nature du support lui fait quitter le domaine du droit cambiaire.

3. À partir de l'annexe, enregistrez dans le journal de la société Verkamp les opérations courantes de novembre N.

– 02/11 : facture du fournisseur Ripolin :
Montant brut : 100 × 100 €................ 10 000 €
Remise : 10 000 × 10 %....................– 1 000 €
Port forfaitaire.................................. 200 €
Total HT.. 9 200 €
TVA : 9 200 × 20 %......................... 1 840 €
Total TTC... 11 040 €

	02-nov		
601	Achats de matières premières	9 000	
624	Transports de biens	200	
44566	TVA sur autres biens et services	1 840	
401	Fournisseurs		11 040
	facture 1066 de Ripolin		

– 03/11 : facture du fournisseur Carro :
Montant brut : 3 × 1 200 €................... 3 600 €
TVA : 3 600 × 20 %............................... 720 €

Emballages consignés : 3 × 50 €............ 150 €

	03-nov		
601	Achats de matières premières	3 600	
44566	TVA sur autres biens et services	720	
4096	Fournisseurs, créances pour emballages à rendre	150	
401	Fournisseurs		4 470
	facture 2030 de Carron		

– 08/11 : facture d'avoir de Ripolin :

Retour de pots de peinture brut : 10 × 100 €............................1 000 €

Remise initiale : 1 000 × 10 %..– 100 €

Retour net...900 €

Rabais : (90 × 100 × 90 %) × 5 %..405 €

Avoir HT...1 305 €

TVA : 1 305 × 20 %..261 €

Avoir TTC...1 566 €

	08-nov		
401	Fournisseurs	1 566	
601	Achats de matières premières		900
6091	RRR obtenus sur achats de matières premières		405
44566	TVA déductible sur autres biens et services		261
	avoir A5025 de Ripolin		

– 10/11 : règlement du fournisseur Ripolin

Escompte TTC : (11 040 – 1 566 – 240) × 1 %.........................92,34 €

TVA : 92,34 × 0,20 / 1,20 =..– 15,39 €

Escompte HT...76,95 €

	10-nov		
401	Fournisseurs	9 474,00	
766	Escomptes obtenus		76,95
44566	TVA déductible sur autres biens et services		15,39
512	Banque		9 381,66
	chèque 257 à Ripolin		

– 12/11 : facture au client Payot

Comme il s'agit d'une LC magnétique, la créance reste inscrite en compte 411. Clients.

	10-nov		
411	Clients	9 600,00	
706	Prestations de service		8 000,00
44585	TVA collectée sur encaissements		1600,00
	facture 2026 au client Payot		

– 16/11 : importation du Japon
Montant en € : 800 000 × 0,008 = 6 400 €.
TVA sur importation : 6 400 × 20 % = 1 280 €

	16-nov		
601	Achats de matières premières	6 400	
44566	TVA sur autres biens et services	1 280	
401	Fournisseurs		6 400
44575	TVA exigible sur importations		1 280
	facture 130 du fournisseur Japon-Volcans		

– 18/11 : facture du transitaire
Honoraires HT...250 €
TVA sur honoraires : 250 × 20 %...50 €

	18-nov		
622	Rémunérations des intermédiaires et honoraires	250	
44566	TVA sur autres biens et services	50	
401	Fournisseurs		300
	facture 645 du transitaire		

– 19/11 : avoir du fournisseur Carro
Emballages consignés : 3 × 50 €...150 €
Malis sur emballages HT : (2 × 10 €) + 50 €.................................– 70 €
TVA sur malis : 70 × 20 %...– 14 €
Net à déduire..66 €

	19-nov		
6136	Malis sur emballages	70	
44566	TVA sur autres biens et services	14	
401	Fournisseurs	66	
4096	Fournisseurs, créances pour emballages		150
	avoir 42 de Carro		

– 20/11 : aucune écriture en attente de l'avis de crédit

– 22/11 : avis de crédit pour escompte de la LC magnétique

– 25/11 : acompte reçu sur chantier : 2 400 € ; il comprend la TVA.

TVA : 2 400 × 0,20 / 1,20 = 400 €

	25-nov		
512	Banque	2 400	
4458	TVA à régulariser	400	
4191	Clients, avances et acomptes reçus		2 400
44571	TVA collectée		400
	chèque 5729 pour acompte de Sasoir		

– 28/11 : règlement du fournisseur japonais
Montant réglé : 800 000 × 0,009 = 7 200 €

	28-nov		
401	Fournisseurs	6 400	
656	Pertes de change sur créances commerciales	800	
512	Banque		7 200
	virement bancaire 7576 à Japon-Volcans		

DOSSIER 2 – Opérations de financement et d'investissement

1. Donnez la définition des termes suivants : une dette ; un actif.

Une dette est un passif dont le montant et la date d'échéance sont connus avec certitude.
Un actif est un élément identifiable du patrimoine ayant une valeur économique positive pour l'entité c'est-à-dire un élément générant une ressource, que l'entité contrôle du fait d'évènements passés et dont elle attend des avantages économiques futurs.

2. Indiquez quelles sont les différentes modalités de remboursement d'un emprunt que peut proposer la banque.

Les différentes modalités sont :
– le remboursement par annuités constantes ;
– le remboursement par amortissement constant ;
– le remboursement *in fine*.

3. À l'aide de l'annexe 1, présentez la première ligne du tableau de remboursement de l'emprunt.

Dates	Restant à rembourser	Intérêts	Amortissements	Annuités	Restant à rembourser
30/06/N+1	20 000	1 000	3 619,50	4 619,50	16 380,50

4. Comptabilisez la mise à disposition des fonds le 1er juillet N.

	01/07/N		
512	Banque	20 000	
164	Emprunts auprès des établissements de crédit		20 000
	emprunt LCL		

5. À l'aide de l'annexe 2, calculez le coût d'acquisition de l'échafaudage.

Montant brut.............................. 20 000 €
Escompte : 20 000 × 2 %........... – 400 €
Transport et installation .... 1 400 €
Coût d'acquisition .... 21 000 €

6. Enregistrez l'entrée de ce matériel dans le patrimoine de l'entreprise.

	15/07/N		
2154	Matériels	21 000	
44562	TVA déductible sur immobilisations	4 200	
404	Fournisseurs d'immobilisations		25 200
	facture 568		

❸ Analyse comptable des opérations courantes – p. 303

DOSSIER 1 – Opérations courantes

1. Rappelez les règles relatives à la TVA concernant les achats de biens en provenance de l'Union européenne ou du reste du monde.

Les acquisitions intracommunautaires sont imposables à la TVA dans le pays de destination.
L'acheteur acquitte la TVA (compte « 4452-TVA due intracommunautaire ») et la déduit (compte « 44566 -TVA déductible sur autres biens et services »).
Pour le reste du monde, les importations sont imposables à la TVA en France lors du passage en douane. Elle est autoliquidée par l'acquéreur et portée sur sa déclaration de TVA du mois d'acquisition. Cette TVA est déductible dans les conditions ordinaires.

2. À partir de l'annexe, comptabilisez au journal de la SAS Titanepro les opérations courantes du mois d'octobre N.

– 01/10 : il s'agit d'un service bancaire ; la TVA est immédiatement déductible puisque le paiement est effectif.

	01-oct		
627	Services bancaires	50,00	
44566	TVA déductible sur ABS	10,00	
512	Banques		60,00
	Commission prélevée		

– 02/10 : l'acompte sur prestation de services entraîne la déductibilité de la TVA même en cas d'option du fournisseur pour les débits.
TVA : 1 200 × 0,20 / 1,20 = 200 €.

	02-oct		
4091	Fournisseurs, avances et acomptes versés	1 200,00	
44566	TVA déductible sur ABS	200,00	
512	Banques		1 200,00
44585	TVA déductible lors du paiement		200,00
	Acompte à ALLINFO		

– 05/10 : Net commercial : 9 000 – (9 000 × 10 %) = 8 100 €.
Livraison intracommunautaire non soumise à la TVA.

05-oct

411	Clients	6 600,00	
4191	Clients, avances et acomptes reçus	1 500,00	
701	Ventes de produits finis		8 100,00
	Facture V0310		

– 10/10 : Net commercial : 8 000 – (8 000 × 5 %) = 7 600 €.
Acquisition intracommunautaire soumise à TVA.
TVA : (7 600 + 100) × 20 % = 1 540 €.

10-oct

601	Achats de matières premières	7 600,00	
624	Transports de biens	100,00	
44566	TVA déductible sur ABS	1 540,00	
401	Fournisseurs		7 700,00
4452	TVA due intracommunautaire		1 540,00
	Facture n° 7124		

– 15/10 : achat à l'étranger. L'acquéreur autoliquide la TVA.
Montant en € : 5 000 × 0,80 = 4 000 €.
TVA : 4 000 × 20 % = 800 €

15-oct

601	Achats de matières premières	4 000,00	
44566	TVA déductible sur ABS	800,00	
401	Fournisseurs		4 000,00
44575	TVA exigible sur importations		800,00
	Facture n° 899		

– 17/10 : le transitaire ayant opté pour la TVA sur les débits, la totalité de la TVA est immédiatement déductible.

17-oct

601	Achats de matières premières	100,00	
624	Transports de biens	110,00	
626	Rémunérations d'intermédiaires et honoraires	90,00	
44566	TVA déductible sur ABS	60,00	
401	Fournisseurs		360,00
	Facture 1759 du transitaire		

– 25/10 : montant de la facture : 10 x 250 € = 2 500 €.
Le fournisseur a opté pour la TVA sur les débits mais il faut régulariser la TVA sur l'acompte.
TVA totale : 2 500 × 20 % = 500 €.
TVA restant à déduire : 500 – 200 = 300 €.

25-oct

604	Achats d'études et prestations de services	2 500,00	
44585	TVA déductible lors du paiement	200,00	
44566	TVA déductible sur ABS	300,00	
401	Fournisseurs		1 800,00
4091	Fournisseurs, avances et acomptes versés		1 200,00
	Facture n° 2624		

DOSSIER 2 – Achats et règlements à l'étranger

1. Sachant que la TVA sur les achats s'est élevée à 3 600 €, retrouvez le montant en euros des achats d'aluminium.

Le montant en euros peut être déterminé grâce à la TVA qui s'élève à 3 600 € : 3 600 / 0,20= 18 000 €.

2. Indiquez si les honoraires auraient pu être comptabilisés différemment de ce qui est proposé dans l'énoncé.

L'entreprise aurait également pu comptabiliser les honoraires du transitaire dans le compte de charges par nature correspondant : compte « 622. Rémunérations d'intermédiaires et honoraires ».

3. Présentez les enregistrements comptables relatifs à l'approvisionnement et au règlement des profilés d'aluminium.

– 25 novembre : réception de la facture libellée en dollars américains

25-nov

601	Achats stockés - Matières premières	18 000,00	
44566	TVA sur autres biens et services	3 600,00	
401	Fournisseurs		18 000,00
44575	TVA exigible sur importations		3 600,00
	Facture Chine		

– 27 novembre : réception de la facture de douane

Les droits de douane et les honoraires et commissions entrent dans le coût d'acquisition des matières premières ; ils sont donc comptabilisés dans le compte 601. Achats stockés – Matières premières. La TVA déductible est la somme de la TVA sur les droits de douane et sur les honoraires.

	27-nov		
601	Achats stockés - Matières premières	1 060,00	
44566	TVA sur autres biens et services	212,00	
401	Fournisseurs (transitaire)		1 272,00
	Facture transitaire		

– 10 décembre : règlement à notre fournisseur

Le virement fait état de :.. 18 160,00 €

Il lui était dû à la facturation :.. 18 000,00 €

Soit une perte de change de .... 160,00 €

Les frais de virement incluent la TVA :

Frais HT : 432,00 – 72,00 = 360,00 €.

Le total de l'avis de débit est de : 18 160,00 + 432,00 = 18 592,00 €.

	10-déc		
401	Fournisseurs	18 000,00	
666	Perte de change	160,00	
627	Services bancaires et assimilés	360,00	
44566	TVA sur autres biens et services	72,00	
512	Banque		18 592,00
	Virement fournisseur Chine		

Chapitre 14

L'inventaire et la variation des stocks

Comprendre les notions

Application 1 Déterminer la valeur d'actifs en fin d'exercice et préciser leur impact sur les documents financiers – p. 318

Compétences attendues : C1, C2 et C3

1. Pour chaque immobilisation, précisez la valeur brute, la valeur nette comptable, la valeur d'inventaire et la valeur à l'arrêté des comptes.

Valeurs	Matériel	Titres de participation
Valeur brute (1)	12 000 €	60 000 €
Valeur nette comptable (2)	12 000 – 3 000 = 9 000 €	60 000 – 5 000 = 55 000 €
Valeur d'inventaire (3)	9 500 €	55 000 €
Valeur à l'arrêté des comptes (4)	9 000 €	55 000 €

(1) La valeur brute est le coût d'entrée, soit le prix d'acquisition.
(2) La valeur nette comptable est la valeur brute diminuée du cumul des amortissements et des dépréciations.
(3) La valeur d'inventaire est donnée par l'énoncé pour le matériel ; pour les titres, elle est égale au montant le plus élevé de la valeur vénale et de la valeur d'usage, soit le montant le plus élevé entre 48 000 € et 55 000 €.
(4) La valeur à l'arrêté des comptes ne doit pas tenir compte des plus-values éventuelles ; elle est donc égale à la valeur nette comptable après calcul des amortissements et dépréciations.

2. Précisez quel principe comptable conduit à constater une dépréciation des titres de participation.

Il s'agit du principe de prudence : il ne faut pas reporter sur les exercices ultérieurs les pertes de valeur apparues durant l'année.

3. Présentez un extrait de l'actif du bilan au 31 décembre N concernant ces deux immobilisations.

Éléments	Montant brut	Amortissements et dépréciations	Montant net
Matériels Titres de participation	12 000 60 000	3 000 5 000	9 000 55 000

4. Indiquez l'impact des amortissements et dépréciations sur le résultat de l'exercice en comparant les bilans au 31 décembre N et 31 décembre N–1.

Le bilan était le suivant à la clôture de l'exercice N–1 :

Éléments	Montant brut	Amortissements et dépréciations	Montant net
Matériels Titres participation	12 000 60 000	1 000	11 000 60 000

Montants nets au 31 décembre N–1 .... 71 000 €
Montants nets au 31 décembre N .... 64 000 €
Diminution de l'actif .... 7 000 €
Cette diminution de l'actif correspond à une baisse du résultat de 7 000 €. Elle peut être expliquée par la somme des amortissements de l'exercice (3 000 – 1 000 = 2 000 €) et de la dépréciation constatée (5 000 €).

Application 2 Calculer, analyser et comptabiliser les variations des stocks de marchandises, p. 318

Compétences attendues : C1 et C3

1. Calculez et analysez la variation des stocks et précisez son impact sur le résultat de l'exercice.

Variation des stocks = stock final – stock initial = 3 000 – 5 000 = – 2 000 € ; il s'agit donc d'un déstockage de 2 000 € qui entraîne une réduction correspondante du résultat de l'exercice (il y a eu davantage de marchandises utilisées, donc vendues, que de marchandises achetées).

2. Indiquez le montant des achats consommés de l'exercice et précisez comment ils figureront au compte de résultat de l'exercice N.

Stock en début d'exercice .... 5 000 €
Achats de l'exercice .... 70 000 €
Stock en fin d'exercice .... – 3 000 €
Achats consommés durant l'exercice .... 72 000 €

Ces achats consommés figurent dans les charges au niveau du compte de résultat :

Achats de marchandises.. 70 000 €
Variations des stocks de marchandises.................................... + 2 000 €
(solde débiteur du compte 603)
Achats consommés .... 72 000 €

Comparés aux ventes de marchandises de l'exercice, les achats consommés permettent d'obtenir la marge commerciale réalisée par l'entreprise.

3. Présentez les écritures nécessaires au 31 décembre N.

	31/12/N		
6037	Variations des stocks de marchandises	5 000,00	
37	Stocks de marchandises		5 000,00
	Élimination du stock initial		
	id		
37	Stocks de marchandises	3 000,00	
6037	Variations des stocks de marchandises		3 000,00
	Constatation du stock final		

4. Répondez de nouveau aux deux premières questions en supposant que le stock de fin d'exercice est évalué à 8 000 €.

Variation des stocks = 8 000 – 5 000 = 3 000 € ; il s'agit d'un stockage de 3 000 € qui entraîne une augmentation du résultat de l'exercice (il y a eu moins de marchandises vendues que de marchandises achetées).

Stock en début d'exercice .... 5 000 €
Achats de l'exercice .... 70 000 €
Stock en fin d'exercice .... – 8 000 €
Achats consommés durant l'exercice .... 67 000 €

Ces achats consommés figurent dans les charges au niveau du compte de résultat :

Achats de marchandises......................... 70 000 €
Variations des stocks de marchandises... – 3 000 € (solde créditeur du compte 603)
Achats consommés .... 67 000 €

Application 3 Calculer, analyser et comptabiliser les variations des stocks de produits finis – p. 319

Compétences attendues : C1 et C3

1. Calculez et analysez la variation des stocks et précisez son impact sur le résultat de l'exercice.

Variation des stocks = stock final – stock initial = 175 000 – 151 000 = 24 000 €. Il s'agit d'un stockage qui entraîne une augmentation du résultat de l'exercice (il y a eu davantage de produits finis produits que de produits finis vendus).

2. Indiquez le montant de la production de l'exercice et précisez comment elle figurera au compte de résultat de l'exercice N.

La production de l'exercice est la somme de la production vendue (exprimée en prix de vente), de la production stockée (exprimée en coût de production) et de la production immobilisée (exprimée en coût de production). Le compte de résultat regroupe donc des éléments qui ne sont pas évalués de la même façon.

Production vendue............................ 7 900 000 €
Production stockée .... 24 000 € (solde créditeur du compte 713)
Production de l'exercice .... 7 924 000 €

3. Présentez les écritures du 31 décembre N relatives aux stocks de produits finis.

		31/12/N		
7135		Variation des stocks de produits	151 000,00	
	355	Stocks de produits finis		151 000,00
		Élimination du stock initial		
		id		
355		Stocks de produits finis	175 000,00	
	7135	Variation des stocks de produits		175 000,00
		Constatation du stock final		

4. Reprenez les deux premières questions en supposant que le stock de fin d'exercice est évalué à 124 000 €.

Variation des stocks = 124 000 – 151 000 = – 27 000 €. Il s'agit d'un déstockage qui entraîne une diminution du résultat de l'exercice (il y a eu davantage de produits finis vendus que de produits finis fabriqués).

Au compte de résultat :
Production vendue.................... 7 900 000 €
Production stockée .... – 27 000 € (solde débiteur du compte 713)
Production de l'exercice .... 7 873 000 €

Application 4 Comptabiliser la variation des stocks – p. 320

Compétence attendue : C3

Présentez les écritures de variation des stocks à constater au 31 décembre N.

	31/12/N		
6031	Variation des stocks de matières premières	22 684,00	
6032	Variation des stocks d'autres approvisionnements	1 458,00	
6037	Variation des stocks de marchandises	68 790,00	
31	Matières premières		22 684,00
32	Autres approvisionnements		1 458,00
37	Stocks de marchandises		68 790,00
	Élimination des stocks de début d'exercice		

	31/12/N		
31	Matières premières	23 478,00	
32	Autres approvisionnements	974,00	
37	Stocks de marchandises	55 671,00	
6031	Variation des stocks de matières premières		23 478,00
6032	Variation des stocks d'autres approvisionnements		974,00
6037	Variation des stocks de marchandises		55 671,00
	Constatation des stocks de fin d'exercice		

	31/12/N		
7133	Variation des en-cours de production de biens	5 465,00	
7134	Variation des en-cours de production de services	68 745,00	
7135	Variation des stocks de produits	44 784,00	
331	Produits en cours		5 465,00
345	Prestations de services en cours		68 745,00
355	Produits finis		44 784,00
	Élimination des stocks de début d'exercice		

	31/12/N		
331	Produits en cours	6 457,00	
345	Prestations de services en cours	56 472,00	
355	Produits finis	49 476,00	
7133	Variation des en-cours de production de biens		6 457,00
7134	Variation des en-cours de production de services		56 472,00
7135	Variation des stocks de produits		49 476,00
	Constatation des stocks de fin d'exercice		

Application 5 QCM – p. 319

Répondez par « Vrai » ou par « Faux » aux affirmations ci-dessous en donnant toutes explications utiles.

1. L'application du principe de comparabilité conduit à ne jamais modifier la valeur nette comptable des actifs et passifs du bilan.
Faux. Le principe des coûts historiques conduit à toujours conserver le même montant brut ; en revanche, la valeur nette comptable est modifiée par les amortissements et par les éventuelles dépréciations pratiquées.

2. Une charge payée en N et concernant l'exercice N+1 ne doit affecter que le résultat de l'exercice N+1.
Vrai. La constatation d'une charge ou d'un produit dépend de la naissance de ces éléments et non des dates de règlement. Ce fait résulte de la pratique d'une comptabilité dite « comptabilité d'engagements », qui s'oppose à la comptabilité de trésorerie réservée aux comptabilités non commerciales (professions libérales, en particulier).

3. Une dépréciation est la constatation d'une perte de valeur d'un élément d'actif.
Vrai. Une perte de valeur d'un élément d'actif doit être constatée par une dépréciation de manière à ramener la valeur de l'actif à sa valeur d'inventaire, appelée également « valeur actuelle ».

4. À la clôture de l'exercice, les éléments de l'actif doivent figurer au bilan pour leur valeur vénale.
Faux. Ils ne figurent au bilan pour leur valeur vénale que si celle-ci constitue la valeur d'utilité et si elle est inférieure à la valeur nette comptable.

5. Les plus-values latentes sont enregistrées en fin d'exercice, en application du principe de prudence.
Faux. Les plus-values résultant d'une évaluation des actifs à la valeur vénale ou à la valeur d'usage ne sont pas forcément définitives ; leur comptabilisation conduirait à surévaluer la valeur de l'entreprise de manière imprudente.

6. L'inventaire physique des stocks doit être réalisé à la date de clôture de l'exercice.
Faux. L'inventaire physique peut être réalisé à d'autres moments de l'année, à condition que l'entreprise pratique un suivi des stocks. Cela permet en particulier de pratiquer des « inventaires tournants » à différents moments de manière à ne pas bloquer totalement l'activité de l'entreprise.

7. L'examen des comptes de l'année permet d'obtenir les stocks de fin d'exercice.
Faux. Les stocks de fin d'exercice sont obtenus grâce à l'inventaire physique des existants en stock. Ils peuvent être vérifiés également par des calculs et tableaux tenus en dehors de la comptabilité générale (fiches de stocks).

8. Le compte « 603. Variation des stocks » figure en produits, au compte de résultat lorsque son solde est créditeur.
Faux. Le compte 603 figure toujours au débit du compte de résultat ; lorsque son solde est créditeur, donc contraire au solde des comptes de charges, il est inscrit en négatif au compte de résultat.

9. Les stocks initiaux sont inscrits au débit des comptes de variations des stocks et les stocks finals au crédit de ces comptes, qu'il s'agisse des comptes 603 ou 713.
Vrai. Le mode de comptabilisation est identique, qu'il s'agisse du compte 603 ou du compte 713.

10. Un déstockage provoque une baisse du résultat de l'exercice.
Vrai. Il s'agit soit d'une charge supplémentaire (consommation de l'exercice supérieure au montant des achats), soit d'un produit en moins (diminution des stocks de produits finis).

11. Lorsque le stock final de matières premières est supérieur au stock initial de matières premières, il s'agit d'un stockage ; la variation de stock de matières premières est à ajouter aux achats afin d'obtenir le coût des matières consommées dans l'exercice.
Faux. Lorsqu'il s'agit d'un stockage, il n'y a pas consommation de matières premières et on doit donc diminuer les charges. La variation de stock de matières premières sera donc portée dans le compte de résultat avec le signe –.

12. La production effectivement réalisée dans la période constitue un produit pour l'entreprise.
Vrai. La production réalisée inscrite dans les produits est composée de la production vendue et de la production stockée.

13. Lorsque le stock final de produits finis est inférieur au stock initial de produits finis, la variation de stock de produits finis vient en augmentation du total des produits de la période.
Faux. Dans ce cas, il s'agit d'un déstockage et donc d'une diminution des produits. La variation du stock doit être inscrite en – dans les produits.

Mettre en œuvre les compétences

Application 1 Variations des stocks et compte de résultat – p. 321

Compétences attendues : C1 et C3

1. Indiquez le montant du stock initial et le montant du stock final.

Stock initial : 70 000. Stock final : 105 000.
Explication par les mouvements Débit – Crédit :
Le total des mouvements Débit (175 000 €) regroupe le stock initial de la balance d'ouverture et le stock final de l'inventaire. Le mouvement Crédit (70 000 €) ne peut correspondre qu'à l'annulation du stock initial.
On arrive à l'égalité suivante : stock initial + stock final = 175 000.
Comme : stock initial = 70 000 à stock final = 175 000 – 70 000 = 105 000.
Explication par les soldes Débiteur – Créditeur :
En solde débiteur ne figure que le stock final, soit 105 000 €. On en déduit donc que le stock initial est égal à 175 000 – 105 000 = 70 000 €.

2. Présentez les écritures de variations de stock.

		31-déc		
6037		Variation des stocks de marchandises	70 000,00	
	37	Stocks de marchandises		70 000,00
		Élimination du stock initial		
		id		
37		Stocks de marchandises	105 000,00	
	6037	Variation des stocks de marchandises		105 000,00
		Constatation du stock final		

3. Présentez un extrait du compte de résultat.

Compte de résultat

CHARGES	MONTANTS	PRODUITS	MONTANTS
Achats de marchandises Variations de stock	457 000 – 35 000	Ventes de marchandises	....

4. Expliquez la finalité de la constatation des variations des stocks de marchandises.

La variation des stocks de marchandises permet de rapprocher les ventes et les achats de marchandises. En effet, les achats corrigés de la variation des stocks fournissement le coût d'acquisition des marchandises qui ont effectivement été vendues.

Application 2 Exercice de synthèse. Variations des stocks : journal, grand-livre, balance, compte de résultat, bilan de clôture – p. 321

1. Enregistrez les mouvements de l'année, y compris les mouvements de stock, au journal de l'entreprise.

	1		
607	Achats de marchandises	1 361 260,00	
44566	TVA déductible	272 252,00	
401	Fournisseurs		1 234 440,00
512	Banque		399 072,00
	Achats de marchandises de l'année		
	2		
411	Clients	372 276,00	
512	Banques	1 573 776,00	
53	Caisse	257 400,00	
707	Ventes de marchandises		1 836 210,00
44571	TVA collectée		367 242,00
	Ventes de marchandises de l'année		
	3		
401	Fournisseurs	978 100,00	
512	Banques		978 100,00
	Règlements reçus des clients, par chèques		
	4		
512	Banques	228 900,00	
411	Clients		228 900,00
	Règlements reçus des clients, par chèques		
	5		
61/62	Services extérieurs	592 656,00	
44566	TVA déductible	118 531,20	
512	Banques		694 104,00
53	Caisse		17 083,20
	Achats de services		
	6		
512	Banques	239 316,80	
53	Caisse		239 316,80
	Dépôts : 1 000 + 257 400 – 17 083,20 – 2 000		

	7		
44571	TVA collectée	367 242,00	
44567	Crédit de TVA à reporter	23 541,20	
44566	TVA déductible		390 783,20
	Crédit de TVA de l'année		
	8		
6037	Variations des stocks de marchandises	410 000,00	
37	Stock de marchandises		410 000,00
	Annulation du stock initial		
	9		
37	Stock de marchandises	388 730,00	
6037	Variations des stocks de marchandises		388 730,00
	Création du stock final		

2. Présentez successivement :
– le grand-livre au 31 décembre N ;

<u>COMPTES DE BILAN</u>

207. Fonds commercial

	Débit	Crédit
AN	450 000,00	
solde débiteur :		450 000,00

101. Capital

Débit	Crédit	
	800 000,00	AN
solde créditeur :	800 000,00	

218. Autres immob. corporelles

	Débit	Crédit
AN	22 000,00	
solde débiteur :		22 000,00

16. Emprunts

Débit	Crédit	
	100 000,00	AN
solde créditeur :	100 000,00	

37. Stock de marchandises

	Débit	Crédit
AN	410 000,00	410 000,00
	388 730,00	
solde débiteur :		388 730,00

401. Fournisseurs

Débit	Crédit	
978 100,00	66 000,00	AN
	1 234 440,00	
solde créditeur :	322 340,00	

411. Clients

Débit	Crédit
372 276,00	228 900,00
solde débiteur :	143 376,00

4457. TVA collectée

Débit	Crédit
367 242,00	367 242,00
compte soldé	

44566. TVA déductible

Débit	Crédit
272 252,00	390 783,20
118 531,20	
compte soldé	

44567. Crédit de TVA à reporter

Débit	Crédit
23 541,20	
solde débiteur :	23 541,20

512. Banque

	Débit	Crédit
AN	83 000,00	399 072,00
	1 573 776,00	978 100,00
	228 900,00	694 104,00
	239 316,80	
solde débiteur :		53 716,80

53. Caisse

	Débit	Crédit
AN	1 000,00	17 083,20
	257 400,00	239 316,80
solde débiteur :		2 000,00

607. Achats de marchandises

Débit	Crédit
1 361 260,00	
solde débiteur :	1 361 260,00

61-62. Services extérieurs

Débit	Crédit
592 656,00	
solde débiteur	592 656,00

6037. Variations des stocks

Débit	Crédit
410 000,00	388 730,00
solde débiteur :	21 270,00

707. Ventes de marchandises

Débit	Crédit
	1 836 210,00
solde créditeur :	1 836 210,00

– la balance au 31/12/N ;

Intitulé des comptes	Total débit	Total crédit	Solde débiteur	Solde créditeur
Capital		800 000,00		800 000,00
Emprunts		100 000,00		100 000,00
Fonds commercial	450 000,00		450 000,00	
Autres immobilisations corporelles	22 000,00		22 000,00	
Stock de marchandises	798 730,00	410 000,00	388 730,00	
Fournisseurs	978 100,00	1 300 440,00		322 340,00
Clients	372 276,00	228 900,00	143 376,00	
Crédit de TVA	23 541,20		23 541,20	
TVA déductible	390 783,00	390 783,20		
TVA collectée	367 242,00	367 242,00		
Banque	2 124 992,80	2 071 276,00	53 716,80	
Caisse	258 400,00	256 400,00	2 000,00	
Variations de stocks	410 000,00	388 730,00	21 270,00	
Achats de marchandises	1 361 260,00		1 361 260,00	
Services extérieurs	592 656,00		592 656,00	
Ventes de marchandises		1 836 210,00		1 836 210,00
Totaux	8 149 981,20	8 149 981,20	3 058 550,00	3 058 550,00

– le compte de résultat de l'exercice N ;

CHARGES	MONTANTS	PRODUITS	MONTANTS
Achats de marchandises	1 361 260	Ventes de marchandises	1 836 210
Variations des stocks de marchand.	+ 21 270		
Services extérieurs	592 656	Solde débiteur : perte	138 976
	1 975 186		1 975 186

– le bilan au 31 décembre N.

POSTES D'ACTIF	MONTANTS	POSTES DE PASSIF	MONTANTS
Immobilisations		Capitaux propres	
Fonds commercial	450 000,00	Capital	800 000,00
Autres immob. corporelles	22 000,00	Résultat de l'exercice (perte)	–138 976,00
	472 000,00		661 024,00
Actif circulant		Dettes	
Stock de marchandises	388 730,00	Emprunt	100 000,00
Clients	143 376,00	Fournisseurs	322 340,00
État, impôts	23 541,00		422 340,00
Banques	53 716,80		
Caisse	2 000,00		
	611 364,00		
Total	1 083 364,00	Total	1 083 364,00

Chapitre 15

Les amortissements comptables des immobilisations

Comprendre les notions

Application 1 Déterminer la base amortissable d'un bien acquis – p. 339

Compétence attendue : C3

1. Déterminez le coût d'acquisition de l'immobilisation.

Éléments	Montants
Matériel 2 000/0,1	20 000
Frais de transport	125
Intervention des techniciens	255
Total	20 380

2. Procédez aux enregistrements comptables relatifs à l'acquisition.

- Paiement de l'acompte

Montant HT de l'acompte : 2 400 / 1,20 = 2 000 €.

	15-mars		
238	Avances et acomptes sur commandes d'immob. corp.	2 000	
44562	TVA sur immobilisations	400	
512	Banque		2 400
	Acompte sur matériel industriel		

- Livraison et installation

Montant TTC du matériel : 2 400 / 0,10 = 24 000 €.

Montant HT du matériel : 24 000 / 1,20 = 20 000 €.

TVA totale : 20 000 × 20 % = 4 000 €.

TVA restant à déduire : 4 000 – 400 = 3 600 €.

Solde dû au fournisseur : 24 000 – 2 400 = 21 600 €.

	15-mai		
2154	Matériel industriel	20 000	
44562	TVA sur immobilisations	3 600	
238	Avances et ac. sur commandes d'immob.		2 000
404	Fournisseurs d'immobilisations		21 600
	Facture d'achat du matériel industriel		

- Frais de transport

	17-mai		
2154	Matériel industriel	125	
44562	TVA sur immobilisations	25	
404	Fournisseurs d'immobilisations		150
	Frais de transport du matériel industriel		

- Frais d'installation

	17-mai		
2154	Matériel industriel	255	
44562	TVA sur immobilisations	51	
404	Fournisseurs d'immobilisations		306
	Frais d'installation du matériel industriel		

3. Déterminez la base amortissable du bien acquis.

Coût d'acquisition .... 20 380 €
Valeur résiduelle : [3 500 – (150 + 125)] .... – 3 225 €
Base amortissable .... 17 155 €

La valeur de revente à retenir est celle d'un matériel équivalent à la date d'acquisition et non le prix de revente prévu dans 5 ans.

4. Redéfinissez la base amortissable du bien acquis s'il n'existait pas de possibilité de revente de ce type de matériel.

La base amortissable serait égale au coût d'acquisition, soit 20 380 €.

Application 2 Déterminer la base amortissable et calculer les annuités d'amortissement – p. 339

Compétence attendue : C3

1. Déterminez le coût d'acquisition de l'immobilisation.

Éléments	Montants
Prix d'achat	15 000
Installation	350
Livraison	120
Total	15 470

2. Comptabilisez l'acquisition de l'immobilisation.

		10-juin		
2154		Matériel industriel	15 470,00	
44562		TVA sur immobilisations	3 094,00	
	404	Fournisseurs d'immobilisations		18 564,00
		Facture d'immo.		

3. Déterminez la base amortissable du bien acquis

Coût d'acquisition .... 15 470,00 €
Valeur résiduelle (15 470 × 55 %) .... – 8 508,50 €
Base amortissable... 6 961,50 €

4. Déterminez le taux d'amortissement.

100/5 = 20 %. On retient la durée d'utilisation par l'entreprise et non la durée de vie usuelle.

5. Calculez le *prorata temporis* pour l'année N.

Pour des années calculées sur 360 jours : 20 jours en juin et 180 jours de juillet à décembre, soit 200 jours sur 360.
Pour des années de 365 jours : 20 jours en juin, 4 mois à 31 jours et 2 mois à 30 jours soit 204 jours sur 365.

6. Calculez le *prorata temporis* pour l'année N+5.

Pour des années calculées sur 360 jours : 360 – 200 jours = 160 jours sur 360.
Pour des années de 365 jours : 365 – 204 = 161 jours sur 365.

7. Calculez les annuités de l'année N à l'année N+5.

Base amortissable : 6 961,50 €
Base × taux (20 %) : 1 392,30 €
Nombre de jours : 200 jours

Annuité N : 1 392,30 × 200 / 360 × 773,50 €
2e au 5e amortissement au 31/12 N+1, N+2, N+3 et N+4 : 1 392,30 €.
Dernier amortissement au 31/12/N+5 : 1 392,30 × 160 / 360 = 618,80 €.

Application 3 Déterminer les modalités d'amortissement et calculer la première annuité – p. 340

Compétence attendue : C3

1. Indiquez les modalités à retenir pour déterminer le montant de l'amortissement pour l'exercice N.

Le nombre d'heures d'utilisation doit être retenu pour déterminer l'amortissement économique.

2. Calculez l'annuité pour l'exercice N.

30 000 × 1 800 / 15 000 = 3 600 €.

Application 4 Déterminer les annuités d'amortissement basées sur des unités d'œuvre – p. 340

Compétence attendue : C3

Calculez les annuités d'amortissement.

L'unité d'œuvre est le nombre de pièces produites ; la totalité des unités d'œuvre est de 10 000 pièces.
Calcul des annuités : base amortissable × nombre d'unités d'œuvre / unités d'œuvre totales. L'acquisition ayant lieu le 1er juillet, les unités d'œuvre doivent être recalculées par exercice comptable.

Exercice	Calculs	Annuités
N	100 000 × 500/10 000	5 000
N + 1	100 000 × 1 250/10 000	12 500
N + 2	100 000 × 1 750/10 000	17 500
N + 3	100 000 × 2 250/10 000	22 500
N + 4	100 000 × 2 750/10 000	27 500
N + 5	100 000 × 1 500/10 000	15 000
	Total	100 000

Application 5 Déterminer et comptabiliser une immobilisation par composants – p. 340

Compétence attendue : C3

1. Indiquez les comptes d'immobilisations à utiliser et le coût à affecter à chaque compte.

Coût d'acquisition de l'autocar hors équipements : 780 000 – 31 200 = 748 800 €.

Coût d'acquisition hors composants de 1re catégorie non facturés séparément : 748 800 – 92 000 – 124 000 = 532 800 €.

Composant de 2e catégorie : 532 800 × 10 % = 53 280 €.

Coût de la structure : 532 800 – 53 280 = 479 520 €.

Les différents composants figureront dans les comptes :

– 21821. Matériel de transport – Structure : .... 479 520 €
– 21822. Matériel de transport – Moteurs : .... 92 000 €
– 21823. Matériel de transport – Transmission : .... 124 000 €
– 21824. Matériel de transport – Équipements : .... 80 000 €
– 21825. Matériel de transport – Gros entretien : .... 53 280 €
– 21826. Matériel de transport – Pièces de sécurité : .... 3 800 €

Total inscrit en compte 2182 : .... 832 600 €

Ce montant correspond bien au total hors taxes de la facture reçue.

2. Enregistrez au journal l'écriture d'acquisition.

	08-fév		
21821	Matériel de transport – Structure	479 520,00	
21822	Matériel de transport – Moteurs	92 000,00	
21823	Matériel de transport – Transmission	124 000,00	
21824	Matériel de transport – Equipements	80 000,00	
21825	Matériel de transport – Gros entretien	53 280,00	
21826	Matériel de transport – Pièces de sécurité	3 800,00	
44562	TVA sur immobilisations	166 520,00	
404	Fournisseurs d'immobilisations		999 120,00
	Acquisition d'un autocar Néoplan		

Application 6 Déterminer et comptabiliser des composants – p. 341

Compétence attendue : C3

À l'aide du tableau fourni par le CSTB, comptabilisez l'acquisition de l'immeuble.

L'immeuble ne comportant pas d'ascenseur, on retient uniquement les pourcentages concernés. Le coût de la structure est de 400 000 € diminués de l'ensemble des composants comptabilisés.

	08-fév		
21311	Bâtiments – Structure et ouvrages assimilés	322 000,00	
21312	Bâtiments – Menuiseries extérieures	13 200,00	
21313	Bâtiments – Chauffage	12 800,00	
21314	Bâtiments – Étanchéité	4 400,00	
21315	Bâtiments – Ravalement avec amélioration	8 400,00	
21316	Bâtiments – Électricité	20 800,00	
21317	Bâtiments – Plomberie / Sanitaire	18 400,00	
404	Fournisseurs d'immobilisations		400 000,00
	Acquisition d'un bâtiment		

Application 7 Construire le plan d'amortissement d'une immobilisation non décomposable – p. 341

Compétence attendue : C3

1. Déterminez le *prorata temporis* de l'année N.

Le *prorata temporis* est de 285 jours, soit 15 jours au mois de mars et les 9 mois suivants à 30 jours, si les années sont considérées à 360 jours.

2. Dressez le plan d'amortissement de ce véhicule.

Base amortissable : 14 500 – 7 000 = 7 500 €.

Durée d'amortissement : 3 ans en linéaire ; en effet, il n'est pas spécifié que l'amortissement est fonction des kilomètres parcourus.

Exercice comptable	Base amortissable	Calcul	Amortissement comptable	Valeur brute	Valeur nette comptable
N	7 500,00	7500/3 × 285/360	1 979,17	14 500,00	12 520,83
N + 1	7 500,00	7500/3	2 500,00	14 500,00	10 020,83
N + 2	7 500,00	7500/3	2 500,00	14 500,00	7 520,83
N + 3	7 500,00	7500/3 × 75/360	520,83	14 500,00	7 000,00
		Total	7 500,00		

Application 8 Construire le plan d'amortissement d'une immobilisation décomposable – p. 342

Compétence attendue : C3

Dressez le plan d'amortissement de ce véhicule.

Les plans d'amortissement concernant la camionnette sont au nombre de deux. L'immobilisation est en effet décomposable en deux éléments : la structure et le plateau.
Valeur du plateau : 2 000 €, dont base amortissable : 2 000 € (pas de valeur résiduelle).
Valeur de la structure : 17 000 – 2 000 € = 15 000 €, dont base amortissable 12 000 €, la valeur résiduelle de revente de la camionnette étant dans ce cas affectable à la structure.

Plan d'amortissement de la structure

Exercice comptable	Base amortissable	Calcul	Amortissement comptable	Valeur brute	Valeur nette comptable
N	12 000	12 000/8	1 500	15 000	13 500
N + 1	12 000	12 000/8	1 500	15 000	12 000
N + 2	12 000	12 000/8	1 500	15 000	10 500
N + 3	12 000	12 000/8	1 500	15 000	9 000
N + 4	12 000	12 000/8	1 500	15 000	7 500
N + 5	12 000	12 000/8	1 500	15 000	6 000
N + 6	12 000	12 000/8	1 500	15 000	4 500
N + 7	12 000	12 000/8	1 500	15 000	3 000
		Total	12 000		

Plan d'amortissement du plateau

Exercice comptable	Base amortissable	Calcul	Amortissement comptable	Valeur brute	Valeur nette comptable
N	2 000	2 000/4	500	2 000	1 500
N + 1	2 000	2 000/4	500	2 000	1 000
N + 2	2 000	2 000/4	500	2 000	500
N + 3	2 000	2 000/4	500	2 000	0
		Total	2 000		

Application 9 Justifier et constater la modification d'un plan d'amortissement – p. 342

Compétences attendues : C2 et C3

1. Pourquoi peut-on modifier le plan initial d'amortissement ?

La production prévue au départ a été surestimée. Le chiffre d'affaires a été évalué de façon trop optimiste. La production étant inférieure de manière significative, la machine sera utilisée plus longtemps.

La modification du plan d'amortissement permet de produire une meilleure image fidèle reflétée par les documents de fin d'exercice.

2. Établissez le plan d'amortissement initial.

Plan d'amortissement de la machine

Exercice comptable	Base amortissable	Calcul	Amortissement comptable	Valeur brute	Valeur nette comptable
N-3	120 000	120 000 × 8 000 / 60 000	16 000	120 000	104 000
N-2	120 000	120 000 × 8 000 / 60 000	16 000	120 000	88 000
N-1	120 000	120 000 × 8 000 / 60 000	16 000	120 000	72 000
N	120 000	120 000 × 8 000 / 60 000	16 000	120 000	56 000
N+1	120 000	120 000 × 8 000 / 60 000	16 000	120 000	40 000
N+2	120 000	120 000 × 8 000 / 60 000	16 000	120 000	24 000
N+3	120 000	120 000 × 8 000 / 60 000	16 000	120 000	8 000
N+4	120 000	120 000 × 4 000 / 60 000	8 000	120 000	0
		Total	120 000		

3. Procédez à la modification du plan d'amortissement.

Les amortissements passés ne sont pas remis en cause. L'amortissement se pratiquera sur la base amortissable diminuée des amortissements déjà pratiqués, soit ici la valeur nette comptable au 31 décembre N–1, la valeur résiduelle étant nulle.
Trois années se sont écoulées, soit 24 000 pièces produites. Il reste 38 000 pièces à produire (60 000 – 24 000 = 36 000), soit 36 000 / 6 000 = 6 années.

Exercice comptable	Base amortissable	Calcul	Amortissement comptable	Valeur brute	Valeur nette comptable
N-3	120 000	120 000 × 8 000 / 60 000	16 000,00	120 000	104 000
N-2	120 000	120 000 × 8 000 / 60 000	16 000,00	120 000	88 000
N-1	120 000	120 000 × 8 000 / 60 000	16 000,00	120 000	72 000
N	72 000	72 000 × 6 000 / 36 000	12 000,00	120 000	60 000
N+1	72 000	72 000 × 6 000 / 36 000	12 000,00	120 000	48 000
N+2	72 000	72 000 × 6 000 / 36 000	12 000,00	120 000	36 000
N+3	72 000	72 000 × 6 000 / 36 000	12 000,00	120 000	24 000
N+4	72 000	72 000 × 6 000 / 36 000	12 000,00	120 000	12 000
N+5	72 000	72 000 × 6 000 / 36 000	12 000,00	120 000	0
		Total	120 000		

Application 10 Modifier un plan d'amortissement – p. 342

Compétence attendue : C3

1. Établissez le plan d'amortissement initial.

La base amortissable est égale à 28 000 – 6 500 = 21 500 €. En N–2, le *prorata temporis* est de 3 mois sur 12, l'immobilisation étant acquise le 1er octobre.

Exercice comptable	Base amortissable	Calcul	Amortissement comptable	Valeur brute	Valeur nette comptable
N-2	21 500	21 500/5 × 3/12	1 075,00	28 000	26 925
N-1	21 500	21 500/5	4 300,00	28 000	22 625
N	21 500	21 500/5	4 300,00	28 000	18 325
N+1	21 500	21 500/5	4 300,00	28 000	14 025
N+2	21 500	21 500/5	4 300,00	28 000	9 725
N+3	21 500	21 500/5 × 9/12	3 225,00	28 000	6 500
		Total	21 500		

2. Procédez à la modification du plan d'amortissement.

En N, la durée initiale est écourtée d'un an en raison de l'utilisation intensive de l'immobilisation. Les amortissements déjà pratiqués ne sont pas remis en cause. La nouvelle base d'amortissement est la base initiale diminuée des amortissements déjà pratiqués, soit : 21 500 – 1 075 – 4 300 = 16 125 €. Il reste 2 ans et 9 mois à amortir, soit une durée totale de 33 mois.

Exercice comptable	Base amortissable	Calcul	Amortissement comptable	Valeur brute	Valeur nette comptable
N-2	21 500	21 500/5 × 3/12	1 075,00	28 000	26 925
N-1	21 500	21 500 / 5	4 300,00	28 000	22 625
N	16 125	22 625 × 12/33	5 863,64	28 000	16 761
N+1	16 125	21 500 × 12/33	5 863,64	28 000	10 898
N+2	16 125	21 500 × 9/33	4 397,73	28 000	6 500
		Total	21 500		

Application 11 Comptabiliser les amortissements comptables – p. 342

Compétence attendue : C3

1. Présentez le plan d'amortissement de ce matériel en supposant qu'il soit mis en service le 1er janvier N.

La base amortissable de l'immobilisation est de 10 000 € (valeur d'acquisition) diminuée de la valeur résiduelle de 2 000 €, soit une base de 8 000 €. La durée d'amortissement est de 4 ans, durée d'utilisation prévue par l'entreprise.

Exercice comptable	Base amortissable	Calcul	Amortissement comptable	Valeur brute	Valeur nette comptable
N	8 000	8 000/4	2 000,00	10 000	8 000
N+1	8 000	8 000/4	2 000,00	10 000	6 000
N+2	8 000	8 000/4	2 000,00	10 000	4 000
N+3	8 000	8 000/4	2 000,00	10 000	2 000
		Total	8 000		

2. Enregistrez l'écriture fin N.

	31/12/N		
6811	Dotations aux amortissements des immob. incorp. et corporelles	2 000,00	
2815	Amortissements des matériels		2 000,00
	Dotation aux amortissements du matériel		

Application 12 QCM – p. 343

Répondez par « Vrai » ou par « Faux » aux affirmations ci-dessous ou choisissez le résultat exact en donnant toutes explications utiles.

1. L'amortissement concerne les biens dont les avantages économiques qu'il procure sont consommés sur plus d'un exercice.
Vrai. Cette affirmation correspond bien à la définition d'une immobilisation amortissable. La consommation des avantages économiques procurés par cette immobilisation sur plusieurs exercices distingue l'élément d'une charge.

2. Les durées d'amortissement à pratiquer doivent répondre aux usages de la profession.
Faux. Les durées d'amortissement doivent être fixées par la direction de l'entreprise en fonction des durées d'utilisation des biens qu'elle prévoit.

3. Un brevet possédé par une entreprise lui donne une protection juridique de 10 ans ; l'entreprise compte l'utiliser durant 4 ans ; l'administration fiscale autorise l'amortissement des brevets sur 5 ans. La durée d'amortissement à retenir est de : 4 ans.
Lorsque plusieurs durées sont possibles au niveau comptable (ici 10 ans ou 4 ans), on retient obligatoirement la plus courte. L'amortissement fiscal ne doit pas guider le choix de la durée s'il ne correspond pas à une durée d'utilisation.

4. La date de début d'amortissement d'un bien est celle de son acquisition.
Faux. La date de début d'amortissement est celle à partir de laquelle le bien est en état d'être utilisé.

5. Lorsque les conditions économiques entraînent d'importantes modifications de valeur vénale d'un bien, la valeur résiduelle doit être modifiée.
Faux. La valeur résiduelle d'un élément amortissable n'est pas remise en cause une fois qu'elle a été définie.

6. La base amortissable d'une immobilisation incorporelle ou corporelle correspond au prix d'acquisition de celle-ci, diminuée de sa valeur résiduelle, nette de coûts de sortie.
Vrai. C'est bien la définition de la base amortissable.

7. L'amortissement linéaire est considéré comme étant représentatif de la consommation des avantages économiques dans le temps, en l'absence d'autres critères.
Vrai. En l'absence de critères plus techniques, l'amortissement linéaire est considéré comme étant le plus pertinent.

8. Le taux d'amortissement linéaire d'un bien amortissable en 50 ans est de 2,5 %.
Faux. Le taux correspondant à un amortissement sur 50 ans est de 100 / 50 = 2 %.

9. La somme des amortissements pratiqués à la fin de la durée d'utilisation d'un bien correspond à son coût d'acquisition ou de production.
Faux. Cette affirmation n'est valable que si la base d'amortissement est égale au coût d'acquisition ou de production du bien, donc au cas où il n'existe pas de valeur résiduelle.

10. L'amortissement d'une immobilisation décomposable se fait sur la durée d'utilisation du composant à renouveler le plus rapidement.
Faux. Chaque composant ainsi que la structure sont amortis selon sa propre durée d'utilisation.

Mettre en œuvre les compétences

Application Acquisition d'immobilisations et amortissements – p. 344

Compétences attendues : C1, C2 et C3

1. Corrigez, au 31 décembre N, l'écriture d'acquisition du nouveau camion, en donnant toutes explications utiles.

L'immobilisation doit entrer au bilan de l'entreprise à son coût d'acquisition, soit 36 000 € hors taxes ; le comptable a omis de tenir compte de l'acompte déjà versé et a enregistré le net à payer. La TVA est correctement enregistrée. Il faut donc solder le compte d'acompte en amenant la valeur d'entrée du camion à son montant exact.

		31/12/N		
2182		Matériel de transport	6 000	
	238	Avances et acomptes versés sur immob.		6 000

2. Rappeler pourquoi la constatation des amortissements à l'inventaire est obligatoire.

L'amortissement annuel constate la consommation des avantages économiques liés à l'utilisation d'une immobilisation ou au passage du temps. Ne pas le constater conduirait à ne pas respecter le principe de prudence puisque les immobilisations amortissables continueraient à figurer au bilan pour leur coût d'acquisition et seraient alors surévaluées. De même, l'annualité de l'exercice comptable ne serait pas assurée.

3. Calculez les dotations aux amortissements relatives à l'exercice N, sur les éléments anciens et nouveaux.

Camion Iveco : (26 000 – 6 000) × 1 / 4 .... 5 000 €
Voiture Citroën : (21 600 – 1 600) × 1 / 5 .... 4 000 €
Nouveau camion : (36 000 – 4 000) × 1 / 4 × 3 / 12 ...... 2 000 €
Total matériel de transport .... 11 000 €
Ordinateur IPC : 10 000 × 1 / 5 .... 2 000 €
Ordinateur IBM : 7 200 × 1 / 4 × 30 / 360 .... 150 €
Total matériel informatique .... 2 075 €
Logiciels : 3 600 × 1 / 4 × 30 / 360 .... 75 €

4. Comptabilisez les dotations aux amortissements de l'exercice N.

	31/12/N		
6811	Dotations aux amortissements des immob incorp et corporelles	13 150	
2805	Amortissements des concessions… logiciels…		75
28182	Amortissements des matériels de transport		11 000
28183	Amortissements des matériels de bureau et info.		2 075
	dotation aux amortissements de l'exercice		

Chapitre 16

La dépréciation des actifs

Comprendre les notions

Application 1 Déterminer un indice de dépréciation et étudier les conséquences d'un test de dépréciation – p. 366

Compétence attendue : C3

1. Déterminez l'indice de perte de valeur.

L'indice de perte de valeur est externe. Il existe du fait de l'impossibilité d'édifier une construction sur un terrain et de la baisse consécutive des prix des terrains.

2. Procédez au test de dépréciation pour toutes les années.

N–4 : la valeur nette comptable est de 140 000 €. Aucun indice de perte de valeur n'existe ; il n'y a rien à faire.

N–3 : l'indice de perte de valeur est le plan d'occupation des sols. Le test de dépréciation va comparer la valeur nette comptable de 140 000 € à la valeur actuelle.

Valeur d'usage : 0 € en l'absence de flux nets de trésorerie
Valeur vénale : 75 000 €
} Max = 75 000 €

VA < VNC dépréciation

Calcul de la dépréciation : 140 000 – 75 000 = 65 000 €.

La valeur nette comptable est de 75 000 € après constatation de la dépréciation.

N–2 : test obligatoire en raison de la dépréciation de N–3 :

Valeur d'usage : 0 € en l'absence de flux nets de trésorerie
Valeur vénale inchangée : 75 000 €
} Max = 75 000 €

VA = VNC aucune reprise ni dotation complémentaire

N–1 : test obligatoire en raison de la dépréciation de N–3 :

Valeur d'usage : 0 € en l'absence de flux nets de trésorerie
Valeur vénale inchangée : 75 000 €
} Max = 75 000 €

VA = VNC aucune reprise ni dotation complémentaire

N : test obligatoire en raison de la dépréciation de N–3 :

Valeur d'usage : 0 € en l'absence de flux nets de trésorerie
Valeur vénale : 140 000 €
} Max = 140 000 €

VA > VNC   reprise

La reprise sera intégrale :

VNC	75 000
VA	140 000
Reprise	65 000

Le montant maximal de la reprise est de 65 000 €, montant de la dépréciation. La reprise doit ramener la valeur nette comptable au maximum de 140 000 €, valeur d'acquisition du bien. Si la valeur vénale du terrain avait été de 150 000 € en N, la reprise aurait tout de même été de 65 000 €.

3. Procédez aux enregistrements comptables qui en découlent.

	31/12/N-3		
6816	Dotations aux dépréciations des immob. incorp. et corporelles	65 000,00	
2911	Dépréciations des terrains		65 000,00
	Dotation aux dépréciations du terrain		
	31/12/N		
2911	Dépréciations des terrains	65 000,00	
7816	Reprises sur dépréciations des terrains		65 000,00
	Reprises des dépréciations		

Application 2 Étudier la procédure de dépréciation d'une immobilisation non amortissable – p. 366

Compétences attendues : C1 et C3

1. Établissez, au moyen d'un organigramme, la procédure concernant le fonds de commerce en N.

Indice de perte de valeur ? OUI : Baisse des prix du marché liée à une baisse de fréquentation.

↓

Test de dépréciation

↓

VA = MAX { Valeur vénale : 100 000 € ; Valeur d'usage : Non } = 100 000 €

↓

VA < VNC ? Oui : 100 000 < 120 000

→ Dépréciation VNC – VA = 120 000 – 100 000 = 20 000 €

NB : le fonds commercial n'a pas de valeur d'usage car ce n'est pas directement lui qui apporte les flux de trésorerie à l'entreprise (la clientèle n'est pas « attachée » à l'entreprise) ; son caractère d'immobilisation vient du fait qu'il a été acquis et peut être revendu.

2. Enregistrez la dépréciation.

	31/12/N		
6816	Dotations aux dépréciations des immob incorp et corp.	20 000	
2907	Dépréciation des fonds commerciaux		20 000
	Dotation aux dépréciations du fonds de commerce		

3. Procédez aux ajustements nécessaires en N+1 et N+2.

En N+1, le test de dépréciation conduit à fixer la valeur actuelle aux prix du marché, c'est-à-dire à 70 % de 100 000 €, les prix ayant chuté de 30 % par rapport à l'année précédente.

VNC :.. 100 000 €
VA : 100 000 × 70 % =.. 70 000 €
Dotation complémentaire :... 30 000 €

	31/12/N		
6816	Dotations aux dépréciations des immob incorp et corp	30 000	
2907	Dépréciation des fonds commerciaux		30 000
	Dotation aux dépréciations du fonds de commerce		

En N+2, le test de dépréciation conduit à fixer la valeur actuelle au prix du marché.

Les prix restent stables.

VNC :.. 70 000 €
VA :.. 70 000 €

Pas d'ajustement en N+2.

4. Effectuez la reprise de N+4, en la justifiant.

En N+4, le test de dépréciation est reconduit. La valeur actuelle est de 140 000 €.

VNC :.. 70 000 €
VA :.. 140 000 €
Différence :... – 70 000 €

Il faut reprendre la dépréciation car la valeur actuelle est supérieure à la VNC. La reprise doit ramener la VNC à la valeur actuelle dans la limite des dépréciations comptabilisées. La dépréciation totale figurant à l'actif du bilan est de

20 000 + 30 000 = 50 000 €. La reprise est donc de 50 000 €.

	31/12/N+4		
2907	Dépréciations des fonds commerciaux	50 000	
7816	Reprises des dépréciations des immo incorp…		50 000
	Reprise de dépréciation du fonds de commerce		

Application 3 Détecter et enregistrer la dépréciation d'une immobilisation amortissable – p. 367

Compétence attendue : C3

1. Existe-t-il un indice de dépréciation ? Si oui, lequel ?

Il s'agit d'un indice externe, la mise sur le marché d'une nouvelle technologie rendant obsolète le bien. Il rend indispensable le test de dépréciation.

2. Effectuez le test de dépréciation.

Il faut avant tout déterminer la VNC du bien amortissable. Pour cela, on calcule les amortissements pratiqués :

Amortissements N : (95 000 – 15 000) × 1/5 × 6/12 =	8 000 €
Amortissements N+1 : (95 000 – 15 000) × 1/5 =	16 000 €
Amortissements N+2 : (95 000 – 15 000) × 1/5 =	16 000 €
	40 000 €

VNC = 95 000 – 40 000 = 55 000 €

Test de dépréciation : la valeur vénale est nulle :

$$VA = \text{Max}\begin{Bmatrix} \Sigma \text{ flux nets de trésorerie} = 23\,000 \times 2{,}5 = 57\,500\text{ €} \\ \text{Valeur vénale} = 0 \end{Bmatrix} = 57\,500\text{ €}$$

Les flux nets de trésorerie sont calculés sur les 2,5 années restantes d'utilisation du bien.

VA > VNC : pas de dépréciation.

3. Procédez aux enregistrements comptables nécessaires.

Le seul enregistrement comptable à effectuer est la dotation aux amortissements pour 16 000 € :

	31/12/N+2		
6811	Dotations aux amortissements	16 000,00	
28154	Amortissements des matériels		16 000,00
	Amortissement du matériel		

Application 4 Analyser et comptabiliser la dépréciation d'une immobilisation amortissable – p. 367

Compétences attendues : C1, C2 et C3

1. Peut-on dire que le bien fait l'objet d'une dépréciation ?

Il existe un indice interne de dépréciation : des raisons techniques ramènent la production de 8 000 à 4 000 unités. Il existe donc un changement important dans les performances.

2. Comment cette éventuelle dépréciation doit-elle être déterminée ?

La valeur actuelle est de 42 000 €. Il faut la comparer à la VNC par le test de dépréciation.
La VNC au 31/12/N est de 84 000 €. En effet, au 31/12/N, le bien a été amorti de 120 000 × 1/10e × 3 = 36 000 €, d'où une VNC de 120 000 – 36 000 = 84 000 €.
Compte tenu de l'évolution à la baisse des performances pour la période restante, il faut ramener la valeur du bien à la valeur actuelle par l'enregistrement d'une dépréciation au 31/12/N ; elle sera égale à 84 000 – 42 000 = 42 000 €.
La base amortissable pour la période d'utilisation restante est donc constituée de la nouvelle valeur nette comptable diminuée de la valeur vénale, c'est-à-dire ici de 42 000 €, la valeur vénale étant nulle.

3. Présentez les enregistrements comptables nécessaires au 31/12/N.

		31/12/N		
6811		Dotations aux amortissements des immobilisations	12 000,00	
	28154	Amort. des matériels industriels		12 000,00
		31/12/N		
6816		Dotations pour dépréciations des immobilisations corporelles	42 000,00	
	29154	Dépréciations des matériels industriels		42 000,00

4. Quelles sont les conséquences de cette éventuelle dépréciation sur le plan comptable (notamment sur le bilan au 31/12/N) ?

La colonne du bilan « Amortissements et dépréciations » comportera le cumul des amortissements et des dépréciations, soit 36 000 + 42 000 = 78 000 €.
En colonne « Montant net » figurera le montant de 120 000 – 78 000 = 42 000 €, qui correspond bien à la valeur d'inventaire.

Application 5 Analyser, constater et effectuer le suivi de la dépréciation d'une immobilisation amortissable – p. 367

Compétences attendues : C1 et C3

1. Dressez le plan d'amortissement initial.

	Montant brut	Base	Calculs	Amortissements	Amortissements cumulés	VNC
N-2	75 000	73 500	73 500/5 × 4/12	4 900	4 900	70 100
N-1	75 000	73 500	73 500/5	14 700	19 600	55 400
N	75 000	73 500	73 500/5	14 700	34 300	40 700
N+1	75 000	73 500	73 500/5	14 700	49 000	26 000
N+2	75 000	73 500	73 500/5	14 700	63 700	11 300
N+3	75 000	73 500	73 500/5 × 8/12	9 800	73 500	1 500
			Total	73 500		

2. Qualifiez l'indice de perte de valeur en N.

Il s'agit d'un indice interne de dépréciations, mentionné dans l'avis CNC sous l'appellation « Performances inférieures aux prévisions ».

3. Procédez au test de dépréciation et aux enregistrements nécessaires.

Il faut comparer la VNC du plan d'amortissement au 31/12/N à la valeur actuelle. La VNC est de 40 700 €. Il reste 32 mois d'utilisation de la machine.

$$\text{VA} = \text{Max}\left\{\begin{array}{l}\Sigma \text{ flux nets de trésorerie} = 9\,000 \times \dfrac{32}{12} = 24\,000\text{ €} \\ \text{Valeur vénale} = 0\end{array}\right\} = 24\,000\text{ €}$$

La dépréciation est donc de 40 700 – 24 000 = 16 700 €.

		Débit	Crédit
	31/12/N		
6811	Dotations aux amort. des immobilisations	14 700,00	
28154	Amort. des matériels industriels		14 700,00
	31/12/N		
6816	Dotations pour dépréciations des immobilisations corporelles	16 700,00	
29154	Dépréciations des matériels industriels		16 700,00

4. Établissez le nouveau plan d'amortissement.

Il reste, à partir de N, 2 ans et 8 mois d'amortissement, soit un total de 32 mois. La base amortissable est de 24 000 – 1 500 = 22 500 €. 34 300 € ont déjà été comptabilisés suite au premier plan d'amortissement.
En N+1, la dotation est de 22 500 × 12/32 = 8 437,50 €. Les amortissements cumulés en N+1 seront donc de 34 300 + 8 437,50 soit 42 737,50 €.

La VNC correspond à la valeur d'acquisition – les amortissements cumulés – les dépréciations constatées, c'est-à-dire en N+1, à 75 000 – 42 737,50 – 16 700 = 15 562,50 €.

	Base	Calculs	Amortissements	Amortissements cumulés	VNC
N+1	22 500	22 500 × 12/32	8 437,50	42 737,50	15 562,50
N+2	22 500	22 500 × 12/32	8 437,50	51 175,00	7 125,00
N+3	22 500	22 500 × 8/32	5 625,00	56 800,00	1 500,00
		Total	56 800,00		

Le plan d'amortissement peut aussi être présenté de façon à faire apparaître les dépréciations :

	Valeur brute (a)	Base	Dotations aux amortis.	Dotations cumulées (b)	Valeur actuelle	Dotation aux dépréciations	Dépréciation cumulée (c)	VNC après dépréciation (a-b-c)
N-2	75 000	73 500	4 900,00	4 900,00				70 100,00
N-1	75 000	73 500	14 700,00	19 600,00				55 400,00
N	75 000	73 500	14 700,00	34 300,00	24 000,00	16 700,00	16 700,00	24 000,00
N+1	75 000	22 500	8 437,50	42 737,50			16 700,00	15 562,50
N+2	75 000	22 500	8 437,50	61 175,00			16 700,00	7 125,00
N+3	75 000	22 500	8 437,50	66 800,00			16 700,00	1 500,00
Total			56 800,00			16 700,00		

5. Procédez à tous les enregistrements nécessaires en N+1.

En N+1, des réparations entraînent une augmentation à venir des flux nets de trésorerie. En présence d'une dépréciation en N du bien, il est obligatoire de procéder au test de dépréciation.

La VNC est de 15 562,50 €. Il reste 20 mois d'utilisation de la machine.

$$\text{VA} = \text{Max}\begin{cases} \Sigma \text{ flux nets de trésorerie} = 24\,000 \times \dfrac{20}{12} = 40\,000 \text{ €} \\ \text{Valeur vénale} = 0 \end{cases} = 40\,000 \text{ €}$$

VNC :.................................. 15 562,50
VA :...................................... 40 000,00
Différence :........................... 24 437,50

Les reprises de dépréciations ne peuvent être faites que dans la limite des dépréciations constatées. En outre, une reprise de dépréciation ne peut conduire à une VNC supérieure à celle qu'elle aurait été si aucune dépréciation n'avait été constatée. Il faut donc reprendre le plan d'amortissement initial.

Plafonds de reprise :
– la dépréciation constatée, soit 16 700 € ;
– la VNC du plan d'amortissement initial à cette date, soit 26 000 €.
La VNC ne peut être ramenée qu'à 26 000 €.
– VNC :.................................. 15 562,50
– VNC plan initial : 26 000,00
– Reprise : 10 437,50

	31/12/N+1		
6811	Dotations aux amort. des immobilisations	8 437,50	
28154	Amort. des matériels industriels		8 437,50
	31/12/N+1		
29154	Dépréciations des matériels industriels	10 437,50	
7816	Reprises sur dépréciations		10 437,50

6. Établissez, si besoin est, un nouveau plan d'amortissement.

Le nouveau plan repart de la VNC de 26 000 €. La base amortissable est de 26 000 € – 1 500 €, soit 24 500 €, à amortir sur une durée résiduelle de 1 an et 8 mois, soit 20 mois au total. Les amortissements déjà pratiqués sont de 34 300 en N, 8 437,50 en N+1 et 14 700 en N+2.

	Base	Calculs	Amortissements	Amortissements cumulés	VNC
N+2	24 500	24 500 × 12/20	14 700,00	57 437,50	11 300,00
N+3	24 500	24 500 × 8/20	9 800,00	67 237,50	1 500,00
		Total	67 237,50		

Il pourra se présenter sous une forme faisant apparaître les dépréciations :

	Valeur brute (a)	Base	Dotations aux amortis.	Dotations cumulées (b)	Valeur actuelle	Dotation aux dépréciations	Dépréciations cumulées (c)	VNC après dépréciation (a-b-c)
N-2	75 000	73 500	4 900,00	4 900,00				70 100,00
N-1	75 000	73 500	14 700,00	19 600,00				55 400,00
N	75 000	73 500	14 700,00	34 300,00	24 000,00	16 700,00	16 700,00	24 000,00
N+1	75 000	22 500	8 437,50	42 737,50		–10 437,50	6 262,50	26 000,00
N+2	75 000	24 500	14 700,00	57 437,50			6 262,50	11 300,00
N+3	75 000	24 500	9 800,00	67 237,50			6 262,50	1 500,00
Total			67 237,50			6 262,50		

Cette présentation à l'avantage de regrouper toutes les informations. La reprise en N+1 est affectée d'un signe –.

7. Présentez le bilan au 31 décembre N+2, en distinguant amortissements et dépréciations.

ACTIF	Montant brut	Amortissements et dépréciations	Montant net
Machine	75 000	57 437,50 + 6 262,50	11 300
Comptes du bilan concernés	*211*	*2815 + 2915*	*211 – (2815 + 2915)*

Les 57 437,50 correspondent à tous les amortissements cumulés, y compris ceux du 31/12/N+2. La dépréciation correspond à la dotation de 16 700 € pratiquée en N moins la reprise de 10 437,50 pratiquée en N+1. Le solde du compte 2915 est donc de 6 262,50 €.

Application 6 Déterminer et comptabiliser les dépréciations des stocks – p. 368

Compétence attendue : C3

1. Indiquez, pour chaque cas, le montant de l'éventuelle dépréciation à constater, en justifiant votre réponse.

a) Prix d'acquisition		4 600 €
Prix de vente possible	3 400 €	
Frais de livraison	– 160 €	
Valeur d'inventaire	3 240 €	– 3 240 €
Dépréciation des matières premières		1 360 €

b) Le stock d'approvisionnement doit être déprécié pour la totalité du coût d'acquisition des boîtes, soit 400 €. Sa valeur d'inventaire est nulle.

c) Coût de production	7 600 €	
Prix de vente prévu : 12 200 × 40 %	4 880 €	
Frais de vente : 12 200 × 5 %	– 610 €	
Valeur d'inventaire	4 270 €	– 4 270 €
Dépréciation des produits finis		3 330 €

2. Présentez l'écriture comptable de dotation aux dépréciations.

		31/12		
6817		Dotations aux dépréciations des actifs circulants	5 090	
	391	Dépréciations des matières premières		1 360
	392	Dépréciations des autres approvisionnements		400
	3955	Dépréciations des produits finis		3 330
		Dépréciations de l'exercice relatives aux stocks		

Application 7 Comptabiliser les dépréciations des stocks – p. 368

Compétence attendue : C3

Présentez toutes les écritures nécessaires au 31 décembre N.

• *Écritures relatives aux stocks de début d'exercice*

	31/12		
6031	Variation des stocks	164 582	
31	Matières premières		122 641
32	Autres approvisionnements		18 454
37	Stocks de marchandises		23 487
	Élimination des stocks de début d'exercice		
	id		
713	Variation des stocks	281 128	
33	En-cours de production de biens		6 978
355	Produits finis		274 150
	Élimination des stocks de début d'exercice		
	id		
391	Dépréciations des matières premières	12 500	
393	Dépréciations des en-cours de production de biens	125	
3955	Dépréciations des produits finis	6 547	
7817	Reprises sur dépréciations des actifs circulants		19 172
	Annulation des dépréciations au 31/12/N-1		

• *Écritures relatives aux stocks de fin d'exercice*

	31/12		
31	Matières premières	141 455	
32	Autres approvisionnements	16 456	
37	Stocks de marchandises	26 455	
603	Variation des stocks		184 366
	Constatation des stocks de fin d'exercice		
	id		
33	En-cours de production de biens	7 980	
355	Produits finis	301 425	
713	Variation des stocks		309 405
	Constatation des stocks de fin d'exercice		

	id		
6817	Dotations aux dépréciations des actifs circulants	21 910	
391	Dépréciations des matières premières		5 200
392	Dépréciations des autres approvisionnements		260
3955	Dépréciations des produits finis		16 450
	Dépréciations sur stocks de fin d'exercice		

Application 8 Analyser la situation de clients douteux et en traiter les conséquences – p. 369

Compétence attendue : C3

1. Analysez la situation des créances et dressez un tableau récapitulatif des dépréciations à enregistrer pour les trois premiers clients.

Pour le client Hervé, la créance TTC ne s'élève plus qu'à 1 920 – 720, soit 1 200 € TTC. Le montant HT est de 1 200 / 1,2 = 1 000 € sur lesquels une dépréciation de 80 %, soit 800 € doit être constatée.

Le client Léonce doit 2 400 € TTC, soit 2 000 € HT, lesquels devront être dépréciés en totalité.

Le client Romuald doit 4 800 € TTC, soit un montant HT de 4 000 € ; la chargée de clientèle estime pouvoir récupérer 40 % de la créance. Il faut donc envisager de déprécier la créance de 60 %, soit 2 400 €, auxquels correspond la perte prévisible.

La cliente Silvere doit 80 € HT, sans possibilité apparente de recouvrement.

Client	Montant TTC	Montant HT	Dépréciation n-1 (compte 491)	Dépréciation necessaire (compte 491)		Dotation (compte 6817)	Reprise (compte 7817)
				%	Montant		
Hervé	1 200,00	1 000,00	-	80,00%	800,00	800,00	
Léonce	2 400,00	2 000,00	-	100,00%	2 000,00	2 000,00	
Romuald	4 800,00	4 000,00	-	60,00%	2 400,00	2 400,00	
	8 400,00				Total	5 200,00	0,00

2. Dites en quoi la situation de la cliente Silvere est différente de celles des autres clients.

La cliente ne doit que 96 € TTC. La somme ne justifie pas de procédure plus lourde que des lettres de rappel, d'autant que cette cliente n'habite plus à l'adresse indiquée. Les frais de recherche et de mise en demeure seraient plus importants que la créance elle-même. La cliente doit être considérée comme irrécouvrable. Il n'y a donc pas lieu de constater de dépréciation ; il faut solder le compte par une perte sur créances irrécouvrables.

3. Procédez à tous les enregistrements comptables.

	31/12/N		
416	Clients douteux	8 400	
411	Clients		8 400
	Clients douteux N		
	id		
6817	Dotations aux dépréciations des actifs circulants	5 200	
491	Dépréciation des créances		5 200
	Dépréciations des créances		
	id		
654	Pertes sur créances irrécouvrables	80	
44571	TVA collectée	16	
411	Clients		96
	Créance irrécouvrable		

Application 9 Analyser et comptabiliser les dépréciations des créances – p. 369

Compétence attendue : C3

1. Dressez un tableau de suivi des créances clients où devront figurer le montant TTC de la créance client au 31 décembre N, son montant HT, la dépréciation figurant en compte au 31 décembre N avant dépréciation, le montant des dépréciations nécessaires en N, ainsi que les dotations et reprises.

Client	Montant TTC 31/12/N	Montant HT	Dépréciation N -1	Dépréciation nécessaire N (compte 4916)		Dotation (compte 68)	Reprise (compte 78)
				%	Montant		
Bour	1 800,00	1 500,00	1 500,00	0,00 %	0,00		1 500,00
Parsi	3 600,00	3 000,00	0,00	100,00 %	3 000,00	3 000,00	
Casto	2 000,00	1 666,67	1 250,00	100,00 %	1 666,67	416,67	
					Total	3 416,67	1 500,00

La créance du client Bour avait une dépréciation en compte de 1 500 €. Il est considéré comme irrécouvrable. La créance va donc disparaître de l'actif et doit disparaître avec elle la dépréciation constatée. Il faut donc reprendre la dépréciation.

Le client Parsi est un nouveau client douteux. Aucune dépréciation n'a été enregistrée en N-1. Il est indiqué que la créance doit être provisionnée de 100 % en N. Il convient donc de comptabiliser une dotation aux dépréciations de 3 000 €.

Le client Casto a effectué un règlement du tiers de sa dette. La créance figure donc à l'actif pour les deux tiers de 3 000 €, soit 2 000 € TTC. La créance doit être dépréciée de 100 %, soit une dépréciation de 1 666,67 €. Une dépréciation existait en N–1 pour un montant de 1 250,00 €. Il faut donc pratiquer une dotation supplémentaire de 416,67 € pour que la dépréciation atteigne le montant de 1 666,67 €.

2. Procédez aux enregistrements comptables nécessaires.

Il faut constater la créance irrécouvrable du client Bour et passer le client Parsi en client douteux :

	31/12/N		
654	Pertes sur créances irrécouvrables	1 500,00	
44551	TVA à décaisser	300,00	
416	Clients douteux		1 800,00
	Suppression du compte client douteux BOUR		
	31/12/N		
416	Clients douteux	3 600,00	
411	Clients		3 600,00
	Client douteux PARSI		

Il faut ensuite constater les dépréciations et leurs ajustements :

	31/12/N		
6817	Dotations aux dépréciations des actifs circulants	3 416,67	
491	Dépréciation des créances		3 416,67
	Dépréciations des créances CASTO et PARSI		
491	Dépréciation des créances	1 500,00	
7817	Reprises sur dépréciations des actifs circulants		1 500,00
	Reprises sur dépréciations Client BOUR		

3. Représentez l'extrait de bilan concernant les clients Bour, Casto et Parsi au 31 décembre N avant et après dépréciations de l'année en cours.

– Bilan avant

ACTIF	Montant brut	Amortissements et dépréciations	Montant net
Client BOUR	1 800,00	1 500,00	300,00
Client PARSI	3 600,00	0,00	3 600,00
Client CASTO	2 000,00	1 250,00	750,00
Total clients douteux :	7 400,00	2 750,00	4 650,00

– Bilan après

ACTIF	Montant brut	Amortissements et dépréciations	Montant net
Client PARSI	3 600,00	3 000,00	600,00
Client CASTO	2 000,00	1 666,67	333,33
Total clients douteux :	5 600,00	4 666,67	933,33

Application 10 Calculer et comptabiliser les dépréciations de titres – p. 370

Compétence attendue : C3

1. Calculez la valeur d'inventaire des titres détenus par la société Rembrant.

Titres	Commentaires	Valeur d'inventaire
• Actions A	Elles sont évaluées à leur valeur d'utilité et non au cours boursier, soit à 6 000 × 56 €	336 000 €
• Parts sociales B	200 × 160 €	32 000 €
• Actions C	Moyenne : (43,45 + 44,55)/2 = 44 € soit 1 200 × 44 €	52 800 €
• Parts sociales D	100 × 42 €	4 200 €
• Actions E	(600 – 400) × 12,30 €	2 460 €
• Actions F	80 × 20,80 €	1 664 €
• Actions G	Valeur vénale d'un titre : 29 500/500 = 59 € soit 210 × 59 €	12 390 €
• SICAV H	Valeur droit de sortie déduit : 81,20 – (80 × 3 %) = 78,80 € soit 500 × 78,80	39 400 €

2. Présentez, sous forme de tableau, le calcul des dotations et reprises sur dépréciations.

Titres	Coût d'acquisition	Valeur d'inventaire	Dépréciation nécessaire	Dépréciation existante	Dotations	Reprises
A	360 000	336 000	24 000	30 000		6 000
B	20 000	32 000				
C	54 720	52 800	1 920	720	1 200	
D	3 550	4 200				
E	2 480	2 460	20	900		880
F	1 688	1 664	24		24	
G	12 768	12 390	378	168	210	
H	40 000	39 400	600		600	
Σ			26 942	31 788	2 034	6 880

3. Enregistrez toutes les écritures nécessaires à la clôture de l'exercice N.

	31/12/N		
6866	Dotations aux dépréciations des éléments financiers	2 034,00	
2973	Dépréciations des TIAP		1 200,00
5903	Dépréciations des VMP – Actions		834,00
	Dotations N aux dépréciations sur titres		
	id		
2961	Dépréciations des titres de participation	6 000,00	
5903	Dépréciations des VMP – Actions	880,00	
7866	Reprises sur dépréciations des éléments financ.		6 880,00
	Reprises N sur dépréciations des titres		

Application 11 Évaluer et comptabiliser la dépréciation de titres acquis en devises – p. 371

Compétence attendue : C3

1. Calculez la valeur d'inventaire des actions Schiele SA et les dépréciations éventuelles fin N–1 et fin N.

La valeur d'inventaire est déterminée sur la base du cours moyen en devise du dernier mois de l'exercice, converti en euros au taux de conversion de la date de clôture.

Coût d'acquisition des titres Schiele : 500 × 67 / 0,88 = 38 068,18 €.

– Fin N–1 : valeur d'inventaire : 500 × 67,80 / 0,83 = 40 843,37 €.

Aucune dépréciation n'a été constatée.

– Fin N : valeur d'inventaire : 500 × 66,50 / 0,79 = 42 088,61 €.

Aucune dépréciation n'est nécessaire. On constate que la baisse des cours est compensée par la hausse du cours de l'euro par rapport au dollar américain.

2. Calculez la dépréciation des obligations Goya fin N–1 et fin N.

Coût d'acquisition des obligations Goya : 2 000 × 10 € × 107 % = 21 400 €.

– Fin N–1 : valeur d'inventaire : 2 000 × 10 € × 103 % = 20 600 €.

Dépréciation : 21 400 – 20 600 = 800 €.

– Fin N : valeur d'inventaire : 2 000 × 10 € × 99,6 % = 19 920 €.

Dépréciation nécessaire : 21 400 – 19 920 = 1 480 €.

Dépréciation à doter au titre de N : 1 480 – 800 = 680 €.

3. Présentez au journal les écritures nécessaires fin N.

	31/12/N		
6866	Dotations aux dépréciations des éléments financiers	680,00	
5906	Dépréciations des VMP – Obligations		680,00
	Dotation N sur obligations Goya		

Application 12 QCM – p. 371

Répondez par « Vrai » ou par « Faux » aux affirmations ci-dessous ou choisissez le résultat exact en donnant toutes explications utiles.

1. Une dépréciation se définit comme une perte notable de valeur d'un élément d'actif.
Vrai. La dépréciation est bien la constatation d'une perte de valeur significative.

2. Une perte de valeur est constatée en comptabilité, qu'elle soit réversible ou irréversible.
Vrai. La perte de valeur peut n'être que provisoire ; mais le bilan doit donner l'évaluation des éléments d'actif à une date donnée et doit donc en tenir compte.

3. Les flux nets de trésorerie générés par une immobilisation sont calculés sur sa durée d'utilisation.
Faux. Les flux nets de trésorerie sont calculés sur la durée d'utilisation si celle-ci est inférieure à cinq ans.

4. Un test de dépréciation n'est pratiqué que s'il existe un indice interne ou externe de dépréciation.
Faux. L'affirmation n'est exacte que pour les nouveaux tests de dépréciation à pratiquer. En revanche, le test de dépréciation doit être systématiquement pratiqué sur les actifs ayant déjà fait l'objet d'un test antérieur.

5. Le plan d'amortissement d'une immobilisation amortissable doit être modifié dès la fin de l'exercice de constatation d'une dépréciation.
Faux. La modification du plan d'amortissement suite à la constatation d'une dépréciation est prospective : les annuités seront modifiées à compter de l'exercice suivant la comptabilisation de la dépréciation.

6. Une immobilisation a été acquise pour 100 000 € le 1er janvier N. Elle est amortie en linéaire sur 5 ans, sans valeur résiduelle. Fin N+2, une dépréciation de 10 000 € est constatée. La dotation aux amortissements N+3 est de : 15 000 €.
VNC après amortissements au 31/12/N+2 : 100 000 × 2/5 = 40 000 €.
Base d'amortissement pour N+3 : 40 000 – 10 000 = 30 000 €.
Dotation N+3 : 30 000 / 2 = 15 000 €.

7. Une dépréciation doit être constatée sur les stocks lorsque leur valeur de marché est inférieure à leur coût d'acquisition ou de production.

Faux. Le coût d'acquisition doit être comparé à la valeur de marché diminuée des frais restant à engager pour la cession des stocks.

8. Des marchandises figurent en stock de fin d'exercice pour 10 000 €. Leur prix de vente probable est de 9 000 €. Les frais de distribution sont estimés à 500 €. Une dotation aux dépréciations doit être constatée pour un montant de : 1 500 €.
Valeur d'inventaire du stock : 9 000 – 500 = 8 500 €.
Dépréciation : 10 000 – 8 500 = 1 500 €.

9. Seul le montant hors taxes d'une créance sujette à dépréciation est viré au compte « 416. Clients douteux ou litigieux ».
Faux. La créance sur le client n'est pas divisée en deux parties, même si l'entreprise doit normalement pouvoir récupérer la TVA.

10. Une créance de 6 000 € a donné lieu à la constatation, fin N–1, d'une dépréciation de 3 000 €. Fin N, on considère que l'on ne pourra récupérer que 20 % de la créance. La dotation complémentaire à la dépréciation est de : 1 000 € (créance HT : 6 000 / 1,20 = 5 000 € ; dépréciation nécessaire : 5 000 × 80 % = 4 000 € ; dotation complémentaire : 4 000 – 3 000 = 1 000 €).

11. Les titres de participation sont évalués en fin d'exercice au cours moyen du dernier mois, lorsqu'ils sont cotés en Bourse.
Faux. Pour les titres de participation, la valeur d'inventaire est basée sur la valeur d'utilité des titres de participation. Celle-ci tient compte de la valeur boursière, mais ce n'est pas le seul critère à retenir.

12. Les titres immobilisés de l'activité de portefeuille sont évalués en fin d'exercice selon leur valeur de marché.
Vrai. La valeur de marché peut caractériser la valeur des TIAP puisqu'ils sont acquis dans le cadre d'une activité de portefeuille.

13. Les dotations et reprises sur dépréciations des titres sont des éléments du résultat financier.
Vrai. Ces dotations et reprises sont des charges et produits calculés qui entrent dans le résultat financier.

14. Des titres A ont été acquis pour 10 000 € et des titres B pour 20 000 €. À la fin de l'exercice, leur valeur, calculée selon le cours moyen du dernier mois, est de 11 200 € pour les titres A et de 18 000 € pour les titres B. La dépréciation est à constater pour un montant de : 2 000 €.
La moins-value latente sur les titres B (20 000 – 18 000 = 2 000 €) ne peut pas être compensée par la plus-value latente sur les titres A.

Mettre en œuvre les compétences

Application 1 Dépréciation d'une immobilisation amortissable – p. 373

Compétences attendues : C1, C2 et C3

1. Rappelez la différence entre l'amortissement et la dépréciation d'une immobilisation corporelle.

L'amortissement est une charge qui constate la consommation dans le temps des avantages économiques liés à une immobilisation ; cette charge est irréversible.
La dépréciation est une charge qui constate la perte de valeur de cette immobilisation due à une cause interne ou externe non prévue initialement ; cette charge n'est pas irréversible.

2. Indiquez quel principe comptable entraîne la nécessité de pratiquer un test de dépréciation.

Il s'agit du principe de prudence en vertu duquel une charge doit être constatée dès qu'on en a connaissance et qu'on est en mesure d'en évaluer le montant afin de ne pas la reporter sur un exercice ultérieur.

3. Établissez le plan d'amortissement initial.

	Valeur brute (a)	Base	Dotations aux amortis.	Dotations cumulées (b)	VNC = a – b (c)
N-4	160 000	160 000	20 000	20 000	140 000
N-3	160 000	160 000	20 000	40 000	120 000
N-2	160 000	160 000	20 000	60 000	100 000
N-1	160 000	160 000	20 000	80 000	80 000
N	160 000	160 000	20 000	100 000	60 000
N+1	160 000	160 000	20 000	120 000	40 000
N+2	160 000	160 000	20 000	140 000	20 000
N+3	160 000	160 000	20 000	160 000	0
Total			130 000		

4. Comptabilisez les amortissements de N.

		31/12		
6811		Dotations aux amort. des immobilisations incorp. et corp.	20 000	
	28154	Amortissements des matériels		20 000

5. Procédez au test de dépréciation et comptabilisez la dépréciation.

La valeur nette comptable au moment du test est de 60 000 €. La valeur actuelle est de 30 000 €. Il faut donc doter une dépréciation égale à la différence pour ramener la VNC à la valeur actuelle du bien. La dépréciation est donc de 30 000 €.

	31/12		
6816	Dotations aux dépréc. des immo. incorpo. et corpo.	30 000	
29154	Dépréciations des matériels		30 000

6. Présentez le nouveau plan d'amortissement.

Le nouveau plan d'amortissement correspond à la partie grisée. La nouvelle base amortissable est la VNC après dépréciation comptabilisée en N, le bien n'ayant aucune valeur résiduelle ; elle est de 30 000 € et s'amortit sur la durée résiduelle de 3 ans.

	Valeur brute (a)	Base	Dotations aux amortis.	Dotations cumulées (b)
N-4	160 000	160 000	20 000	20 000
N-3	160 000	160 000	20 000	40 000
N-2	160 000	160 000	20 000	60 000
N-1	160 000	160 000	20 000	80 000
N	160 000	160 000	20 000	100 000
N+1	160 000	30 000	10 000	110 000
N+2	160 000	30 000	10 000	120 000
N+3	160 000	30 000	10 000	130 000
Total			130 000	

Valeur actuelle	Dotation aux dépréciations	Dépréciation cumulée (c)	VNC après dépréciation (a-b-c)
			140 000
			120 000
			100 000
			80 000
30 000	30 000	30 000	30 000
		30 000	20 000
		30 000	10 000
		30 000	0
	30 000		

Application 2 Cas de synthèse – Amortissements, dépréciations, stocks et opérations sur VMP – p. 373

Compétence attendue : C3

1. Calculez les amortissements et la dépréciation relatifs au matériel industriel, au 31 décembre N, et indiquez, sans faire les calculs, comment sera calculée la dotation aux amortissements au titre de N+1.

Amortissements au 31 décembre N :

N-2 : : (140 000 – 20 000) × 2,5 / 6 = 50 000 €.

Valeur nette comptable après amortissements : 140 000 – 50 000 = 90 000 €.
Dépréciation à constater au 31 décembre N : 90 000 – 70 000 = 20 000 €.
Dotation aux amortissements fin N+1 : (70 000 – 20 000) × 1 / 3,5.

2. Présentez une analyse des créances douteuses dans un tableau et enregistrez les écritures nécessaires au 31 décembre N.

Noms	Créance au 31/12		Dépr. au 31/12/N	Dépr. au 01/01/N	Enregistrements N		
	TTC	HT			6817	7817	654
Beghin	7 200	6 000	0	2 600		2 600	6 000
Delsey	3 600	3 000	600	1 100		500	
Lagache	1 200	1 000	200		200		
Tison	600	500					500
					200	3 100	6 500

	31/12/N		
416	Clients douteux	1 200	
411	Clients		1 200
	Client Lagache		
	id		
6817	Dotations aux dépréciations des actifs circulants	200	
491	Dépréciations des comptes de clients		200
	Client Lagache		
	id		
491	Dépréciations des comptes de clients	3 100	
7817	Reprises sur dép. des actifs circulants		3 100
	Clients Beghin et Delsey		
	id		
654	Pertes sur créances irrécouvrables	6 500	
44551	TVA à décaisser	1 300	
411	Clients		600
416	Clients douteux		7 200
	Clients Tison et Beghin		

3. Présentez les écritures du 31 décembre N relatives aux stocks.

	31/12/N		
603	Variations des stocks	200 000,00	
713	Variations des stocks	300 000,00	
31	Matières premières		200 000,00
355	Produits finis		300 000,00
	Élimination des stocks de début d'exercice		
	id		
31	Matières premières	210 000,00	
355	Produits finis	320 000,00	
603	Variations des stocks		210 000,00
713	Variations des stocks		320 000,00
	Stocks de fin d'exercice		
	id		
391	Dépréciations des matières premières	4 000,00	
3955	Dépréciations des produis finis	6 000,00	
7817	Reprises sur dépréciations des actifs circulants		10 000,00
	Dépréciations sur stocks de début d'exercice		
	id		
6817	Dotations aux dépréciations des actifs circulants	12 000,00	
391	Dépréciations des matières premières		3 000,00
3955	Dépréciations des produis finis		9 000,00
	Dépréciations sur stocks de fin d'exercice		

4. Rectifiez l'écriture de cession des valeurs mobilières de placement et présentez, au 31 décembre N, les écritures qui s'imposent.

Prix d'acquisition unitaire des titres Arbal :
– premier lot : 80 000 / 200 = 400 €
– second lot : 58 000 / 100 = 580 €
Prix d'acquisition des titres cédés : (200 × 400) + (50 × 580) = 109 000 €.
Perte sur cession : 87 500 – 109 000 = – 21 500 €

	31/12/N		
503	VMP - Actions	87 500	
667	Charges nettes sur cessions de VMP		87 500
	rectification de l'écriture de cession		
	id		
667	Charges nettes sur cessions de VMP	109 000	
503	VMP - Actions		109 000
	sortie des titres cédés		

Solde du compte VMP – Actions : 50 x 580 = 29 000 €
Valeur d'inventaire des titres au 31/12/N–1 : 300 × 430 € = 129 000 €.
Prix d'acquisition des 300 titres : 80 000 + 58 000 = 138 000 €.

Dépréciation constatée au 31/12/N–1 : 138 000 – 129 000 = 9 000 €.
Dépréciation au 31/12/N : 50 × (580 – 520) = 3 000 €.
Reprise sur dépréciation : 9 000 – 3 000 = 6 000 €.

	31/12/N		
5903	Dépréciations des VMP - Actions	6 000	
7866	Reprises sur dép. des éléments financiers		6 000
	Ajustement de la dépréciation sur titres Arbal		

Chapitre 17

Les provisions

Comprendre les notions

Application 1 Définir les passifs au regard des opérations d'inventaire – p. 386

Compétences attendues : C1 et C2

Indiquez, pour chaque cas, si l'opération entraîne la constatation d'un passif au titre de l'exercice N en donnant toutes les justifications.

N°	Dette	Provision	Commentaires
1	×		L'emprunt constitue une dette financière.
2			Passif éventuel, ne figure pas au bilan.
3			Ne concerne pas l'exercice clos au 31/12/N.
4		×	Provision pour impôt, à payer ultérieurement.
5		×	Provision pour risques.
6	×		La dette envers les clients concerne bien l'exercice N.
7		×	Provision pour remise en état, à constituer à la clôture de l'exercice N.
8			Ce n'est pas un passif, mais un actif : créance sur un fournisseur.
9	×		Dette, car le montant et l'échéance sont connus avec précision.
10			Ce n'est pas un passif car la provision ne serait fondée que sur des éléments qui manquent totalement de précision

Application 2 Déterminer, calculer et comptabiliser les provisions – p. 386

Compétences attendues : C1 et C3

Précisez le traitement comptable à appliquer à chaque cas, puis passez les éventuelles écritures correspondantes.

1. Litige avec le client : il s'agit d'une provision pour litiges qui doit être dotée de
3 000 + 2 500 = 5 500 € :

	31-déc		
6815	Dotations aux provisions d'exploitation	5 500,00	
1511	Provisions pour litiges		5 500,00
	Litige en cours avec un client		

2. Travaux de renforcement de la sécurité : les dépenses liées à la sécurité et à l'environnement doivent obligatoirement être constatées en immobilisations ; les dépenses que l'entreprise engagera en N+2 seront inscrites à l'actif du bilan. Il n'est pas possible de constituer une provision pour des immobilisations à acquérir ou à produire ultérieurement.

3. Accident dans une usine : aucune provision ne peut être constituée car son évaluation ne reposerait pas sur des bases stables. Mais, en raison de l'importance probable des dépenses, une mention doit être portée dans l'annexe des problèmes survenus et des risques encourus.

4. Plan social : la décision n'étant pas définitive, il n'est pas possible de créer une provision. La charge concernera l'exercice N+1.

5. Coût de service après-vente : un calcul statistique du taux annuel et du taux moyen peut être effectué :

Années	Coût des réparations	Chiffre d'affaires	%
N-3	1 758 645	236 478 000	0,74 %
N-2	1 812 574	241 843 000	0,75 %
N-1	2 441 585	274 593 000	0,89 %
Moyenne	2 004 268	250 971 333	0,80 %

Malgré une forte augmentation en N–1, on peut estimer que la moyenne des trois dernières années est représentative du coût des retours.
La dotation de la fin N sera donc de 260 000 000 × 0,80 % = 2 080 000 €.
Il faudra également reprendre la provision dotée fin N–1.

	31-déc		
6815	Dotations aux provisions d'exploitation	2 080 000	
1512	Provisions pour garanties données aux clients		2 080 000
	Coût estimé des réparations sur ventes N		
	id		
1512	Provisions pour garanties données aux clients	2 025 000	
7815	Reprises sur provisions d'exploitation		2 025 000
	Reprise de la dotation N-1		

Application 3 Assurer le suivi d'une provision pour risques – p. 387

Compétences attendues : C1 et C3

Présentez toutes les écritures jugées nécessaires au titre des exercices N–1 à N+2.

À la clôture de l'exercice N–1, aucun élément précis ne permet de constituer une provision pour litiges.

Fin N, les éléments sont réunis pour la constitution d'une provision : action en justice et évaluation assez précise des charges probables :

12 000 + 2 000 + 3 600 = 17 600 €.

On peut considérer que ce genre de problème est rare et que la charge est exceptionnelle et non liée à l'exploitation.

	31/12/N		
6875	Dotations aux provisions exceptionnelles	17 600,00	
1511	Provisions pour litiges		17 600,00
	Litige en cours avec un client		

Fin N+1, les éléments prévisionnels sont plus précis ; la provision doit être portée à 15 000 + 3 000 + 4 000 = 22 000 €.

	31/12/N+1		
6875	Dotations aux provisions exceptionnelles	4 400,00	
1511	Provisions pour litiges		4 400,00
	Ajustement de la provision : 22 000 – 17 600 = 4 400 €		

Le 15 juin N+2, les charges réelles et leur paiement sont constatés.

	15/06/N+2		
622	Rémunérations d'intermédiaires et honoraires	4 000,00	
44566	TVA sur autres biens et services	800,00	
671	Charges exceptionnelles sur opérations de gestion	16 100,00	
512	Banque		20 900,00
	Paiements suite à décision de justice et frais d'avocat		

À la fin de l'exercice N+2, la provision n'a plus lieu d'être et est reprise.

	31/12/N+2		
1511	Provisions pour litiges	22 000,00	
7875	Reprises sur provisions exceptionnelles		22 000,00
	Clôture de l'action		

Application 4 QCM – p. 387

Répondez par « Vrai » ou par « Faux » aux affirmations ci-dessous en donnant toutes explications utiles.

1. Pour qu'une provision puisse être comptabilisée, il faut que le risque ou la charge à constater soient définis avec une probabilité importante.
Vrai. Il ne serait pas possible de constater cette provision si la probabilité de survenance du risque ou de la charge n'était pas conséquente.

2. Un passif est toujours une sortie de ressource future pour l'entité.
Faux. Les capitaux propres sont des passifs mais ne correspondent pas à des sorties futures de ressources. De plus, certaines provisions peuvent concerner des problèmes qui n'amèneront pas de sorties de ressources lorsque de nouveaux éléments les remettent en cause (une probabilité importante n'est pas une certitude).

3. En raison de leur caractère, les dotations aux provisions sont toujours des charges exceptionnelles.
Faux. La nature de la charge dépend de son caractère : exploitation, financière ou exceptionnelle.

4. La constatation d'un composant de deuxième catégorie est une méthode préférentielle et doit être privilégiée par rapport à la provision pour gros entretien ou grandes révisions.
Faux. Le plan comptable n'indique pas de méthode préférentielle pour la comptabilisation des travaux de gros entretien ou grandes révisions.

5. Les dotations aux provisions pour remise en état sont obligatoires lorsque l'entreprise y est confrontée.
Vrai. L'entreprise ne peut pas se soustraire à cette obligation, sous peine de surévaluer sa valeur.

6. Une dotation aux provisions doit être maintenue au bilan pour le même montant tant que la charge effective n'a pas été engagée.
Vrai. Oui, sauf si la probabilité de réalisation ultérieure de la charge n'est plus effective.

7. Les passifs éventuels sont exclus des informations fournies par la comptabilité.
Faux. Ils figurent dans l'annexe, à condition qu'ils soient significatifs.

Mettre en œuvre les compétences

Application 1 Provision pour gros entretien ou grande révision – p. 388

Compétences attendues : C1, C2 et C3

1. Comptabilisez les écritures de l'exercice N dans chacune des méthodes.

• *Provision pour gros entretien et grandes révisions :*

Dotation aux amortissements du matériel : 60 000 × 1/6 × 6/12 = 5 000 €.

Dotation aux provisions : 7 500 × 1/3 × 6/12 = 1 250 € (la provision est calculée sur la base du prix prévu lors des dépenses à réaliser ; sa constitution est étalée sur la durée séparant l'acquisition du bien et la date prévue pour réaliser les travaux).

	01/07/N		
2154	Matériels industriels	60 000,00	
44562	TVA sur immobilisations	12 000,00	
404	Fournisseurs d'immobilisations		72 000,00
	Acquisition d'un matériel		
	31/12/N		
6811	Dotations aux amortissements des immobilisations	5 000,00	
28154	Amortissements des matériels industriels		5 000,00
	Dotation N		
	id		
6815	Dotations aux provisions d'exploitation	1 250,00	
1572	Provisions pour gros entretien et grandes réparat.		1 250,00
	Dotation N		

• *Composant de 2ᵉ catégorie :*

Coût attribué au composant : 6 000 € (montant de la dépense d'entretien si elle était réalisée le jour de l'acquisition du bien).

Coût de la structure : 60 000 – 6 000 = 54 000 €.

	01/07/N		
21541	Matériels industriels – Structure	54 000,00	
21542	Matériels industriels – Entretien	6 000,00	
44562	TVA sur immobilisations	12 000,00	
404	Fournisseurs d'immobilisations		72 000,00
	Acquisition d'un matériel		

Dotation aux amortissements du matériel – structure :

54 000 × 1/6 × 6/12 = 4 500 €.

Dotation aux amortissements du matériel – entretien :

6 000 × 1/3 × 6/12 = 1 000 €.

	31/12/N		
6811	Dotations aux amortissements des immobilisations	5 500,00	
281541	Amortissements des matériels indus. – Structure		4 500,00
281542	Amortissements des matériels indus. – Entretien		1 000,00
	Dotations N		

2. Présentez les écritures de l'exercice N+3 dans chacune des méthodes.

• *Provision pour gros entretien et grandes révisions :*

Début juillet N+3, seules les dépenses externes font l'objet d'un enregistrement comptable car les autres dépenses ont déjà été comptabilisées (achats de matières premières) ou le seront (charges de personnel).

Une dotation complémentaire à la provision est effectuée pour le premier semestre ; la provision est ensuite reprise.

Comme le matériel sera utilisé pendant encore 3 ans après les travaux d'entretien, il ne sera plus nécessaire de réaliser d'autres travaux au terme de ces trois ans ; aucune dotation ne sera donc effectuée à compter de juillet N+3.

	01/07/N+3		
615	Travaux d'entretien	4 200,00	
44566	TVA sur autres biens et services	840,00	
401	Fournisseurs		5 040,00
	Gros entretien sur matériel		
	31/12/N+3		
6811	Dotations aux amortissements des immobilisations	10 000,00	
28154	Amortissements des matériels industriels		10 000,00
	Dotation N+3 : 60 000 × 1/6		
	id		
6815	Dotations aux provisions d'exploitation	1 250,00	
1572	Provisions pour gros entretien et grandes réparat.		1 250,00
	Complément de dotation N+3 : 7 500 × 1/3 × 6/12		
	id		
1572	Provisions pour gros entretien et grandes réparations	7 500,00	
7815	Reprises sur provisions d'exploitation		7 500,00
	Annulation de la provision totale		

• *Composant de 2e catégorie :*

Les travaux d'entretien de début juillet sont considérés comme une acquisition d'un nouveau composant, pour leur coût total, y compris les charges internes, qui constituent de la production immobilisée. Seule la facture de l'entreprise spécialisée fait l'objet d'une TVA déductible.

	01/07/N+3		
21542	Matériels industriels - Entretien	7 000,00	
44562	TVA sur immobilisations	840,00	
722	Production immobilisée - Immobilisations corpor.		2 800,00
404	Fournisseurs d'immobilisations		5 040,00
	Acquisition d'un matériel		

À la fin de l'exercice, l'ancien composant doit encore être amorti durant 6 mois ; il est ensuite sorti du patrimoine par une écriture d'annulation des comptes de montant brut et d'amortissements. La structure et le nouveau composant entretien sont ensuite amortis.

Amortissement N+3 du nouveau composant entretien :

$$7\,000 \times 1/3 \times 6/12 = 1\,666{,}67\ €.$$

	31/12/N+3		
6811	Dotations aux amortissements des immobilisations	1 000,00	
281542	Amortissements des matériels indus - Entretien		1 000,00
	Dotation N+3 pour le 1er semestre : 6 000 × 1/3 × 6/12		
	id		
281542	Amortissements des matériels industriels - Entretien	6 000,00	
21542	Matériels industriels - Entretien		6 000,00
	Annulation de l'ancien composant entretien		
	id		
6811	Dotations aux amortissements des immobilisations	10 166,67	
281541	Amortissements des matériels indus - Structure		9 000,00
281542	Amortissements des matériels indus - Entretien		1 166,67
	Dotation N+3 (second semestre pour l'entretien, année pour la structure)		

3. Présentez, en deux tableaux, les comparaisons des charges annuelles et totales pour les années N à N+6, en mentionnant l'incidence annuelle et totale sur le résultat.

• *Provision pour gros entretien et grandes révisions*

Années	Dotations aux amortissements	Dotations aux provisions	Reprises sur provisions	Charges d'entretien (1)	Incidence sur le résultat
N	5 000	1 250			–6 250
N+1	10 000	2 500			–12 500
N+2	10 000	2 500			–12 500
N+3	10 000	1 250	7 500	7 000	–10 750
N+4	10 000				–10 000
N+5	10 000				–10 000
N+6	5 000				–5 000
Totaux	60 000	7 500	7 500	7 000	–67 000

(1) La charge effective est de 7 000, total des charges externes et internes

• *Composant de 2e catégorie*

Années	Dotations structure	Dotations composant	Incidence sur le résultat
N	4 500	1 000	– 5 500
N+1	9 000	2 000	– 11 000
N+2	9 000	2 000	– 11 000
N+3	9 000	2 167	– 11 167
N+4	9 000	2 333	– 11 333
N+5	9 000	2 333	– 11 333
N+6	4 500	1 167	– 5 667
Totaux	54 000	13 000	– 67 000

Dotation N+3 pour le composant : (6 000 × 1/3 × 6/12) + (7 000 × 1/3 × 6/12).

4. Concluez sur la comparaison des deux méthodes au niveau de l'incidence sur le résultat.

Le résultat global est affecté de la même manière quelle que soit la méthode ; il correspond au coût total d'acquisition du matériel (60 000 €) augmenté du coût des dépenses de gros entretien (7 000 €).

Avec la méthode de la provision, le maximum de charges est reporté sur le résultat en début du cycle d'utilisation du matériel, ce qui ne respecte pas forcément la réalité : les dépenses relatives à un matériel augmentent souvent avec son vieillissement.

La méthode des composants semble donc mieux respecter la réalité en répartissant les charges d'entretien sur toute la durée d'utilisation du matériel ; de plus, elle permet d'obtenir un résultat plus lisse qu'avec la méthode de la provision.

Application 2 Cas de synthèse – Amortissements, dépréciations, provisions, valeurs mobilières de placement et stocks – p. 389

Compétences attendues : C1 et C3

1. Après avoir mis en évidence la base amortissable du matériel A, construisez le tableau d'amortissement correspondant aux indications données.

Prix d'acquisition	125 000 €
Frais de transport	1 000 €
Frais de mise en service	2 000 €
Coût d'acquisition	128 000 €
Valeur résiduelle	– 10 000 €

Base amortissable .... 118 000 €

Le plan d'amortissement est établi en fonction du nombre d'articles produits, soit 53 000 unités.

Années	Calculs	Dotations	VNC
N	118 000 x 9 000 / 53 000	20 037,74	107 962,26
N+1	118 000 x 12 000 / 53 000	26 716,98	81 245,28
N+2	118 000 x 16 000 / 53 000	35 622,64	45 622,64
N+3	118 000 x 16 000 / 53 000	35 622,64	10 000,00
Total		118 000,00	

2. Que représente la valeur actuelle d'une immobilisation pour le plan comptable général ?

La valeur actuelle est la plus élevée de la valeur vénale et de la valeur d'usage.

3. Présentez le tableau de suivi du moteur du matériel B (mise en évidence des amortissements et dépréciations).

Années	Plan initial		Plan rectifié		Valeur actuelle	Dépréciations		VNC
	Dotations	VNC	Dotations	Cumul		Dot/Repr	Cumul	
N	15 000	45 000	15 000	15 000	55 000			45 000
N+1	15 000	30 000	15 000	30 000	26 000	4 000	4 000	26 000
N+2	15 000	15 000	13 000	43 000	17 000	-2 000	2 000	15 000
N+3	15 000	0	15 000	58 000	0		2 000	0
Total	60 000		58 000			2 000		

Dotation aux amortissements N+2 : 26 000 × 1 / 2 = 13 000 €

En N+2, il faut effectuer une reprise de dépréciation de 2000 €. En effet, la valeur nette comptable est à cette date de :

60 000 – cumul des amortissements pratiqués (15 000 + 15 000 + 13 000) – dépréciations (4 000), soit 13 000 €. Cette valeur nette comptable est à comparer avec la valeur actuelle de 17 000 €. Il convient donc d'effectuer une reprise. Elle ne sera que de 2 000 € et non du différentiel de 4 000 € car la VNC ne peut pas être supérieure à ce qu'elle aurait été en appliquant le plan d'amortissement initial, soit 15 000 €.

4. Comptabilisez les écritures relatives au matériel B le 31 décembre N+1.

Dotations aux amortissements des autres éléments : 40 000 × 1/5 = 8 000 €.

31/12/N+1

6811	Dotations aux amortissements des immobilisations	23 000	
2815421	Amortissements des matériels – Moteur		15 000
2815422	Amortissements des matériels – Autres éléments		8 000
	Dotations N+1		
	id		
6816	Dotations aux dépréciations des immobilisations	4 000	
2915421	Dépréciations des matériels – Moteur		4 000
	Dépréciation N+1		

5. Dans un tableau, mettez en évidence les ajustements de dépréciations au 31/12/N.

Titres	Nombre	Valeur d'achat	Valeur d'inventaire	Dépréc. N	Dépréc. N-1	Dotations	Reprises
AGF	120	9 000	5 400	3 600	4 620		1 020
BNP Paribas	260	16 120	13 000	3 120	3 600		480
DANONE	350	25 000	24 500	500		500	
TOTAL	80	9 760	15 200				
Total VMP		59 880	58 100	7 220	8 220	500	1 500
VINCI	300	21 000	27 000				
Total TIAP		21 000	27 000	0		0	0

6. Reconstituez les écritures de cession de titres de l'exercice.

août N

512	Banque	10 380,00	
627	Services bancaires	100,00	
44566	TVA sur autres biens et services	20,00	
767	Produits nets sur cessions de VMP		10 500,00
	Prix de cession des actions BNP Paribas		
	id		
767	Produits nets sur cessions de VMP	8 680,00	
503	VMP - Actions		8 680,00
	Prix d'acquisition des actions BNP Paribas cédées		

id

512	Banque	8 404,00	
627	Services bancaires	80,00	
44566	TVA sur autres biens et services	16,00	
767	Produits nets sur cessions de VMP		8 500,00
	Prix de cession des actions AGF		
	id		
767	Produits nets sur cessions de VMP	7 500,00	
503	VMP – Actions		7 500,00
	Prix d'acquisition des actions AGF cédées		

7. Procédez aux régularisations d'inventaire fin N au journal.

	31/12/N		
6866	Dotations aux dépréciations des éléments financiers	500,00	
5903	Dépréciation des VMP – Actions		500,00
	Dotations N sur titres DANONE		
	id		
5903	Dépréciations des VMP – Actions	1 500,00	
7866	Reprises sur dépréciations des éléments financ.		1 500,00
	Reprise N sur titres AGF et BNP Paribas		

8. Procédez aux enregistrements comptables qui s'imposent au 31 décembre N.

– Créance douteuse

	31/12/N		
416	Clients douteux	4 200,00	
411	Clients		4 200,00
	Client Catherine		
	id		
6817	Dotations aux dépréciations des actifs circulants	2 100,00	
491	Dépréciations des comptes de clients		2 100,00
	Client Catherine : 4 200 / 1,20 × 60 %		

– Créance irrécouvrable

	31/12/N		
654	Pertes sur créances irrécouvrables	5 000,00	
44551	TVA à décaisser	1 000,00	
416	Clients douteux		6 000,00
	Client Lainé		
	id		
491	Dépréciations des comptes de clients	2 000,00	
7817	Reprises sur dépréciations des actifs circulants		2 000,00
	Client Lainé		

– Provisions pour litiges

	31/12/N		
1511	Provisions pour litiges	2 500,00	
7815	Reprises sur provisions d'exploitation		2 500,00
	Fin d'un litige avec un fournisseur		
	id		
6815	Dotations aux provisions d'exploitation	4 220,00	
1511	Provisions pour litiges		4 220,00
	Provisions pour litiges		

– Variations et dépréciations des stocks

Compte	Libellé	Débit	Crédit
	31/12/N		
6031	Variations des stocks de matières premières	232 000,00	
31	Matières premières		232 000,00
	Élimination du stock initial		
	id		
31	Matières premières	278 000,00	
6031	Variations des stocks de matières premières		278 000,00
	Création du stock final		
	id		
391	Dépréciation des matières premières	12 000,00	
7817	Reprises sur dépréciations des actifs circulants		12 000,00
	Élimination de la dépréciation sur stock initial		
	id		
6817	Dotations aux dépréciations des actifs circulants	19 000,00	
391	Dépréciation des matières premières		19 000,00
	Dépréciation sur stock final		
	id		
7135	Variations des stocks de produits	854 000,00	
355	Produits finis		854 000,00
	Élimination du stock initial		
	id		
355	Produits finis	972 000,00	
7135	Variations des stocks de produits		972 000,00
	Création du stock final		

Chapitre 18

Les régularisations d'inventaire

Comprendre les notions

Application 1 Comptabiliser les charges à payer et en étudier les conséquences sur le résultat – p. 415

Compétences attendues : C1 et C3

1. Présentez l'écriture de régularisation au 31 décembre N.

Montant hors taxes prévu de la facture : 1 200 × 6,80 € × 0,96 = 7 833,60 €.

	31/12/N		
601	Achats de matières premières	7 833,60	
44586	TVA sur factures non parvenues	1 566,72	
4081	Fournisseurs – Factures non parvenues		9 400,32
	Facture Maxemst à recevoir		

2. Indiquez les écritures constatées en N+1 au titre de ces opérations.

L'écriture de régularisation est contrepassée au 1er janvier N+1.

	01/01/N+1		
4081	Fournisseurs – Factures non parvenues	9 400,32	
601	Achats de matières premières		7 833,60
44586	TVA sur factures non parvenues		1 566,72
	Extourne facture Maxemst à recevoir		

Montant des achats sur la facture reçue : (1 200 × 6,80 € × 0,95) + 80 = 7 832 €.

	12/01/N+1		
601	Achats de matières premières	7 832,00	
44566	TVA sur autres biens et services	1 566,40	
401	Fournisseurs		9 398,40
	Facture Maxemst		

3. Calculez l'incidence de cette opération d'achat sur le résultat N et le résultat N+1.

L'incidence sur le résultat doit tenir compte des variations de stocks : le stock de fin d'exercice N a donné lieu au crédit du compte 603 pour 7 833,60 € et l'annulation de ce stock à la clôture N+1 a entraîné le débit du compte 603 pour 7 833,60 €.

Le compte de résultat N est donc affecté de la manière suivante par l'achat :

CHARGES	MONTANTS
Achats de matières premières	7 833,60
Variations des stocks de matières premières	–7 833,60
Résultat de l'exercice	0,00

Le compte de résultat N+1 inclut la charge consommée. Le compte 601 a été crédité de 7 833,60 € et débité de 7 832,00 €. Il enregistre donc, au titre de l'exercice N+1, une charge nette de – 1,60 € :

CHARGES	MONTANTS
Achats de matières premières	– 1,60
Variations des stocks de matières premières	7 833,60
Résultat de l'exercice (perte)	7 832,00

Par le jeu à la fois des variations de stocks et de la régularisation, la charge exacte est donc reportée sur N+1, qui est l'année effective de consommation des matières premières.

Application 2 Calculer et comptabiliser une ristourne à payer – p. 415

Compétence attendue : C3

1. Calculez le montant des ristournes à accorder aux trois clients.

– Client Eugeny :

(20 000 – 10 000) × 1 % .... 100,00 €

(50 000 – 20 000) × 2 % .... 600,00 €

(54 546 – 50 000) × 3 % .... 136,38 €

Ristourne .... 836,38 €

– Client Jaclin :

(20 000 – 10 000) × 1 % .... 100,00 €

(42 500 – 20 000) × 2 % .... 450,00 €

Ristourne .... 550,00 €

– Client Apolin :

(20 000 – 10 000) × 1 % .... 100,00 €

(50 000 – 20 000) × 2 % .... 600,00 €

(100 000 – 50 000) × 3 % .... 1 500,00 €

(118 945 – 100 000) × 5 % .... 947,25 €

Ristourne .... 3 147,25 €

2. Présentez l'écriture de régularisation au 31 décembre N.

Les ristournes ont été calculées sur les montants TTC.

Total des ristournes à accorder : 4 533,63 € TTC, soit 4 533,63 / 1,055 = 4 297,28 € HT.

TVA : 4 297,28 × 5,5 % = 236,35 €.

	31-12-N		
709	Rabais, remises, ristournes accordés par l'entreprise	4 297,28	
44587	TVA sur factures à établir	236,35	
4198	Clients - RRR à accorder		4 533,63
	Ristournes à accorder		

Application 3 Comptabiliser des produits à recevoir et en déduire les incidences sur le chiffre d'affaires – p. 415

Compétences attendues : C1 et C3

1. Présentez les écritures de N et de N+1 relatives à cette opération.

– Écriture de régularisation au 31 décembre N

	31/12/N		
4181	Clients - Factures à établir	2 400	
701	Ventes de produits finis		2 000
44587	TVA sur factures à établir		400
	vente à Arno, non encore facturée		

– Écriture de contrepassation au 1er janvier N+1

	1/01/N+1		
701	Ventes de produits finis	2 000	
44587	TVA sur factures à établir	400	
4181	Clients - Factures à établir		2 400
	extourne régularisation Arno		

– Enregistrement de la facture de vente

	6/01/N		
411	Clients	2 400	
701	Ventes de produits finis		2 000
44571	TVA collectée		400
	facture à Arno		

2. Indiquez l'incidence de la vente sur le résultat de N et de N+1.

Le résultat N a bien été augmenté de la vente réalisée, soit de 2 000 €.
Le résultat N+1 relatif à cette opération est nul, le compte 701 ayant été débité et crédité du même montant.

Application 4 Calculer et comptabiliser les produits à recevoir – p. 416

Compétence attendue : C3

1. Calculez le montant de l'avoir auquel aura droit l'entreprise Munch.

Retour de marchandises	1 000 €
Rabais : (3 000 – 1 000) × 5 %	100 €
Avoir hors taxes	1 100 €
TVA : 1 100 × 20 %	220 €
Avoir TTC	1 320 €

2. Présentez l'écriture du 31 décembre N et l'écriture de contre-passation au 1er janvier N+1.

– Écriture de régularisation

	31/12/N		
4098	Rabais, remises, ristournes à obtenir et autres avoirs non encore reçus	1 320	
607	Achats de marchandises		1 000
609	Rabais, remises, ristournes obtenus sur achats		100
44586	TVA sur factures non parvenues		220
	Avoir à recevoir		

– Contrepassation à l'ouverture

1/01/N+1

607	Achats de marchandises	1 000	
609	Rabais, remises, ristournes obtenus sur achats	100	
44586	TVA sur factures non parvenues	220	
4098	Rabais, remises, ristournes à obtenir et autres avoirs non encore reçus		1 320
	Extourne avoir à recevoir		

3. La facture d'avoir du fournisseur est reçue le 18 janvier N+1 ; elle est conforme à la promesse faite en décembre N. Comptabilisez-la.

18/01/N+1

401	Fournisseurs	1 320	
607	Achats de marchandises		1 000
609	Rabais, remises, ristournes obtenus sur achats		100
44566	TVA sur autres biens et services		220
	Facture d'avoir pour retour de marchandises et rabais		

Application 5 Repérer et comptabiliser le rattachement des charges et des produits au résultat de l'exercice – p. 416

Compétence attendue : C3

Procédez aux enregistrements comptables qui s'imposent au 31 décembre N.

a) Facture d'achat à recevoir

31/12/N

601	Achats de matières premières	10 000	
44586	TVA sur factures non parvenues	2 000	
4081	Fournisseurs - Factures non parvenues		12 000
	Facture à recevoir		

b) Réductions à accorder

31/12/N

709	Rabais, remises, ristournes accordés	2 500,00	
44587	TVA sur factures à établir	500,00	
4198	Rabais, remises, ristournes à accorder		3 000,00
	Réductions sur opérations de décembre		

c) Produits finis non livrés

Il s'agit d'un produit constaté d'avance, les produits finis étant encore en stock.

La TVA a été définitivement collectée et n'est donc pas à régulariser.

	31/12/N		
701	Ventes de produits finis	3 000,00	
487	Produits constatés d'avance		3 000,00
	Produits finis facturés et non livrés		

d) Prime d'assurance

La prime concerne l'exercice N+1 pour 12 000 × 10 / 12 = 10 000 € ; il s'agit d'une charge constatée d'avance.

	31/12/N		
486	Charges constatées d'avance	10 000	
616	Primes d'assurances		10 000
	Part de prime concemant N+1		

Application 6 Assurer le suivi comptable d'une immobilisation subventionnée, à l'acquisition et à l'inventaire – p. 416

Compétence attendue : C3

1. Présentez toutes les écritures concernant les opérations décrites.

Les opérations des 5 et 25 mars ne provoquent aucune comptabilisation.

Compte	Libellé	Débit	Crédit
	17/04/N		
441	État, subventions à recevoir	120 000,00	
131	Subventions d'équipement		120 000,00
	Notification de subvention du Conseil régional		
	25/04/N		
2154	Matériels industriels	300 000,00	
44562	TVA sur immobilisations	60 000,00	
404	Fournisseurs d'immobilisations		200 000,00
512	Banque		100 000,00
4452	TVA due intracommunautaire		60 000,00
	Acquisition d'un matériel		
	30/06/N		
404	Fournisseurs d'immobilisations	80 000,00	
512	Banque		80 000,00
	Virement au fournisseur italien		
	12/07/N		
512	Banque	120 000,00	
441	État, subventions à recevoir		120 000,00
	Versement de la subvention par le Conseil régional		
	15/07/N		
404	Fournisseurs d'immobilisations	120 000,00	
512	Banque		120 000,00
	Virement au fournisseur italien, pour solde		

2. Présentez le tableau d'amortissement du matériel.

Années	Calculs	Dotations	VNC
N	300 000 × 20 % × 8 / 12	40 000	260 000
N+1	300 000 × 20 %	60 000	200 000
N+2	300 000 × 20 %	60 000	140 000
N+3	300 000 × 20 %	60 000	80 000
N+4	300 000 × 20 %	60 000	20 000
N+5	300 000 × 20 % × 4 / 12	20 000	0
Total		300 000	

3. La subvention sera rapportée au résultat en proportion des amortissements pratiqués. Indiquez, dans un tableau, le montant de la subvention à inscrire au résultat chaque année.

Années	Calculs	Quote-part virée	Subvention restante
N	120 000 × 40 000 / 300 000	16 000	104 000
N+1	120 000 × 60 000 / 300 000	24 000	80 000
N+2	120 000 × 60 000 / 300 000	24 000	56 000
N+3	120 000 × 60 000 / 300 000	24 000	32 000
N+4	120 000 × 60 000 / 300 000	24 000	8 000
N+5	120 000 × 20 000 / 300 000	8 000	0
Total		120 000	

4. Présentez les enregistrements comptables nécessaires à l'inventaire N et à l'inventaire N+3.

À l'inventaire N, on constate les dotations aux amortissements ainsi que le virement de la quote-part de subvention au résultat.

	31-12-N		
6811	Dotations aux amortissements des immobilisations	40 000	
28154	Amortissements des matériels industriels		40 000
	Dotation N		
	id		
139	Subventions d'investissements inscrites au compte de résultat	16 000	
777	Quotes-parts de subventions virées au résultat de l'exercice		16 000
	Produit rattaché à N		

À l'inventaire N+3, les mêmes écritures sont constatées.

	31-12-N+3		
6811	Dotations aux amortissements des immobilisations	60 000	
28154	Amortissements des matériels industriels		60 000
	Dotation N+3		
	id		
139	Subventions d'investissements inscrites au compte de résultat	24 000	
777	Quotes-parts de subventions virées au résultat de l'exercice		24 000
	Produit rattaché à N+3		

Application 7 Analyser et comptabiliser la cession d'une immobilisation corporelle – p. 417

Compétences attendues : C1 et C3

1. Calculez le montant des amortissements pratiqués ou à pratiquer jusqu'à la date de cession.

Amortissements dotés au 31 décembre N–1 : 80 000 × 2,25/8 = ... 22 500 €
Amortissements à doter en N : 80 000 × 1/8 x 3/12 =..................... 2 500 €
Total des amortissements à la cession :... 25 000 €

2. Présentez toutes les écritures relatives à l'opération de cession, y compris la dotation complémentaire aux amortissements.

– Cession du bien

	1/04/N		
462	Créances sur cessions d'immobilisations	48 000	
775	Produits des cessions d'éléments d'actif		40 000
44571	TVA collectée		8 000
	cession d'un matériel		

– Écritures d'inventaire

	31/12/N		
6811	Dotations aux amortissements des immobilisations	2 500	
28154	Amortissements des matériels industriels		2 500
	dotation complémentaire jusqu'à la cession		
	id		
28154	Amortissements des matériels industriels	25 000	
675	Valeur comptable des éléments d'actif cédés	55 000	
2154	Matériels industriels		80 000
	sortie de l'actif		

3. Indiquez le résultat de cession.

Prix de cession (compte 775) : 40 000
Valeur comptable nette (compte 675) : 55 000
Perte de cession : .... – 15 000

Application 8 Comptabiliser les cessions d'immobilisations corporelles et calculer le résultat de cession – p. 417

Compétence attendue : C3

1. Après avoir indiqué les calculs nécessaires, présentez l'écriture d'inventaire relative à la cession des différents biens, en supposant que les dotations complémentaires aux amortissements ont déjà été enregistrées.

Amortissements à la cession :
– Construction : (76 000 – 36 000) × 17,25 / 20 = 34 500 €.
– Mobilier : 30 000 × 6,5 / 10 = 19 500 €.
Valeurs nettes comptables :
– Terrain : 19 000 €.
– Construction : 76 000 – 34 500 = 41 500 €.
– Mobilier : 30 000 – 19 500 = 10 500 €.

	31/12/N		
2813	Amortissements des constructions	34 500	
28184	Amortissements du mobilier	19 500	
675	Valeur comptable des éléments d'actif cédés	71 000	
211	Terrains		19 000
213	Constructions		76 000
2184	Mobilier		30 000
	VNC de l'ensemble immobilier et du mobilier cédés		

2. Calculez les résultats relatifs aux cessions.

Terrain : 68 000 – 19 000 = 49 000 €.
Construction : 362 000 – 41 500 = 320 500 €.
Mobilier : 12 000 – 10 500 = 1 500 €.

Application 9 Étudier et comptabiliser les conséquences de la cession d'une immobilisation subventionnée – p. 418

Compétence attendue : C3

1. Présentez le plan d'amortissement complet du matériel en y intégrant le traitement de la subvention d'équipement.

Le plan est construit pour la durée prévue d'amortissement du bien, soit une durée de 4 ans.
– Dotations aux amortissements :
N–4 : (142 650 – 44 000) × 1/4 × 165 / 360
N–3 à N–1 : (142 650 – 44 000) × 1/4
N : (142 650 – 44 000) × 1/4 × 195 / 360
Montant de la subvention obtenue : 142 650 × 35 % = 49 927,50 €.
Quote-part de subvention à virer au résultat = montant de la subvention × dotation aux amortissements / coût d'achat du bien.

Années	Amortissements		Subvention d'équipement	
	Dotation	VNC	777	139
N-4	11 303,65	131 346,35	3 956,28	3 956,28
N-3	24 662,50	106 683,85	8 631,88	12 588,15
N-2	24 662,50	82 021,35	8 631,88	21 220,03
N-1	24 662,50	57 358,85	8 631,88	29 851,90
N	13 358,85	44 000,00	4 675,60	34 527,50
Total	98 650,00		34 527,50	

2. Retrouvez la valeur nette comptable du bien et le solde de la subvention à la date de cession.

– Valeur nette comptable du bien :
Dotation N aux amortissements : (142 650 – 44 000) × 1/4 × 135 / 360 = 9 248,44 €.
Cumul des amortissements à la cession : 94 539,59 €.
Valeur nette comptable : 142 650 – 94 539,59 = 48 110,41 €.

– Solde de la subvention :

Quote-part virée au titre de N : 49 927,50 × 9 248,44 / 142 650 = 3 236,95 €.

Cumul de subvention virée au résultat : 33 088,85 €.

– Solde de la subvention : 49 927,50 – 33 088,85 = 16 838,65 €.

3. Présentez toutes les écritures relatives à la cession, sachant qu'aucune écriture d'inventaire n'a encore été passée.

– Cession du 15 mai

	15/05/N		
462	Créances sur cessions d'immobilisations	54 000,00	
775	Produits des cessions d'éléments d'actif		45 000,00
44571	TVA collectée		9 000,00
	Cession d'un matériel		

– Dotation complémentaire et régularisations attachées

	31/12/N		
6811	Dotations aux amortissements des immobilisations	9 248,44	
28154	Amortissements des matériels industriels		9 248,44
	Dotation complémentaire sur matériel cédé		
	id		
139	Subventions d'investissements inscrites au compte de résultat	3 236,95	
777	Quotes-parts de subventions virées au résultat de l'exercice		3 236,95
	Quote-part complémentaire virée		

– Sortie du bien du patrimoine

	31/12/N		
28154	Amortissements des matériels industriels	94 539,59	
675	Valeur comptable des éléments d'actif cédés	48 110,41	
2154	Matériels industriels		142 650,00
	Sortie du patrimoine du bien cédé		
	id		
139	Subventions d'investissements inscrites au compte de résultat	16 838,65	
777	Quotes-parts de subventions virées au résultat de l'exercice		16 838,65
	Quote-part non encore virée		

	id		
131	Subventions d'équipement	49 927,50	
139	Subventions d'investissement inscrites au compte de résultat		49 927,50
	Pour solde des deux comptes		

Application 10 Comptabiliser des cessions de titres immobilisés à l'inventaire et ajuster une dépréciation – p. 418

Compétence attendue : C3

1. Présentez les écritures d'inventaire concernant les titres cédés.

– Cession du 11 février

	31/12/N		
675	Valeur comptable des éléments d'actif cédés	1 118 600	
261	Titres de participation		1 118 600
	Sortie des 12 000 actions SART		

– Cession du 6 mars

Prix moyen pondéré des titres :

[(800 × 20 × 93 %) + (1 600 × 20 × 97 %)] / 2 400 = 19,13 €

Prix d'acquisition des titres cédés : 2 000 × 19,13 = 38 260 €.

	31/12/N		
675	Valeur comptable des éléments d'actif cédés	38 260,00	
261	Titres immobilisés (droit de créance)		38 260,00
	Sortie des 2 000 obligations EGF		

– Cession du 23 mars

Le prix de cession est inférieur au prix d'acquisition ; l'entreprise réalise donc une perte, ce qui entraîne l'utilisation du compte 675.

	31/12/N		
675	Valeur comptable des éléments d'actif cédés	22 425,00	
273	Titres immobilisés de l'activité de portefeuille		22 425,00
	Sortie de 260 actions STUB		

2. Ajustez la dépréciation relative aux titres Stub.

Dépréciation au 31 décembre N : 40 × (86,25 – 81) = 210 €.

Reprise sur dépréciation : 675 – 210 = 465 €.

	31/12/N		
2973	Dépréciations des titres immobilisés de l'activité de portefeuille	465,00	
7866	Reprises sur dépréciations des éléments financiers		465,00
	Ajustement de la dépréciation		

Application 11 Analyser et comptabiliser les cessions d'immobilisations financières – p. 418

Compétence attendue : C3

Calculez les valeurs comptables des titres cédés et présentez les écritures d'inventaire relatives aux cessions de titres.

– Cession du 15 juin

Prix d'acquisition total des titres :
[(7 000 × 15,80) + (4 000 × 17,40) + (3 000 × 22,45) = 247 550 €
Prix moyen pondéré : 247 550/14 000 = 17,68 €
Prix d'acquisition des titres cédés : 12 000 × 17,68 = 212 160 €
Prix d'acquisition des titres transférés : 247 550 – 212 160 = 35 390 € (on procède par soustraction pour tenir compte des problèmes liés aux arrondis de prix unitaire).

	31/12/N		
675	Valeur comptable des éléments d'actif cédés	212 160	
261	Titres de participation		212 160
	PA des titres Arthur cédés		
	id		
503	Valeurs mobilières de placement - Actions	35 390	
261	Titres de participation		35 390
	Transfert de compte		

– Cession du 16 septembre

Prix d'acquisition des titres cédés : 150 × 1 500 = 225 000 €.

	31/12/N		
675	Valeur comptable des éléments d'actif cédés	225 000	
261	Titres de participation		225 000
	PA des titres de la SCI Baticap		

– Cession du 25 novembre

Prix de cession : 4 000 × 44,55 = 178 200 €
Prix d'acquisition des titres cédés :
(2 500 × 32,46) + (1 000 × 38,67) + (500 × 45,25) = 142 445 €.
La réalisation d'un gain de cession entraîne l'utilisation du compte 775.

	31/12/N		
775	Produits des cessions d'éléments d'actif	225 000	
273	Titres immobilisés de l'activité de portefeuille		225 000
	PA des titres Aymeric cédés		

Application 12 Analyser les créances et les dettes en devises et comptabiliser les écarts de conversion – p. 419

Compétence attendue : C3

1. Présentez toutes les écritures concernant l'achat de matières premières, en N et N+1.

– Coût d'acquisition en euros : 6 426 / 1,0825 = 5 936,26 €.
TVA autoliquidée : 5 936,26 × 5,5 % = 326,49 €.

	25/11/N		
601	Achats de matières premières	5 936,26	
44566	TVA déductible sur autres biens et services	326,49	
401	Fournisseurs		5 936,26
44575	TVA exigible sur importations		326,49
	Facture du fournisseur suisse		

– Dette en euros à l'inventaire : 6 426 / 1,0069 = 6 381,96 €.
Perte latente : 6 381,96 – 5 936,26 = 445,70 €.

	31/12/N		
476	Différences de conversion - Actif	445,70	
401	Fournisseurs		445,70
	Perte latente de change		
	id		
6815	Dotations aux provisions d'exploitation	445,70	
1515	Provisions pour pertes de change		445,70
	Perte latente de change		

– La différence de conversion est contrepassée à l'ouverture de l'exercice N+1.

	01/01/N+1		
401	Fournisseurs	445,70	
476	Différences de conversion - Actif		445,70
	Extourne perte latente de change		

– Montant payé lors du règlement : 6 426 / 0,9836 = 6 533,14 €.
Perte de change : 6 533,14 – 5 936,26 = 596,88 €.

25/01/N+1

401	Fournisseurs	5 936,26	
656	Pertes de change sur créances et dettes commerciales	596,88	
512	Banque		6 533,14
	Paiement du fournisseur suisse		

– Reprise de la provision à la clôture de l'exercice du paiement de la dette.

31/12/N+1

1515	Provisions pour pertes de change	445,70	
7815	Reprises sur provisions d'exploitation		445,70
	Régularisation provision N		

2. Présentez toutes les écritures concernant la vente de produits finis, en N et N+1.

– Prix de vente en euros : 12 444 / 1,0634 = 11 702,09 €.

2/12/N

411	Clients	11 702,09	
701	Ventes de produits finis		11 702,09
	Vente en Suisse		

– Créance à l'inventaire N : 12 444 / 1,0069 = 12 358,72 €.
Gain latent de change : 12 358,72 – 11 702,09 = 656,63 €.

31/12/N

411	Clients	656,63	
477	Différences de conversion - Passif		656,63
	Gain latent sur créance en Suisse		

– Contrepassation à l'ouverture de l'exercice N+1.

01/01/N+1

477	Différences de conversion - Passif	656,63	
411	Clients		656,63
	Extourne gain latent de change		

– Montant encaissé lors du paiement par le client : 12 444 / 0,9798 = 12 700,55 €.
Gain de change : 12 700,55 – 12 358,72 = 341,83 €.

2/02/N+1

512	Banque	12 700,55	
411	Clients		12 358,72
756	Gains de change		341,83
	Règlement client suisse		

Application 13 QCM – p. 419

Répondez par « Vrai » ou par « Faux » aux affirmations ci-dessous ou choisissez la réponse exacte en donnant toutes explications utiles.

1. Les charges et les produits doivent toujours être rattachés à l'exercice comptable qui leur a donné naissance.
Vrai. Il s'agit de l'application du principe d'indépendance des exercices.

2. La constatation d'une facture à recevoir pour des marchandises existant en stock à la fin de l'année conduit à un résultat nul pour cette opération au titre de l'exercice.
Vrai. La charge d'achat est balancée par le crédit du compte « 603. Variations des stocks » pour le même montant, puisque les stocks sont évalués au coût d'acquisition.

3. La TVA n'est pas constatée dans les écritures de régularisation.
Faux. La TVA doit être régularisée sur les charges à payer et les produits à recevoir, lorsque les charges et produits sont soumis à TVA.

4. Des fournitures non stockées qui ne sont pas encore consommées à la clôture de l'exercice constituent un produit constaté d'avance.
Faux. Il s'agit de charges constatées d'avance puisqu'elles ne seront consommées que l'exercice suivant.

5. Une prime d'assurance de 12 000 € a été payée le 1er juin N et couvre les 12 mois à venir. On comptabilise à la clôture, en charges constatées d'avance : 5 000 €.
La charge constatée d'avance concerne les 5 premiers mois de l'exercice N+1, donc 12 000 × 5/12.

6. Les rabais, remises et ristournes à accorder figurent en fin d'exercice au passif du bilan.
Vrai. Il s'agit d'un sous-compte du compte de clients créditeurs.

7. Un emprunt de 100 000 € a été souscrit le 15 juin N, au taux annuel de 5 %. Il est remboursable in *fine*, mais les intérêts sont payables à la fin de chaque période de 3 mois. Les intérêts courus à comptabiliser en fin d'exercice sont de : 208,33 €.
Le dernier paiement a eu lieu le 15 décembre N. Il y a donc 15 jours d'intérêts courus, soit 100 000 × 5 % × 15 / 360.

8. Une subvention de 30 000 € a été obtenue le 1er juillet N pour l'acquisition le 1er octobre N d'un bien d'un coût de 100 000 €, amortissable en linéaire

sur 5 ans sans valeur résiduelle. La subvention virée au résultat en N est de : 1 500 €.
La dotation aux amortissements est de 100 000 × 1/5 × 3/12 = 5 000 € ; la quote part virée est alors de 30 000 × 5 000 / 100 000 = 1 500 €.

9. Une perte latente de change est inscrite en fin d'exercice à l'actif du bilan, en compte de régularisation.
Vrai. La perte latente fait l'objet d'une constatation à l'actif du bilan en différence de conversion-actif.

10. La constatation d'un écart de conversion passif, en fin d'exercice, n'a aucune incidence sur le résultat comptable de l'exercice.
Vrai. Le gain latent n'affecte pas le compte de résultat.

Mettre en œuvre les compétences

Application 1 Rattacher des charges et produits au résultat de l'exercice – p. 421

Compétences attendues : C1 et C3

Enregistrez les écritures d'inventaire liées à ces opérations, au 31 décembre N, en donnant toutes les explications utiles.

a) Intérêts courus sur emprunt

Les intérêts relatifs à l'exercice N sont de 120 000 × 3 % × 3 / 12 = 900 €.

	31/12/N		
661	Charges d'intérêts	900	
16884	Intérêts courus sur emprunts		900
	part d'intérêts à imputer à N		

b) et c) Facture de téléphone

N.B. : la question b) est répétée en c)

L'abonnement de janvier N+1 est une charge constatée d'avance à hauteur de 100 × 1/2 = 50 €. La consommation de décembre peut être estimée à 1 000 × 1/2 = 500 € HT ; il faut la constater en charge à payer.

	31/12/N		
486	Charges constatées d'avance	50	
626	Frais postaux et frais de télécommunications		50
	abonnement de téléphone pour janvier N+1		
	id		
626	Frais postaux et frais de télécommunications	500	
44586	TVA sur factures non parvenues	100	
4081	Fournisseurs - Factures non parvenues		600
	consommation de téléphone de décembre N		

d) Coupons à recevoir sur obligations

Les coupons déjà courus sur N sont de 2 000 × 20 € × 5 % × 9/12 = 1 500 €.

	31/12/N		
5088	Intérêts courus sur obligations, bons et valeurs assimilées	1 500,00	
764	Revenus des valeurs mobilières de placement		1 500,00
	Coupons courus sur obligations		

e) Loyers encaissés d'avance

Il s'agit de produits constatés d'avance, à hauteur de 1 100 €.

	31/12/N		
752	Revenus des immeubles non affectés aux activités profession.	1 100,00	
487	Produits constatés d'avance		1 100,00
	Loyer encaissé d'avance		

Application 2 Céder une immobilisation comptabilisée par composants – p. 421

Compétence attendue : C3

1. Retrouvez le montant brut de l'immobilisation et celui des amortissements, au 1er janvier N, à l'ouverture de l'exercice, en distinguant la structure et les composants.

– Structure :
Montant brut : 124 600 – 22 000 – 35 000 = 67 600 €.
Amortissements : (67 600 – 10 000) × 55 / 96 = 33 000 €.
– Composant A :
Montant brut : 28 000 € (coût d'entrée du composant renouvelé)

Amortissements : 28 000 × 10 / 51 = 5 490 € (amortissement à compter du renouvellement le 1er mars N–1 jusqu'à la date de fin d'utilisation de la structure, le 31/05/N+3, soit 51 mois).

– Composant B :

Montant brut : 35 000 €.

Amortissements : 35 000 × 55 / 60 = 32 083 €.

2. Présentez l'écriture de cession du matériel.

	1/03/N		
462	Créances sur cessions d'immobilisations	66 000,00	
775	Produits des cessions d'éléments d'actif		55 000,00
44571	TVA collectée		11 000,00
	Cession d'un matériel industriel		

3. Comptabilisez les dotations complémentaires aux amortissements pour l'exercice N.

Structure : (67 600 – 10 000) × 2 / 96 = 1 200 €.

Composant A : 28 000 × 2 / 51 = 1 098 €.

Composant B : 35 000 × 2 / 60 = 1 167 €

	31/12/N		
6811	Dotations aux amortissements des immobilisations	3 465,00	
281541	Amortissements des matériels – Structure		1 200,00
281542	Amortissements des matériels – Composant A		1 098,00
281543	Amortissements des matériels – Composant B		1 167,00
	Dotations complémentaires aux amortissements		

4. Comptabilisez la sortie du bien du patrimoine de l'entreprise, à la date d'inventaire N.

Amortissements à la sortie :

Structure : 33 000 + 1 200 = 34 200 €.

Composant A : 5 490 + 1 098 = 6 588 €.

Composant B : 32 083 + 1 167 = 33 250 €.

	31/12/N		
281541	Amortissements des matériels – Structure	34 200,00	
281542	Amortissements des matériels – Composant A	6 588,00	
281543	Amortissements des matériels – Composant B	33 250,00	
675	Valeur comptable des éléments d'actif cédés	56 562,00	
21541	Matériels – Structure		67 600,00
21542	Matériels – Composant A		28 000,00
21543	Matériels – Composant B		35 000,00
	VNC du matériel cédé		

Application 3 Production, amortissement et cession d'immobilisations – p. 422

Compétence attendue : C3

1. Déterminez le taux d'amortissement des anciennes constructions.

Les amortissements figurant dans la balance avant inventaire sont les amortissements cumulés au 31 décembre N–1. L'entreprise ayant été créée le 1er juillet N–2, les amortissements ont été constatés pour 1 an 1/2.

520 000 × x × 1,5 = 31 200 ⇒ x = 31 200 / (520 000 × 1,5) = 0,04.

Taux d'amortissement : 4 %.

2. Enregistrez l'écriture relative au nouvel entrepôt ainsi que les dotations aux amortissements des constructions.

Coût de production de l'entrepôt : 10 550 + 24 000 + 5 200 = 39 750 €.

Coût de production en N : 39 750 – 15 000 = 24 750 €.

L'opération n'est pas soumise à TVA.

	25/11/N		
213	Constructions	39 750,00	
2313	Constructions en cours		15 000,00
722	Production immobilisée – Immobilisations corporelles		24 750,00
	Mise en service d'un nouvel entrepôt		

Dotations aux amortissements N :

(520 000 × 4 %) + (39 750 × 5 % × 35 / 360) = 20 993,23 €.

	31/12/N		
6811	Dotations aux amortissements des immobilisations	20 993,23	
2813	Amortissements des constructions		20 993,23
	Dotations N		

3. Déterminez la valeur d'entrée dans le patrimoine du matériel industriel B et corrigez l'écriture de cession.

Compte 2154 avant l'écriture erronée de cession : 32 400 + 9 600 = 42 000 €.

Compte 2154 avant l'acquisition du matériel C : 42 000 – 2 500 = 39 500 €.

Valeur d'entrée du matériel B : 39 500 – 22 000 = 17 500 €.

– Correction de l'écriture de cession :

	31/12/N		
2154	Matériels industriels	9 600,00	
775	Produits des cessions d'éléments d'actif		8 000,00
44571	TVA collectée		1 600,00
	Correction cession du 21 octobre		

4. Justifiez le solde du compte 28154 dans la balance avant inventaire.

Matériel A : 22 000 × 1/5 × 1,5 6 600 €
Matériel B : 17 500 × 15 × 1,5 5 250 €
Solde créditeur du compte 11 850 €

5. Comptabilisez les écritures d'inventaire relatives aux matériels industriels le 31 décembre N.

– Calcul des dotations :
Matériel A : 22 000 × 1/5 = 4 400 €.
Matériel B (jusqu'à la cession) : 17 500 × 1/5 × 9/12 = 2 625 €.
Matériel C : dotation N : 2 500 × 1/5 × 9/12 = 375 €.
Dotations totales N : 4 400 + 2 625 + 375 = 7 400 €

– Écriture de dotation aux amortissements N :

	31/12/N		
6811	Dotations aux amortissements des immobilisations	7 400	
28154	Amortissements des matériels industriels		7 400
	Dotations N		

– Sortie du matériel du patrimoine

Amortissements cumulés du matériel B à la cession :
(17 500 × 1,5 / 5) + 2 625 = 7 875 €.

	31/12/N		
28154	Amortissements des matériels industriels	7 875	
675	Valeur comptable des éléments d'actif cédés	9 625	
2154	Matériels industriels		17 500
	Sortie du patrimoine du bien cédé		

Application 4 Créances et dettes en devises – p. 423

Compétence attendue : C3

1. Calculez et présentez dans un tableau les écarts de conversion au 31 décembre N et indiquez à chaque fois l'éventuelle provision à doter.

Créances et dettes	Montants en devises	Montants en comptes en €	Cours au 31/12/N	Montants au 31/12/N	Pertes latentes	Gains latents
Prêt	2 000	3 071,25	0,6715	2 978,41	92,84	
Client A	6 250	4 622,78	1,3170	4 745,63		122,85
Client B	258 600	1 042,74	239,6400	1 079,12		36,38
Emprunt	5 000 000	33 783,78	156,9300	31 861,34		1 922,44
Fournisseur C	96 650	2 478,20	34,6800	2 786,91	308,71	
					401,55	2 081,67

2. Présentez les écritures d'inventaire relatives aux créances et dettes en devises au 31 décembre N.

	31/12/N		
476	Différences de conversion – Actif	401,55	
274	Prêts		92,84
401	Fournisseurs		308,71
	Pertes latentes de change		
	id		
411	Clients	159,23	
164	Emprunts auprès des établissements de crédi	922,44	
477	Différences de conversion – Passi		081,67
	Gains latents de change		
	id		
6815	Dotations aux provisions d'exploitation	308,71	
6865	Dotations aux provisions financières	92,84	
1515	Provision pour pertes de change		401,55
	Provision sur pertes latentes		

Chapitre 19

La détermination du résultat comptable et le passage d'un exercice à l'autre

Comprendre les notions

Application Comptabiliser la détermination du résultat ainsi que les écritures de clôture et de réouverture des comptes – p. 435

Compétences attendues : C1, C2, C3 et C5

1. Présentez les dernières écritures d'inventaire et celle menant à la détermination du résultat de l'exercice. Qualifiez celui-ci.

	31/12/N		
6091	Rabais, remises, ristournes obtenus sur achats	2 600	
601	Achats de matières premières		2 600
	Détermination des achats nets		
	id		
701	Ventes de produits finis	20 520	
7091	Rabais, remises, ristournes accordés sur ventes		20 520
	Détermination du chiffre d'affaires net		
	id		
6031	Variations des stocks de matières premières	65 000	
701	Ventes de produits finis	711 000	
7135	Variations des stocks de produits	54 000	
7815	Reprises sur provisions d'exploitation	8 000	
76	Produits financiers	14 500	
775	Produits des cessions d'éléments d'actif	23 500	
777	Quote-parts de subventions virées au résultat	2 000	
120	Résultat de l'exercice (bénéfice)		186 000
601	Achats de matières premières		262 000
61	Services extérieurs		59 330
62	Autres services extérieurs		29 670
641	Rémunérations du personnel		135 500
645	Charges de Sécurité sociale et de prévoyance		50 500
681	Dotations aux amortissements des immobilisations		97 000
66	Charges financières		45 200
675	Valeur comptable des éléments d'actif cédés		12 800
	Détermination du résultat de l'exercice		

Les produits sont supérieurs aux charges ; le résultat de l'exercice est donc un bénéfice.

2. Procédez à la clôture de l'exercice (l'entreprise utilise les comptes « 89. Bilan »).

	31/12/N		
101	Capital individuel	22 500,00	
108	Compte de l'exploitant		22 500,00
	Virement du compte de l'exploitant au capital		
	id		
891	Bilan de clôture	635 390	
139	Subventions d'investissement inscrites au compte de résultat		4 000
205	Logiciels		3 000
207	Fonds commercial		20 000
215	Installations techniques		382 090
218	Autres immobilisations corporelles		40 800
31	Matières premières		17 321
355	Stocks de produits		31 179
411	Clients		82 000
462	Créances sur cessions d'immobilisations		20 000
486	Charges constatées d'avance		5 000
50	Valeurs mobilières de placement		5 000
512	Banques		24 600
53	Caisse		400
	Clôture des comptes de bilan débiteurs		
	id		
101	Capital individuel	33 970	
120	Résultat de l'exercice	186 000	
131	Subventions d'équipement	10 000	
151	Provisions pour risques	27 000	
164	Emprunts auprès des établissements de crédit	64 500	
2805	Amortissements des logiciels	1 000	
2815	Amortissements des installations techniques	177 120	
2818	Amortissements des autres immobilisations corporelles	23 800	
401	Fournisseurs	55 200	
404	Fournisseurs d'immobilisations	35 000	
43	Sécurité sociale et autres organismes sociaux	11 200	
445	État, TVA	5 600	
487	Produits constatés d'avance	5 000	
891	Bilan de clôture		635 390
	Clôture des comptes de bilan créditeurs		

3. Présentez les écritures à constater le 1er janvier N+1.

	1/01/N+1		
139	Subventions d'investissement inscrites au compte de résultat	4 000	
205	Logiciels	3 000	
207	Fonds commercial	20 000	
215	Installations techniques	382 090	
218	Autres immobilisations corporelles	40 800	
31	Matières premières	17 321	
355	Stocks de produits	31 179	
411	Clients	82 000	
462	Créances sur cessions d'immobilisations	20 000	
486	Charges constatées d'avance	5 000	
50	Valeurs mobilières de placement	5 000	
512	Banque	24 600	
53	Caisse	400	
890	Bilan d'ouverture		635 390
	Ouverture des comptes de bilan débiteurs		
	id		
890	Bilan d'ouverture	635 390	
101	Capital individuel		33 970
120	Résultat de l'exercice		186 000
131	Subventions d'équipement		10 000
151	Provisions pour risques		27 000
164	Emprunts auprès des établissements de crédit		64 500
2805	Amortissements des logiciels		1 000
2815	Amortissements des installations techniques		177 120
2818	Amortissements des autres immob. corporelles		23 800
401	Fournisseurs		55 200
404	Fournisseurs d'immobilisations		35 000
43	Sécurité sociale et autres organismes sociaux		11 200
445	État, TVA		5 600
487	Produits constatés d'avance		5 000
	Ouverture des comptes de bilan créditeurs		

Mettre en œuvre les compétences

Application Cas de synthèse – p. 436

Compétences attendues : C1, C2, C3, C4 et C5

1. Enregistrez au journal de la société toutes les écritures d'inventaire.

- Immobilisations incorporelles et corporelles

– Constructions : taux et durée d'amortissement : 53 360 × x × 3,5 = 9 338
⇒ x = 9 338 / (53 360 × 3,5) = 0,05, soit 5 %, soit une durée de 20 ans.
Dotations aux amortissements des constructions : 53 360 × 1/20 = 2 668 €.

	31/12/N		
6811	Dotations aux amortissements des immobilisations	2 668	
2801	Amortissements des constructions		2 668
	Dotations aux amortissements des immobilisations		

– Matériels :
M1 : 18 294 × 20 % = ... 3 659 €
M2 : 24 392 × 10 % = ...2 439 €.
M3 : 12 440 × 12,5 % × 3/12 = ... 389 €.
M4 : 19 818 × 10 % × 9/12 = ... 1 486 €
Dotations totales aux amortissements N........ 7 973 €
Amortissement de matériel M3 à la cession : 12 440 × 12,5 % × 3,75 = 5 831 €.

	31/12/N		
6811	Dotations aux amortissements des immobilisations	7 973	
28154	Amortissements des matériels industriels		7 973
	Dotations N		

	31/12/N		
28154	Amortissements des matériels industriels	5 831	
675	Valeur comptable des éléments d'actif cédés	6 609	
2154	Matériels industriels		12 440
	Sortie du patrimoine du matériel M3 cédé		

• Titres de participation

Dépréciation des titres : 32 929 – 22 105 = 10 824 €.
Reprise N : 18 294 – 10 824 = 7 470 €.

	31/12/N		
2961	Dépréciations des titres de participation	7 470	
7866	Reprises sur dépréciations des éléments financiers		7 470
	Reprise N		

• Stocks

	31/12/N		
603	Variations des stocks	92 689	
713	Variations des stocks	80 798	
31	Stock de matières premières		53 052
355	Produits finis		80 798
371	Stock de marchandises		39 637
	Élimination des stocks de début d'exercice		
	id		
391	Dépréciation des matières premières	4 269	
7817	Reprises sur dépréciations des actifs circulants		4 269
	Reprise de la dépréciation du 31/12/N-1		
31	Stock de matières premières	46 954	
355	Produits finis	75 462	
371	Stock de marchandises	47 564	
603	Variation des stocks		94 518
713	Variation des stocks		75 462
	Création des stocks de fin d'exercice		
	id		
6817	Dotations aux dépréciations des actifs circulants	2 805	
391	Dépréciations des matières premières		2 805
	Dotation N : 7 013 × 40 %		
486	Charges constatées d'avance	1 098	
606	Achats non stockés de matières et fournitures		1 098
	Montant non consommé à la clôture		

- Créances douteuses

Clients	Créance restant due		Dépréciation		Dotation	Reprise
	TTC	HT	31/12/N	31/12/N-1		
Martin	2 406,00	2 005	1 404	2 195		791
Hervet	3 018,00	2 515	2 264	1 761	503	
Pascal	5 122,00	4 268	2 134		2 134	
Totaux					2 637	791

Compte	31/12/N	Débit	Crédit
416	Clients douteux	5 122	
411	Clients		5 122
	Client Pascal		
	id		
6817	Dotations aux dépréciations des actifs circulants	2 637	
491	Dépréciations des comptes de clients		2 637
	Ajustements selon tableau		
	id		
491	Dépréciations de comptes de clients	791	
7817	Reprises sur dépréciations des actifs circulants		791
	Ajustements selon tableau		

– Valeurs mobilières de placement

Dépréciation sur titres Beta : [(80 × 107) + (20 × 95)] – [100 × 93] =.......... 1 160 €

Dépréciation sur titres Gama : 32 × (60 – 55) = ... 160 €

Dépréciation nécessaire : .... 1 320 €

Dépréciation au 31 décembre N–1 : .... – 624 €

Dotation N :... 696 €

Compte	31/12/N	Débit	Crédit
6866	Dotations aux dépréciations des éléments financiers	696	
5903	Dépréciations des actions		696
	Ajustement de la dépréciation sur VMP		

- Compte bancaire

Les opérations ne figurant pas sur le relevé bancaire n'appellent aucune correction.

Compte	31/12/N	Débit	Crédit
627	Services bancaires	150	
4456	État – TVA déductible	30	
512	Banque		180
	Services bancaires		

- Régularisations diverses

	31/12/N		
601	Achats de matières premières	762	
4458	État – TVA à régulariser	152	
4081	Fournisseurs – Factures non parvenues		914
	Facture du fournisseur Hardy non reçue		
	id		
4181	Clients – Produits non encore facturés	2 195	
707	Ventes de marchandises		1 829
4458	État – TVA à régulariser		366
	Marchandises expédiées au client Leroy		
	id		
486	Charges constatées d'avance	240	
616	Primes d'assurances		240
	Prime à reporter sur N+1 : 480 x 6/12		
	id		
708	Produits des activités annexes	1 200	
487	Produits constatés d'avance		1 200
	Loyer à reporter sur N+1 : 2 400 x 3/6		
	id		
4097	Fournisseurs – Autres avoirs	17 928	
6293	Rabais, remises, ristournes obtenus sur publicité		14 940
4456	État – TVA déductible		2 988
	Facture du jour		

- Impôts et taxes

TVA collectée de décembre :.. 39 942
TVA déductible de décembre : 38 784 + 30 – 2 988 = ... – 35 826
TVA à décaisser au titre de décembre :.. 4 116

	31/12/N		
4457	État – TVA collectée	39 942	
4456	État – TVA déductible		35 826
4455	État – TVA à décaisser		4 116
	TVA à décaisser de décembre		

• Détermination des achats et ventes nets

	31/12/N		
6097	RRR obtenus sur achats de marchandises	11 434	
6293	RRR obtenus sur publicité, relations publiques	14 940	
607	Achats de marchandises		11 434
623	Publicité, relations publiques		14 940
	Détermination des achats nets		
	id		
707	Ventes de marchandises	3 049	
7097	RRR accordés sur ventes de marchandises		3 049
	Détermination du chiffre d'affaires net		

2. Présentez la balance après inventaire.

N°	Noms des comptes	Soldes débiteurs	Soldes créditeurs
101	Capital social		152 500
106	Réserves		18 842
164	Emprunts auprès des établissements de crédit		97 567
207	Fonds commercial	16 350	
211	Terrains	35 367	
213	Constructions	53 360	
215	Installations techniques, matériels et outillages	62 504	
261	Titres de participation	32 929	
2813	Amortissements des constructions		12 006
2815	Amortissements des installations techniques…		28 805
2961	Dépréciations des titres de participation		10 824
31	Stock de matières premières	46 954	
355	Produits finis	75 462	
371	Stock de marchandises	47 564	
391	Dépréciations des matières premières		2 805
401	Fournisseurs		231 809
403	Fournisseurs - Effets à payer		42 381
4084	Fournisseurs - Factures non parvenues		914
4097	Fournisseurs - Autres avoirs	17 928	
411	Clients	293 689	

416	Clients douteux	10 546	
4181	Clients - Produits non encore facturés	2 195	
4455	État - TVA à décaisser		4 116
4458	État - TVA à régulariser		214
486	Charges constatées d'avance	1 338	
487	Produits constatés d'avance		1 200
491	Dépréciations des comptes clients		5 802
503	VMP - Actions	13 964	
512	Banques		34 559
53	Caisse	10 549	
5903	Dépréciations des actions		1 320
601	Achats de matières premières	447 087	
603	Variations des stocks		1 829
606	Achats non stockés de matières et fournitures	131 289	
607	Achats de marchandises	352 157	
616	Primes d'assurance	240	
623	Publicité, relations publiques	23 934	
627	Services bancaires	2 550	
63	Impôts, taxes et versements assimilés	20 581	
641	Rémunérations du personnel	109 640	
645	Charges de Sécurité sociale et de prévoyance	53 052	
661	Charges d'intérêts	6 891	
675	Valeur comptable des éléments d'actif cédés	6 609	
6811	Dotations aux amortissements des immobilisations	10 641	
6817	Dotations aux dépréciations des actifs circulants	5 442	
6866	Dotations aux dépréciations des éléments financiers	696	
701	Ventes de produits finis		741 055
707	Ventes de marchandises		488 294
708	Produits des activités annexes		1 200
713	Variations des stocks	5 336	
764	Revenus des VMP		479
775	Produits des cessions d'éléments d'actif		5 793
7817	Reprises sur dépréciations des actifs circulants		5 060
7866	Reprises sur dépréciations des éléments financiers		7 470
	Totaux	1 896 844	1 896 844

3. Enregistrez l'écriture relative à la détermination du résultat de l'exercice N.

	31/12/N		
603	Variations des stocks	1 829	
701	Ventes de produits finis	741 055	
707	Ventes de marchandises	488 294	
708	Produits des activités annexes	1 200	
764	Revenus des VMP	479	
775	Produits des cessions d'éléments d'actif	5 793	
7817	Reprises sur dépréciations des actifs circulants	5 060	
7866	Reprises sur dépréciations des éléments financiers	7 470	
120	Résultat de l'exercice (bénéfice)		75 035
601	Achats de matières premières		447 087
606	Achats non stockés de matières et fournitures		131 289
607	Achats de marchandises		352 157
616	Primes d'assurance		240
623	Publicité, relations publiques		23 934
627	Services bancaires		2 550
63	Impôts, taxes et versements assimilés		20 581
641	Rémunérations du personnel		109 640
645	Charges de Sécurité sociale et de prévoyance		53 052
661	Charges d'intérêts		6 891
675	Valeur comptable des éléments d'actif cédés		6 609
6811	Dotations aux amortissements des immobilisat.		10 641
6817	Dotations aux dépréciations des actifs circulants		5 442
6866	Dotations aux dépréciations des éléments fin.		696
713	Variations des stocks		5 336
	Détermination du résultat net comptable		

4. Enregistrez au journal les écritures de clôture.

	31/12/N		
891	Bilan de clôture	720 699	
207	Fonds commercial		16 350
211	Terrains		35 367
213	Constructions		53 360
215	Installations techniques, matériels et out.		62 504
261	Titres de participation		32 929
31	Stock de matières premières		46 954
355	Produits finis		75 462
371	Stock de marchandises		47 564
4097	Fournisseurs - Autres avoirs		17 928
411	Clients		293 689
416	Clients douteux		10 546
4181	Clients - Produits non encore facturés		2 195
486	Charges constatées d'avance		1 338
503	Valeurs mobilières de placement		13 964
53	Caisse		10 549
	Clôture des comptes d'actif		

	31/12/N		
101	Capital social	152 500	
106	Réserves	18 842	
120	Résultat de l'exercice (bénéfice)	75 035	
164	Emprunts auprès des établissements de crédit	97 567	
2813	Amortissements des constructions	12 006	
2815	Amortissements des installations techniques…	28 805	
2961	Dépréciations des titres de participation	10 824	
391	Dépréciations des matières premières	2 805	
401	Fournisseurs	231 809	
403	Fournisseurs - Effets à payer	42 381	
4084	Fournisseurs - Factures non parvenues	914	
4455	État - TVA à décaisser	4 116	
4458	État - TVA à régulariser	214	
487	Produits constatés d'avance	1 200	
491	Dépréciations des comptes clients	5 802	
512	Banques	34 559	
5903	Dépréciations des actions	1 320	
891	Bilan de clôture		720 699
	Clôture des comptes de passif		

5. Enregistrez au journal les écritures de réouverture ainsi que les écritures de contre-passation relatives à l'inventaire N.

	01/01/N+1		
207	Fonds commercial	16 350	
211	Terrains	35 367	
213	Constructions	53 360	
215	Installations techniques, matériels et outillages	62 504	
261	Titres de participation	32 929	
31	Stock de matières premières	46 954	
355	Produits finis	75 462	
371	Stock de marchandises	47 564	
4097	Fournisseurs - Autres avoirs	17 928	
411	Clients	293 689	
416	Clients douteux	10 546	
4181	Clients - Produits non encore facturés	2 195	
486	Charges constatées d'avance	1 338	
503	Valeurs mobilières de placement	13 964	
53	Caisse	10 549	
890	Bilan d'ouverture		720 699
	Ouverture des comptes d'actif		

	01/01/N+1		
890	Bilan d'ouverture	720 699	
101	Capital social		152 500
106	Réserves		18 842
120	Résultat de l'exercice (bénéfice)		75 035
164	Emprunts auprès des établissements de crédit		97 567
2813	Amortissements des constructions		12 006
2815	Amortissements des installations techniques…		28 805
2961	Dépréciations des titres de participation		10 824
391	Dépréciations des matières premières		2 805
401	Fournisseurs		231 809
403	Fournisseurs - Effets à payer		42 381
4084	Fournisseurs - Factures non parvenues		914
4455	État - TVA à décaisser		4 116
4458	État - TVA à régulariser		214
487	Produits constatés d'avance		1 200
491	Dépréciations des comptes clients		5 802
512	Banques		34 559
5903	Dépréciations des actions		1 320
	Ouverture des comptes de passif		

	01/01/N+1		
606	Achats non stockés de matières et fournitures	1 098	
486	Charges constatées d'avance		1 098
	Extourne écriture d'inventaire		

	01/01/N+1		
4081	Fournisseurs – Factures non parvenues	914	
4458	État – TVA à régulariser		152
601	Achats de matières premières		762
	Extourne écriture d'inventaire		
	id		
707	Ventes de marchandises	1 829	
4458	État – TVA à régulariser	366	
4181	Clients – Produits non encore facturés		2 195
	Extourne écriture d'inventaire		
	id		
616	Primes d'assurances	240	
486	Charges constatées d'avance		240
	Extourne écriture d'inventaire		
	id		
487	Produits constatés d'avance	1 200	
708	Produits des activités annexes		1 200
	Extourne écriture d'inventaire		

Entraînement à l'examen

❶ Travaux d'inventaire – p. 440

1. Présentez le tableau d'amortissement du logiciel acquis le 15 juin N.

Années	Amortissements comptables	
N	9 000 × 20 % × 195/360	975
N+1	9 000 × 20 %	1 800
N+2	9 000 × 20 %	1 800
N+3	9 000 × 20 %	1 800
N+4	9 000 × 20 %	1 800
N+5	9 000 × 20 % × 165/360	825
Total		9 000

2. Enregistrez au journal les écritures de régularisation relatives à la cession du 1er décembre N.

Correction de l'écriture de cession :

		31/12/N		
2154		Matériels industriels	30 000,00	
	775	Produits des cessions d'éléments d'actif		30 000,00
		Correction écriture du 1er décembre		

Amortissements à la cession :
N–2 : 40 000 × 10 %..4 000,00 €
N–1 : 40 000 × 10 %..4 000,00 €
N : 40 000 × 10 % × 11 / 12.......................... 3 666,67 €
Total des amortissements à la cession.............11 666,67 €
Détermination de la VNC et sortie du bien du patrimoine :

		31/12/N		
28154		Amortissements des matériels industriels	11 666,67	
675		Valeur comptable des éléments d'actif cédés	28 333,33	
	2154	Matériels industriels		40 000,00
		Sortie du patrimoine du matériel cédé		

3. Enregistrez au journal les dotations aux amortissements de l'exercice N en justifiant les calculs.

Frais d'établissement : 8 000 × 1/5 = 1 600 €
Logiciels (cf. Q. 1) : 975 €
Constructions : 180 000 × 1/20 = 9 000 €
Matériel industriel :
– matériel autre que celui cédé : 120 000 + 30 000 – 40 000 = 110 000 €
dotation N : 110 000 × 10 % = 11 000 €
dotation totale : 3 666,67 + 11 000 = 14 666,67 €.
Matériel de transport :
– camion : 120 000 × 20 % ....24 000 €
– véhicule de tourisme : 17 500 × 1,20 × 20 % × 255/360...... 2 975 €
Total...26 975 €
Matériel de bureau et informatique : 24 000 × 1/5 = 4 800 €.
Mobilier : 16 000 × 1/10 = 1 600 €.

	31/12/N		
6811	Dotations aux amortissements des immobilisations inc. et corp.	58 641,67	
2801	Amortissements des frais d'établissement		1 600,00
2813	Amortissements des constructions		9 000,00
28154	Amortissements des matériels industriels		14 666,67
28182	Amortissements des matériels de transport		26 975,00
28183	Amortissements des matériels de bureau et info.		4 800,00
28184	Amortissements du mobilier		1 600,00
	Dotations de l'exercice		

4. Enregistrez au journal la régularisation de la cession de valeurs mobilières de placement réalisée le 15 décembre N, sachant que l'entreprise utilise, quelle que soit la nature des titres vendus, la méthode du « premier entré – premier sorti ».

Prix de cession des titres Fidex : 50 × 104 = 5 200 €.
Prix d'acquisition des titres Fidex cédés : (40 × 112) + (10 × 105) = 5 530 €.
Perte sur cession : 5 530 – 5 200 = 330 €.

	31/12/N		
471	Compte d'attente	5 200,00	
667	Charges nettes sur cessions de VMP		5 200,00
	Régularisation cession actions Fidex		
	id		
667	Charges nettes sur cessions de VMP	5 530,00	
503	VMP – Actions		5 530,00
	Prix d'acquisition des actions Fidex cédées		

5. Présentez, dans un tableau, les calculs relatifs aux différents titres (titres de participation et valeurs mobilières de placement) afin de faire apparaître les éventuelles dépréciations ou reprises sur ces actifs pour l'exercice N.

Titres	Au 31 décembre N				Au 31 décembre N-1			Régularisations		
	Nombre	PA	VI	Dépréc.	Nombre	PA	VI	Dépréc.	Dotations	Reprises
Veriten	2 500	282 000	282 500		2 500	282 000	325 000			
Fidex	150	15 840	15 300	540	200	21 370	21 000	370	170	
Lomax	110	11 990	12 650		110	11 990	12 320			
Totaux				540				370	170	

6. Enregistrez au journal les éventuelles écritures de régularisation provenant du tableau réalisé à la question 5.

	31/12/N		
6866	Dotations aux dépréciations des éléments financiers	170,00	
5903	Dépréciations des VMP – Actions		170,00
	Suivant tableau précédent		

7. Enregistrez au journal les écritures de régularisation relatives aux créances douteuses en justifiant les calculs.

Clients	Créance restant dûe		Dépréciation		Dotation	Reprise	Créance irrécouvr.
	TTC	HT	31/12/N	31/12/N-1			
Leduc	8 520,00	7 100	4 260	3 240	1 020		
Lebaron	15 000,00	12 500		10 000		10 000	12 500
Lemarquis	5 400,00	4 500	2 025	2 400		375	
Lecompte	14 400,00	12 000	4 800		4 800		
Totaux					5 820	10 375	12 500

	31/12/N		
416	Clients douteux	14 400,00	
411	Clients		14 400,00
	Client Lecompte		
	id		
654	Pertes sur créances irrécouvrables	12 500,00	
44551	TVA à décaisser	2 500,00	
416	Clients douteux		15 000,00
	Client Lebaron		
	id		
6817	Dotations aux dépréciations des actifs circulants	5 820,00	
491	Dépréciations des comptes de clients		5 820,00
	Ajustements selon tableau		
	id		
491	Dépréciations de comptes de clients	10 375,00	
7817	Reprises sur dépréciations des actifs circulants		10 375,00
	Ajustements selon tableau		

8. Enregistrez au journal toutes les écritures de régularisation relatives aux stocks.

	31/12/N		
603	Variations des stocks	39 900,00	
326	Emballages		1 800,00
37	Stocks de marchandises		38 100,00
	Élimination des stocks de début d'exercice		
	id		
326	Emballages	1 700,00	
37	Stocks de marchandises	42 700,00	
603	Variations des stocks		44 400,00
	Création des stocks de fin d'exercice		
	id		
397	Dépréciations des stocks de marchandises	1 040,00	
7817	Reprises sur dépréciations des actifs circulants		1 040,00
	Élimination de la dépréciation		

9. Enregistrez au journal l'écriture de régularisation relative à l'emprunt souscrit auprès de la Société Générale.

Intérêts courus au 31/12 : 200 000 × 6 % × 345 / 360 = 11 500 €.

	31/12/N		
661	Charges d'intérêts	11 500,00	
16884	Intérêts courus sur emprunts		11 500,00
	Intérêts à payer le 15 janvier N+1		

❷ Opérations d'investissement et de financement et travaux d'inventaire – p. 443

DOSSIER 1

A-1. À quelle valeur sont inscrites à l'actif les immobilisations acquises à titre gratuit ?

Les immobilisations acquises à titre gratuit sont évaluées à leur valeur vénale.

A-2. Donnez une définition de cette valeur.

La valeur vénale est le montant qui pourrait être obtenu de la vente d'un actif, lors d'une transaction conclue à des conditions normales de marché, net des coûts de sortie.

A-3. À quelle valeur sont inscrites à l'actif les immobilisations acquises à titre onéreux ?

Les immobilisations acquises à titre onéreux sont évaluées à leur coût d'acquisition.

A-4. Indiquez quels en sont les éléments constitutifs.

Le coût d'acquisition est égal :
– au prix d'acquisition net de toutes réductions et augmenté des taxes et droits non déductibles ;
– augmenté des frais d'acquisition directement attribuables (transport, installation, tests et essais…).

A-5. Enregistrez les écritures d'acquisition du terrain et de la presse.

	15/05/N		
211	Terrains	100 000	
44562	TVA sur immobilisations	20 000	
4671	Débiteurs et créditeurs divers (notaire)		20 000
778	Autres produits exceptionnels		100 000
	Terrain reçu à titre gratuit		

Prix d'achat de la presse .... 60 000 €
Escompte obtenu : 60 000 × 2 %........ - 1 200 €
Prix d'achat net .... 58 800 €
Frais d'acquisition : 500 + 2 000........ 2 500 €
Coût d'acquisition .... 61 300 €

	02/09/N		
2154	Matériels industriels	61 300	
44562	TVA sur immobilisations	12 260	
404	Fournisseurs d'immobilisations		73 560
	Acquisition de la presse P424		
	id		
404	Fournisseurs d'immobilisations	73 560	
512	Banques		73 560
	Règlement au comptant		

B-1. Présenter les deux premières lignes et la dernière ligne du tableau d'emprunt en utilisant le tableau fourni en annexe A.

Intérêts N+1 : 50 000 × 3 % = 1 500 €
Amortissement N : 10 917,73 – 1 500 = 9 417,73 €
Amortissement N+5 : 9 417,73 × $1{,}03^4$ = 10 599,74
Intérêts N+5 : 10 917,73 – 10 599,74 = 317,99 (ou 10 599,74 × 3 %).

Années	Capital restant dû en début de période	Intérêts	Amortissements	Annuités
N+1	50 000,00	1 500,00	9 417,73	10 917,73
N+2	40 582,27	1 217,47	9 700,26	10 917,73
…				
N+5	10 599,74	317,99	10 599,74	10 917,73

B-2. Enregistrer toutes les écritures du 1er septembre N au 1er septembre N+1 concernant cet emprunt.

Compte	Libellé	Débit	Crédit
	01/09/N		
512	Banques	50 000,00	
164	Emprunts auprès des ets. de crédit		50 000,00
	Souscription emprunt BPM		
	31/12/N		
661	Charges d'intérêts	500,00	
16884	Intérêts courus sur emprunts		500,00
	Intérêts courus : 1 500 x 4 / 12		
	01/01/N+1		
16884	Intérêts courus sur emprunts	500,00	
661	Charges d'intérêts		500,00
	Extourne écriture d'inventaire		
	01/09/N+1		
164	Emprunts auprès des ets. de crédit	9 417,73	
661	Charges d'intérêts	1 500,00	
512	Banques		10 917,73
	1re annuité emprunt BPM		

B-3. Rappelez et définissez le principe comptable permettant de justifier l'écriture du 31 décembre N.

Le principe de l'annualité des exercices conduit à rattacher à l'exercice les charges et les produits qui le concernent.

DOSSIER 2

1. Rappelez le principe de l'inventaire intermittent des stocks.

La méthode de l'inventaire intermittent consiste à mouvementer les comptes « 60 Achats » et « 70 Ventes » durant l'exercice, le compte de stock n'étant jamais mouvementé.
À chaque arrêté des comptes, on procède à l'inventaire physique.
Les comptes de variation des stocks sont utilisés pour annuler les stocks initiaux et constater les stocks de fin d'exercice.

2. Calculez la dépréciation nécessaire au 31 décembre N.

Dépréciation : montant du stock x % de biens abîmés x perte de valeur.
Dépréciation = 80 000 × 10 % × 25 % = 2 000 €.

3. Comptabilisez au 31 décembre N les écritures d'inventaire concernant ce stock.

	31/12/N		
71355	Variations des stocks de produits finis	60 000	
355	Stocks de produits finis		60 000
	Annulation du SI		
	id		
355	Stocks de produits finis	80 000	
71355	Variations des stocks de produits finis		80 000
	Création du SF		
	id		
6817	Dotations aux dépréciations des actifs circulants	2 000	
3955	Dépréciations des stocks de produits finis		2 000
	Dépréciation N		

4. Rappelez et énoncez le principe comptable conduisant à constater une dépréciation sur les créances douteuses.

Il s'agit du principe de prudence.

Ce principe s'énonce comme suit : « La comptabilité est établie sur la base d'appréciations prudentes, pour éviter le risque de transfert, sur des périodes à venir, d'incertitudes présentes susceptibles de grever le patrimoine et le résultat de l'entité » (*PCG 120-3*).

5. À partir de l'annexe 1, présentez, pour l'exercice N, un tableau de suivi des dépréciations des créances douteuses selon le modèle fourni.

Client douteux	Solde HT au 31/12/N	Déprécia-tions N	Déprécia-tions N-1	Ajustements		Pertes définitives
				Dotations	Reprises	
SAUSSURE	5 000	2 500	1 000	1 500	---	---
PAYOT	3 000	---	500	---	500	3 000
WYMPER	10 000	2 500	1 500	1 000	---	---
CELESTINE	20 000	4 000	0	4 000	---	---
Totaux		9 000	3 000	6 500	500	3 000

6. Enregistrez toutes les écritures comptables nécessaires au 31 décembre N concernant les créances douteuses.

Compte	Libellé	Débit	Crédit
	31/12/N		
416	Clients douteux	24 000	
411	Clients		24 000
	nouveau client douteux : CELESTINE		
	id		
6817	Dotations aux dépréciations des actifs circulants	6 500	
491	Dépréciations des comptes clients		6 500
	Suivant tableau		
	id		
491	Dépréciation des comptes clients	500	
7817	Reprises sur dépréciations des actifs circulants		500
	Suivant tableau		
	id		
654	Pertes sur créances irrécouvrables	3 000	
44587	TVA à régulariser sur ventes	600	
416	Clients douteux		3 600
	Pour solde client PAYOT		

7. Rappelez et énoncez le(s) principe(s) comptable(s) conduisant aux régularisations des charges et produits lors de l'inventaire.

Ce sont :
– le principe d'indépendance des exercices : ce principe conduit à rattacher à l'exercice les seuls charges et produits qui le concernent ;
– le principe de prudence, déjà évoqué à la question 4.

8. À partir de l'annexe 2, enregistrez toutes les écritures comptables nécessaires au 31 décembre N.

- **Valeurs mobilières**

Prix d'acquisition des titres cédés : (20 × 100) + (30 × 150) = 6 500 €.
Dépréciation au 31/12/N-1 : 20 × (100 – 80) = 400 €.
Aucune dépréciation nécessaire au 31/12/N : valeur d'inventaire (180 €) > prix d'acquisition des titres restant en portefeuille (150 €).

	31/12/N		
471	Compte d'attente	10 000	
767	Produits nets sur cessions de VMP		10 000
	Rectification écriture du 05/12		
	id		
767	Produits nets sur cessions de VMP	6 500	
50	Valeurs mobilières de placement		6 500
	Prix d'acquisition des titres cédés		
	id		
590	Dépréciations des valeurs mobilières de placement	400	
7866	Reprises sur dépréciations des actifs financiers		400
	Annulation de la dépréciation existante		

- **Emprunt**

Intérêts courus au 31/12/N : 2 522 × 180 / 360 = 1 261 €.

	31/12/N		
661	Charges d'intérêts	1 261	
16884	Intérêts courus sur emprunts		1 261
	Charge de l'exercice N		

- **Livraison en attente**

	31/12/N		
486	Charges constatées d'avance	2 000	
601	Achats de matières premières		2 000
	Coupure de fin d'exercice		

- **Procès en cours**

	31/12/N		
6875	Dotations aux provisions - Charges exceptionnelles	3 000	
1511	Provisions pour litiges		3 000
	Indemnité à payer estimée sur procès en cours		

- **Règlement en attente**

Perte de change latente au 31/12/N : 10 000 × (0,95 – 0,90) = 500 €.

	31/12/N		
476	Écarts de conversion - Actif	500	
411	Clients		500
	Perte latente de change sur client suisse		
	id		
6815	Dotations aux provisions - Charges d'exploitation	500	
1515	Provisions pour pertes de change		500
	Perte latente de change sur client suisse		

Chapitre 20

Comptabilité et environnement numérique

Comprendre les notions

Application 1 Contrôler une facture – p. 461

Compétence attendue : C1

1. À partir de l'annexe, contrôlez que l'ensemble des mentions obligatoires figurent sur la facture.

1° Le nom complet et l'adresse de l'assujetti et de son client

Assujetti : Peintures JL & Fils
15 avenue de Metz
57950 Montigny-lès-Metz

Client : M. et Mme Schaub
12 av. Guy de Maupassant
57000 Metz

2°, 3° et **4°** Le numéro individuel d'identification attribué à l'assujetti : FR44732829320.

6° Sa date d'émission : le 20 mai N.

7° Un numéro unique : Facture N° N1250.

8° Pour chacun des biens livrés ou des services rendus, la quantité, la dénomination précise, le prix unitaire hors taxes et le taux de taxe sur la valeur ajoutée :

Désignation	Unité	Qté	PU
Préparation des murs	Forfait	1	250,00
Peinture du salon	M²	30	13,00
Main d'œuvre	Heure	10	30,00

Taux de TVA : 10 %.

9° Tous rabais, remises, ristournes ou escomptes : il n'y en a pas ici.

10° La date à laquelle est effectuée, ou achevée, la prestation de services : Travail terminé le 18 mai N.
Et la date à laquelle l'acompte est versé : le 10 mai.

11° Le montant de la taxe à payer et, par taux d'imposition, le total hors taxes et la taxe correspondante mentionnés distinctement :

Total HT	940,00
TVA 10 %	94,00

L'ensemble des mentions obligatoires sont présentes ici. La société Peintures JL & Fils n'encourt donc pas d'amende.

2. Déterminez si la facture peut être considérée comme une facture électronique.

La facture a été établie sur un logiciel de facturation ; dès lors que ce dernier remplit toutes les obligations d'authenticité, d'intégrité et de lisibilité des factures, celle-ci peut être considérée comme une facture électronique. Par ailleurs, les mêmes conditions doivent être remplies pour la conservation des données. Le fait de délivrer la facture sous forme papier ne compromet pas la qualification fiscale de facture électronique.

3. Citez les deux catégories de transmission possibles des factures aux clients.

Les deux catégories de transmission sont :
– la voie papier : c'est la façon classique de transmettre une facture à un client du domaine privé ;
– la voie électronique : si, à partir de 2020, elle est obligatoire dès lors que le client est un client public, ce n'est pas encore le cas lorsque le client est privé (entreprise ou consommateur). Dans ce dernier cas, l'acheteur doit donner son accord à une transmission électronique.

4. Précisez la durée et la forme de conservation de ce document dans l'entreprise Peintures JL & Fils.

La durée est de 10 ans pour le Code de commerce et de 6 ans pour le Code général des impôts (administration fiscale).
Si la facture est électronique, la société devra la conserver pendant 3 ans sous cette forme, et au-delà sous tous supports.

Application 2 Identifier les fichiers informatisés obligatoires – p. 462

Compétences attendues : C1 et C2

1. Distinguez l'EFI de l'EDI.

L'EFI suppose de se connecter à un site sécurisé pour remplir un formulaire en ligne. L'EDI envoie directement (depuis une application logicielle) un fichier à un destinataire distant.

2. Dans un tableau, répertoriez l'ensemble des obligations de télétransmission de déclarations pour l'entreprise avec leur(s) mode(s) de télétransmission.

Déclarations	Modes de transmission possibles
Déclaration de TVA	EDI ou EFI
Déclaration de résultat	EDI (obligatoirement si soumis au régime du réel normal) ou EFI
Déclaration sociale nominative (DSN)	EDI
Déclaration préalable à l'embauche (DPAE)	EDI ou EFI ou en ligne, déclaration papier

3. Déterminez la personne responsable du fichier des écritures comptables dans l'entreprise Château Monfort.

La personne responsable du fichier est le représentant légal de l'entreprise.

Application 3 Utiliser le compte 58 – p. 463

Compétence attendue : C3

1. Précisez l'utilité du compte « 58 Virements internes » pour cette entreprise.

Ce compte permet l'utilisation de deux journaux concernés par une même opération. Par exemple, le dépôt d'espèces en banque est une opération économique mais elle concerne deux journaux si l'entreprise tient des journaux auxiliaires : celui de la banque et celui de la caisse. Il n'y a pas à choisir, il faut utiliser les deux. Le compte 58 servira de contrepartie lors de la saisie des enregistrements.

2. Procédez aux enregistrements comptables nécessaires dans les journaux auxiliaires.

Journal de Caisse

	15/03		
58	Virements internes	1 800	
531	Caisse		1 800
	Retrait de la caisse pour dépôt à la banque		
	30/03		
531	Caisse	300	
58	Virements internes		300
	Dépôt d'espèces en caisse		

Journal de Banque

	15/03		
512	Banque	1 800	
58	Virements internes		1 800
	Retrait de la caisse pour dépôt en banque		
	30/03		
58	Virements internes	300	
512	Banque		300
	Dépôt d'espèces en caisse		

3. Indiquez la raison pour laquelle un compte Caisse ne peut jamais être créditeur.

Le compte Caisse est toujours débiteur puisque le minimum détenu en espèces est de zéro euro.

Application 4 QCM – p. 463

Répondez par « Vrai » ou par « Faux » aux affirmations ci-dessous en donnant toutes explications utiles.

1. Le contenu d'une facture est en partie normalisé.
Vrai. Le Code général des impôts impose un certain nombre de mentions obligatoires.

2. Toute facture doit être conservée jusqu'à la fin de l'exercice au cours duquel elle a été enregistrée.
Faux. La facture doit être conservée 6 ans en matière fiscale et 10 ans selon le Code de commerce.

3. L'Échange de Données Informatisé (EDI) nécessite d'avoir un logiciel offrant cette fonction, à l'inverse de l'Échange de Fichiers Informatisé (EFI).
Vrai. L'EDI est effectué à partir du logiciel comptable (ou du PGI) alors que l'EFI permet de remplir un document en ligne.

4. La DPAE peut encore dans certains cas s'effectuer sous forme papier.
Vrai. Les entreprises effectuant moins de 50 embauches au titre de l'année précédente peuvent encore faire une DPAE papier envoyée par courrier recommandé à l'URSSAF.

5. Le compte 58 n'apparaît pas au bilan, il est toujours soldé.
Vrai. Il permet seulement le passage de deux écritures simultanées dans deux journaux différents. Il doit par conséquent être soldé dès la fin de l'enregistrement de l'opération économique.

6. A compter de 2020, la facturation électronique est obligatoire.
Faux. Elle n'est obligatoire à compter de 2020 que pour l'ensemble des commandes publiques. Elle sera obligatoire pour les entreprises à partir de juillet 2024.

7. Le RGPD définit la notion de données personnelles.
Vrai. Le RGPD définit la notion de données personnelles comme « toute information se rapportant à une personne physique identifiée ou identifiable ».

8. L'archivage des documents comptables peut se faire sur des supports réinscriptibles du type DVD+RW.
Faux. Le support réinscriptible permet la modification de ce qui y est enregistré (RW = ReWritable). L'archivage des documents comptables se fait

par la retranscription sur des supports de type WORM (*Write Once Read Many*).

9. Le cryptage est un moyen de protéger des données.
Vrai. Seuls ceux qui possèdant la clé de chiffrement peuvent les lire.

10. La numérisation influe sur le travail de l'expert-comptable.
Vrai. Non seulement elle modifie la façon de travailler mais elle influe aussi sur les missions de l'expert-comptable.

11. La déclaration de TVA est obligatoirement télédéclarée quelles que soient la forme et la taille de l'entreprise.
Vrai. La télédéclaration s'applique aujourd'hui à toutes les entreprises. Elle peut se faire par EDI ou EFI.

12. Le Ficher des Écritures Comptables (FEC) est un document obligatoire.
Vrai. Il peut être réclamé par l'administration fiscale en cas de vérification ou d'examen de la comptabilité.

Mettre en œuvre les compétences

Application Mettre en œuvre un logiciel comptable – p. 464

Compétences attendues : C2 et C3

1. Présentez les écritures d'inventaire nécessaires sur un brouillard.

Amortissements :
Bâtiments : 420 000 × 1/20 =.. 21 000 €
Agencements : 150 000 × 1/10 = ... 15 000 €
Matériels et outillages : 50 000 × 1/10 =.. 5 000 €
Camionnette A : 20 000 × 1/4 × 9/12 =.. 3 750 €
Camion B : 30 000 × 1/5 = ... 6 000 €
Véhicule C : totalement amorti.
Matériel de bureau et informatique : 20 000 × 1/10 = ...2 000 €.

	31/12/N		
6811	Dotations aux amortissements des immobilisations	52 750	
28131	Amortissements des bâtiments		21 000
28135	Amortissements des aménagements constr.		15 000
28154	Amortissements des matériels indus.		5 000
28182	Amortissements des matériels de transport		9 750
28183	Amortissements des matériels de bureau et inf		2 000
	Dotations N		

Stocks

	31/12/N		
603	Variations des stocks	390 000	
37	Stock de marchandises		390 000
	Élimination du stock initial		
	id		
397	Dépréciation des stocks de marchandises	22 000	
7817	Reprises sur dépréciations des actifs circulants		22 000
	Reprise de dépréciation sur stock initial		
	id		
37	Stock de marchandises	315 000	
603	Variations des stocks		315 000
	Stocks de fin		

id

6817	Dotations aux dépréciations des actifs circulants	18 000	
397	Dépréciation des stocks de marchandises		18 000
	Dépréciations des stocks de fin		

Clients douteux

416	Clients douteux	16 800	
411	Clients		16 800
	Client douteux Y		

6817	Dotations aux dépréciations des actifs circulants	2 800	
491	Dépréciations des comptes clients		2 800
	Constatation de la dépréciation (16 800/1,2 × 0.2)		

654	Pertes sur créances irrécouvrables 22 800/1.2	19 000	
44551	TVA à décaisser	3 800	
416	Clients douteux		22 800
	Créances irrécouvrables X		

491	Dépréciations des comptes clients	7 200	
7817	Reprises sur dépréciations des actifs circulants		7 200
	Reprise créance irrécouvrable X		

Provision

151	Provisions pour risques	10 000	
7875	Reprises sur provisions exceptionnelles		10 000
	Reprise de la provision		

Régularisations

4181	Clients - Produits non encore facturés	24 000	
707	Ventes de marchandises		20 000
44587	TVA à régulariser		4 000
	Factures non établies		
486	Charges constatées d'avance	2 000	
616	Primes d'assurances		2 000
	2 400 × 5/6		

Cession du véhicule

5121	Banque principale	3 500	
775	Prix de cession des éléments d'actif		3 500
	Prix de cession		
28182	Amortissements des matériels de transport	12 000	
2182	Matériels de transport		12 000

TVA à décaisser

44571	TVA collectée	22 300	
44566	TVA déductible		18 000
44567	Crédit de TVA à reporter		200
44551	TVA à décaisser		3 800
	TVA du mois de décembre		

Virement des comptes soustractifs

6097	R.R.R. obtenus sur achats de marchandises	54 200	
607	Achats de marchandises		54 200
	Détermination des achats nets		
707	Ventes de marchandises	41 000	
7097	R.R.R. accordés sur ventes de marchand.		41 000
	Détermination du chiffre d'affaires net		

2. Créez l'entreprise BRICO+ sur votre logiciel.

L'entreprise doit être créée sur l'année précédant l'année en cours afin de pouvoir réaliser la clôture. Le système à sélectionner est le système de base pour la comptabilité.
Selon l'établissement scolaire le fichier de création est ou non stocké sur le réseau. Il faut veiller à se renseigner au préalable.

3. Saisissez les soldes de la balance dans le journal des OD à la date du 31/12, date de clôture, avec comme libellé « reprise de balance ». Enregistrez l'écriture (ne pas valider).

Les comptes fournis dans la balance peuvent être non acceptés par le logiciel. L'étudiant effectuera alors une sélection du compte le plus approprié (par exemple 606 sera modifié en 6061).

4. Une fois les écritures d'inventaire au brouillard vérifiées (question 1), saisissez-les dans le journal des OD ; veillez à la pertinence de vos libellés.

Il s'agit pour l'étudiant de passer les écritures d'inventaire une fois que celles-ci auront été corrigées.

5. Exportez votre balance sur Excel dans vos documents avec comme nom de fichier « reprise de balance » dans le dossier « chapitre 20 utilisation du logiciel ».

Compte	Intitulé du compte général	Solde
1013	Capital souscrit - appelé, versé	-713 000,00
1061	Réserve légale	-71 300,00
1068	Autres réserves	-12 157,00
164	Emprunts auprès des établissements de crédit	-20 000,00
2112	Terrains aménagés	120 000,00
2131	Bâtiments	420 000,00
2135	Installations générales, agencements, aménagements	150 000,00
2154	Matériel industriel	50 000,00
2182	Matériel de transport	50 000,00
2183	Matériel de bureau et matériel informatique	20 000,00
28131	Amortissements des bâtiments	-168 000,00

28135	Amortissements des aménagements	-120 000,00
2815	Installations techniques, matériel et outillage industriels	-40 000,00
28182	Amortissements du matériel de transport	-40 833,00
28183	Amortissements du matériel de bureau	-16 000,00
371	Marchandises (ou groupe) A	315 000,00
397	Dépréciations des stocks de marchandises	-18 000,00
401	Fournisseurs	-65 000,00
411	Clients	32 124,00
416	Clients douteux ou litigieux	16 800,00
418	Clients - Produits non encore facturables	24 000,00
425	Personnel - Avances et acomptes	800,00
431	Sécurité sociale	3 700,00
44567	Crédit de TVA à reporter	1 200,00
445711	TVA collectée 20 % Débits	-270,00
44587	Taxes sur le chiffre d'affaires sur factures à établir	-4 000,00
486	Charges constatées d'avance	2 000,00
491	Dépréciations comptes de clients	-2 800,00
5121	Banque principale	29 486,00
531	Caisse siège social	2 300,00
6031	Variation des stocks de matières premières (et fournitures)	75 000,00
60611	Électricité, Essence, Gaz	14 500,00
607	Achats de marchandises	647 800,00
615	Entretien et réparations	28 000,00
6161	Multirisque	3 000,00
6226	Honoraires	3 700,00
6261	Frais de télécommunications	3 000,00
641	Rémunérations du personnel	107 000,00
6451	Cotisations à l'URSSAF	34 900,00
654	Pertes sur créances irrécouvrables	19 000,00
661	Charges d'intérêts	9 000,00

665	Escomptes accordés	12 000,00
671	Charges exceptionnelles sur opérations de gestion	4 200,00
6811	Dotations sur immobilisations incorporelles et corporelles	52 750,00
6817	Dotations aux dépréciations des actifs circulant	20 800,00
707	Ventes de marchandises	-938 000,00
775	Produits des cessions éléments d'actif	-3 500,00
7817	Reprises pour dépréciation des actifs circulant	-29 200,00
7875	Reprises sur provisions pour charges exceptionnelles	-10 000,00
		0,00

6. Exportez au format PDF le bilan et le compte de résultat de l'entreprise BRICO+ dans vos documents dans le dossier « chapitre 20 utilisation du logiciel ».

Bilan actif

État exprimé en €

			Du 01/01/2018 Au 31/12/2018				
			Brut		Amortis. Provisions	Net	Net
	Capital souscrit non appelé (I)	AA					
ACTIF IMMOBILISE	**Immobilisations Incorporelles**						
	Frais d'établissement	AB		AC			
	Frais de recherche et de développement	AD		AE			
	Concessions brevets droits similaires	AF		AG			
	Fonds commercial (1)	AH		AI			
	Autres immobilisations incorporelles	AJ		AK			
	Avances et acomptes	AL		AM			
	Immobilisations Corporelles						
	Terrains	AN	120 000,00	AO		120 000,00	
	Constructions	AP	570 000,00	AQ	288 000,00	282 000,00	
	Installations techniques,mat et outillage indus.	AR	50 000,00	AS	40 000,00	10 000,00	
	Autres immobilisations corporelles	AT	70 000,00	AU	56 833,00	13 167,00	
	Immobilisations en cours	AV		AW			
	Avances et acomptes	AX		AY			
	Immobilisations Financieres						
	Participations évaluées selon mise en équivalence	CS		CT			
	Autres participations	CU		CV			
	Créances rattachées à des participations	BB		BC			
	Autres titres immobilisés	BD		BE			
	Prêts	BF		BG			
	Autres immobilisations financières	BH		BI			
	TOTAL (II)	BJ	810 000,00	BK	384 833,00	425 167,00	0,00
ACTIF CIRCULANT	**Stocks et en-cours**						
	Matières premières, approvisionnements	BL		BM			
	En-cours de production de biens	BN		BO			
	En-cours de production de services	BP		BQ			
	Produits intermédiares et finis	BR		BS			
	Marchandises	BT	315 000,00	BU	18 000,00	297 000,00	
	Avances et Acomptes versés sur commandes	BV		BW			
	Créances						
	Créances clients et comptes rattachés (3)	BX	72 924,00	BY	2 800,00	70 124,00	
	Autres créances (3)	BZ	5 700,00	CA		5 700,00	
	Capital souscrit appelé, non versé	CB		CC			
	Valeurs mobilières de placement	CD		CE			
	Disponibilités	CF	31 786,00	CG		31 786,00	
	Charges constatées d'avance (3)	CH	2 000,00	CI		2 000,00	
	TOTAL (III)	CJ	427 410,00	CK	20 800,00	406 610,00	0,00
COMPTES DE REGULARISATION	Frais d'émission d'emprunt à étaler (IV)	CL					
	Primes et remboursement des obligations (V)	CM					
	Ecarts de conversion actif (VI)	CN					
	TOTAL ACTIF	CO	1 237 410,00	1A	405 633,00	831 777,00	0,00

Renvois : (1) Dont droit au bail :		(2) Part à moins d'un an des immobilisations financières nettes :	CP	(3) Part à plus d'un an :	CR
Clause de réserve de propriété :*	Immobilisations :		Stocks :		Créances :

Bilan passif

État exprimé en €			Du 01/01/2018 Au 31/12/2018	
Capitaux Propres	Capital social ou individuel (1)	DA	713 000,00	
	Primes d'émission, de fusion, d'apport ...	DB		
	Ecart de réévaluation (2)	DC		
	RESERVES			
	Réserve légale (3)	DD	71 300,00	
	Réserves statuaires ou contractuelles	DE		
	Réserves réglementées (3)	DF		
	Autres réserves	DG	12 157,00	
	Report à nouveau	DH		
	Résultat de l'exercice	DI	-53 950,00	
	Subventions d'investissement	DJ		
	Provisions réglementées	DK		
	Total des capitaux propres	DL	742 507,00	0,00
Autres Fonds Propres	Produits des émissions de titres participatifs	DM		
	Avances conditionnées	DN		
	Total des autres fonds propres	DO	0,00	0,00
Provisions	Provisions pour risques	DP		
	Provisions pour charges	DQ		
	Total des provisions	DR	0,00	0,00
Dettes	**DETTES FINANCIERES**			
	Emprunts obligataires convertibles	DS		
	Autres emprunts obligataires	DT		
	Emprunts dettes auprès des établissements de crédit (5)	DU	20 000,00	
	Emprunts et dettes financières divers	DV		
	Avances et acomptes reçus sur commandes en cours	DW		
	DETTES D'EXPLOITATION			
	Dettes fournisseurs et comptes rattachés	DX	65 000,00	
	Dettes fiscales et sociales	DY	4 270,00	
	DETTES DIVERSES			
	Dettes sur immobilisations et comptes rattachés	DZ		
	Autres dettes	EA		
	Produits constatés d'avance (4)	EB		
	Total des dettes	EC	89 270,00	0,00
	Ecarts de conversion passif	ED		
TOTAL PASSIF		EE	831 777,00	0,00
Renvois	(1) Écart de réévaluation incorporé au capital	1B		
	(2) Dont Réserve spéciale de réévaluation (1959)	1C		
	(2) Dont Écart de réévaluation libre	1D		
	(2) Dont Réserve de réévaluation (1976)	1E		
	(3) Dont réserve spéciale des plus-values à long terme *	EF		
	(4) Dettes et produits constatés d'avance à moins d'un an	EG		
	(5) Dont concours bancaires courants, et soldes créditeurs de banques et CCP	EH		

Compte de résultat page 1

État exprimé en €

		France		Exportation			Du 01/01/2018 Au 31/12/2018	
Produits d'exploitation	Ventes de marchandises	FA	938 000,00	FB		FC	938 000,00	
	Production vendue Biens	FD		FE		FF		
	Production vendue Services	FG		FH		FI		
	Montant net du chiffre d'affaires	FJ	938 000,00	FK		FL	938 000,00	
	Production stockée					FM		
	Production immobilisée					FN		
	Subvention d'exploitation					FO		
	Reprises sur provisions et amortissements, transfert de charges (9)					FP	29 200,00	
	Autres produits (1) (11)					FQ		
	Total des produits d'exploitation (2)					FR	967 200,00	0,00
Charges d'exploitation	Achats de marchandises					FS	647 800,00	
	Variation de stock					FT		
	Achats de matières et autres approvisionnements					FU		
	Variation de stock					FV	75 000,00	
	Autres achats et charges externes (3) (6bis)					FW	52 200,00	
	Impôts, taxes et versements assimilés					FX		
	Salaires et traitements					FY	107 000,00	
	Charges sociales du personnel (10)					FZ	34 900,00	
	Dotations aux amortissements					GA	52 750,00	
	Dotations aux provisions : - sur immobilisations					GB		
	- sur actif circulant					GC	20 800,00	
	- pour risques et charges					GD		
	Autres charges (12)					GE	19 000,00	
	Total des charges d'exploitation (4)					GF	1 009 450,00	0,00
	RESULTAT D'EXPLOITATION					GG	**-42 250,00**	**0,00**
Opéra. comm.	Bénéfice attribué ou perte transférée					GH		
	Perte supportée ou bénéfice transféré					GI		
Produits financiers	De participations (5)					GJ		
	D'autres valeurs mobilières et créances d'actif immobilisé (5)					GK		
	Autres intérêts et produits assimilés (5)					GL		
	Reprises sur provisions et transfert de charges					GM		
	Différences positives de change					GN		
	Produits nets sur cessions de valeurs mobilières de placement					GO		
	Total des produits financiers					GP	0,00	0,00
Charges financières	Dotations aux amortissements et aux provisions					GQ		
	Intérêts et charges assimilées (6)					GR	21 000,00	
	Diffférences négatives de change					GS		
	Charges nettes sur cessions de valeurs mobilières de placement					GT		
	Total des charges financières					GU	21 000,00	0,00
	RESULTAT FINANCIER					GV	-21 000,00	0,00
	RESULTAT COURANT AVANT IMPOTS					GW	-63 250,00	0,00

Compte de résultat page 2

Etat exprimé en €

		Du 01/01/2018 Au 31/12/2018	
RESULTAT COURANT AVANT IMPOTS		-63 250,00	0,00
Produits exceptionnels — Sur opérations de gestion	HA		
Sur opérations en capital	HB	3 500,00	
Reprises sur provisions et transfert de charges	HC	10 000,00	
Total des produits exceptionnels (7)	HD	13 500,00	0,00
Charges exceptionnelles — Sur opérations de gestion (6bis)	HE	4 200,00	
Sur opérations en capital	HF		
Dotations aux amortissements et aux provisions (6ter)	HG		
Total des charges exceptionnelles (7)	HH	4 200,00	0,00
RESULTAT EXCEPTIONNEL	HI	9 300,00	0,00
PARTICIPATION DES SALARIES	HJ		
IMPOTS SUR LES BENEFICES	HK		
TOTAL DES PRODUITS	HL	980 700,00	0,00
TOTAL DES CHARGES	HM	1 034 650,00	0,00
RESULTAT DE L'EXERCICE	HN	-53 950,00	0,00

RENVOIS

(1)	Dont produits nets partiels sur opérations à long terme	HO		
(2)	Dont produits de locations immobilières	HY		
	Dont produits d'exploitation afférents à des exercices antérieurs (à détailler au (8) ci-dessous)	1G		
(3)	Dont - Crédit-bail mobilier *	HP		
	Dont - Crédit-bail immobilier	HQ		
(4)	Dont charges d'exploitation afférentes à des exercices antérieurs (à détailler au (8) ci-dessous)	1H		
(5)	Dont produits concernant les entreprises liées	1J		
(6)	Dont intérêts concernant les entreprises liées	1K		
(6bis)	**Dont dons faits aux organismes d'intérêt général (art. 238 bis du C.G.I.)**	HX		
(6ter)	Dont amortissements des souscriptions dans les PME innovantes (art 217 octies)	RC		
	Dont amortissements exceptionnel de 25% des constructions nouvelles (art 39 quinquies D)	RD		
(9)	Dont transferts de charges	A1		
(10)	Dont cotisations personnelles de l'exploitant (13)	A2		
(11)	Dont redevances pour concessions de brevets, de licences (produits)	A3		
(12)	Dont redevances pour concessions de brevets, de licences (charges)	A4		
(13)	Dont primes et cotisations complémentaires personnelles : facultatives A6 — obligatoires	A9		

(7) Détails des produits et charges exceptionnels :

	Exercice N — Charges exceptionnelles	Exercice N — Produits exceptionnels

(8) Détails des produits et charges sur excercices antérieurs :

	Exercice N — Charges antérieures	Exercice N — Produits antérieurs

7. Vérifiez que votre résultat est une perte de 53 950 €. Dans le cas inverse, procédez aux modifications nécessaires.

Le contrôle est important puisque la suite logique est la validation des écritures. Si le contrôle n'est pas effectué et qu'une erreur subsiste, le bilan de clôture et le compte de résultat fourniront des informations inexactes.

8. Validez vos écritures.

La validation fait qu'une écriture ne peut plus être modifiée en saisie. Il faudra avoir recours à la méthode de la contrepassation.

9. Procédez à la clôture et à la réouverture des comptes sur le logiciel et décrivez par écrit, chemin faisant, l'ensemble des tâches réalisées automatiquement par le logiciel lors de ces opérations en formulant des observations personnelles (il s'agit de faire une synthèse des informations données par les différentes fenêtres de l'assistant de clôture du logiciel). Vous veillerez à bien enregistrer les impressions annuelles et le FEC dans un dossier « chapitre 20 utilisation du logiciel » (emplacement de sauvegarde demandé par l'assistant de clôture).

Synthèse
La fonctionnalité « exercice/clôture » permet d'éviter de solder les comptes des classes 6 et 7 pour déterminer le résultat. La détermination des achats nets et des produits nets doit se faire par saisie (soldes de comptes de rabais remises ristournes). *Le gain de temps est donc non négligeable.*
La clôture annuelle du logiciel permet de contrôler (les racines de comptes, le calcul des cumuls, la validation des écritures, l'équilibrage des journaux, les comptes de caisse (ils doivent être débiteurs)…) ; clôturer ; créer un nouvel exercice ; générer les à nouveaux sur le nouvel exercice.
Les traitements également opérés de façon obligatoire sont : la sauvegarde du dossier et l'archivage des données.
Cela montre que les logiciels sont conformes aux obligations fiscales du CGI.
Le logiciel opère également des traitements auxquels l'utilisateur peut s'opposer : la génération du fichier des écritures comptables et de son fichier de documentation ; l'export au format PDF des impressions annuelles.
Il n'est donc pas nécessaire de procéder soi-même à ces deux opérations par prudence puisque le logiciel le fait en l'absence de contre-ordre.
Ensuite, la clôture permet l'archivage des données, conformément à la législation fiscale. L'utilisateur choisit la destination de la sauvegarde. Cette

étape est particulièrement importante pour pouvoir accéder facilement aux données.
Enfin le logiciel informe du succès de l'opération et ouvre automatiquement le nouvel exercice comptable.

10. Consultez le journal des « à nouveau » du nouvel exercice comptable et formulez des observations sur la particularité de cette écriture.

L'écriture des « à nouveaux » est une écriture en lecture seule. Il est donc impossible de la modifier. Ici encore, le logiciel s'avère conforme en termes d'intégrité du contenu aux dispositions fiscales en vigueur et principe comptable d'intangibilité du bilan d'ouverture.
Seuls figurent dans cette écriture des comptes de bilan. En effet, les comptes de gestion ont été automatiquement soldés lors de la clôture.

11. Vérifiez que le fichier des écritures comptables a bien été enregistré dans votre dossier chapitre 20. Sinon retrouvez ce fichier généré automatiquement par le logiciel (par le menu « exercice clôture » historique FEC)et exportez-le dans vos documents. Donnez la raison pour laquelle ce fichier n'est pas aisément compréhensible.

Le fichier des écritures comptables a un format compatible avec le logiciel de contrôle de l'administration fiscale. Il est destiné à être lu par un logiciel et non par des personnes.

```
732829320FEC20181231 Fec ouverture - Bloc-notes
Fichier  Edition  Format  Affichage  ?
JournalCode|JournalLib|EcritureNum|EcritureDate|CompteNum|CompteLib|CompAuxNum|CompAuxLib|PieceRef|PieceDate|EcritureLib|Debit|Credit|Ecrit
OD|Opérations diverses|1|20181231|1013|Capital souscrit - appelé, versé|||0001|20181231|Reprise de balance|0,00|713000,00|||20190609||||Opé
OD|Opérations diverses|1|20181231|1061|Réserve légale|||0001|20181231|Reprise de balance|0,00|71300,00|||20190609||||Opérations diverses
OD|Opérations diverses|1|20181231|1068|Autres réserves|||0001|20181231|Reprise de balance|0,00|12157,00|||20190609||||Opérations diverses
OD|Opérations diverses|1|20181231|151|Provisions pour risques|||0001|20181231|Reprise de balance|0,00|10000,00|||20190609||||Opérations div
OD|Opérations diverses|1|20181231|164|Emprunts auprès des établissements de crédit|||0001|20181231|Reprise de balance|0,00|20000,00|||20190
OD|Opérations diverses|1|20181231|2112|Terrains aménagés|||0001|20181231|Reprise de balance|120000,00|0,00|||20190609||||Opérations diverse
OD|Opérations diverses|1|20181231|2131|Bâtiments|||0001|20181231|Reprise de balance|420000,00|0,00|||20190609||||Opérations diverses
OD|Opérations diverses|1|20181231|2135|Installations générales, agencements, aménagements|||0001|20181231|Reprise de balance|150000,00|0,00
OD|Opérations diverses|1|20181231|2154|Matériel industriel|||0001|20181231|Reprise de balance|50000,00|0,00|||20190609||||Opérations divers
OD|Opérations diverses|1|20181231|2182|Matériel de transport|||0001|20181231|Reprise de balance|62000,00|0,00|||20190609||||Opérations dive
OD|Opérations diverses|1|20181231|2183|Matériel de bureau et matériel informatique|||0001|20181231|Reprise de balance|20000,00|0,00|||20190
OD|Opérations diverses|1|20181231|28131|Amortissements des batiments|||0001|20181231|Reprise de balance|0,00|147000,00|||20190609||||Opérat
OD|Opérations diverses|1|20181231|28135|Amortissements des aménagements|||0001|20181231|Reprise de balance|0,00|105000,00|||20190609||||Opé
OD|Opérations diverses|1|20181231|2815|Installations techniques, matériel et outillage industriels|||0001|20181231|Reprise de balance|0,00|
OD|Opérations diverses|1|20181231|28182|Amortissements du matériel de transport|||0001|20181231|Reprise de balance|0,00|43083,00|||20190609
OD|Opérations diverses|1|20181231|28183|Amortissements du matériel de bureau|||0001|20181231|Reprise de balance|0,00|14000,00|||20190609|||
OD|Opérations diverses|1|20181231|371|Marchandises (ou groupe) A|||0001|20181231|Reprise de balance|390000,00|0,00|||20190609||||Opérations
OD|Opérations diverses|1|20181231|397|Dépréciations des stocks de marchandises|||0001|20181231|Reprise de balance|0,00|22000,00|||20190609|
OD|Opérations diverses|1|20181231|401|Fournisseurs|||0001|20181231|Reprise de balance|0,00|65000,00|||20190609||||Opérations diverses
OD|Opérations diverses|1|20181231|411|Clients|||0001|20181231|Reprise de balance|48924,00|0,00|||20190609||||Opérations diverses
OD|Opérations diverses|1|20181231|416|Clients douteux ou litigieux|||0001|20181231|Reprise de balance|22800,00|0,00|||20190609||||Opération
OD|Opérations diverses|1|20181231|421|Personnel - Rémunérations dues|||0001|20181231|Reprise de balance|41000,00|0,00|||20190609||||Opérati
OD|Opérations diverses|1|20181231|421|Personnel - Rémunérations dues|||0001|20181231|Reprise de balance|0,00|41000,00|||20190609||||Opérati
OD|Opérations diverses|1|20181231|425|Personnel - Avances et acomptes|||0001|20181231|Reprise de balance|800,00|0,00|||20190609||||Opératio
OD|Opérations diverses|1|20181231|431|Sécurité sociale|||0001|20181231|Reprise de balance|3700,00|0,00|||20190609||||Opérations diverses
OD|Opérations diverses|1|20181231|445661|TVA déductible 20% Débits|||0001|20181231|Reprise de balance|18300,00|0,00|||20190609||||Opération
OD|Opérations diverses|1|20181231|44567|Crédit de TVA à reporter|||0001|20181231|Reprise de balance|1400,00|0,00|||20190609||||Opérations d
OD|Opérations diverses|1|20181231|445711|TVA collectée 20% Débits|||0001|20181231|Reprise de balance|0,00|22570,00|||20190609||||Opérations
```


Entraînement à l'examen

Étude de cas – p. 472

DOSSIER 1 – Opérations courantes

1. Rappeler les règles applicables à la société Benejams en matière d'exigibilité de la TVA sur les prestations de services.

La société n'ayant exercé aucune option, les prestations de services qu'elle facture relèvent de la TVA sur les encaissements. La TVA est donc exigible lors des versements des clients que ce soit au titre d'acomptes ou de paiements suite à facturations. En revanche, la TVA n'est pas exigible lors de la facturation.

2. À partir de l'annexe 1, comptabilisez au journal de la SA Benejams les opérations relatives au mois de mars N.

- Facturation à la société Antunes

	02-03-N		
411	Clients	1 800	
4191	Clients, avances et acomptes reçus	600	
706	Prestations de services		2 000
4458	TVA à régulariser		100
44574	TVA collectée sur encaissements		300
	Facture M09-011 à Antunes		

- Facturation à la société Canavate

	05-03-N		
411	Clients	3 360	
665	Escomptes accordés	27	
707	Ventes de marchandises		2 700
708	Produits des activités annexes		127
44571	TVA collectée		560
	facture M09-037 à Canavate		

05-03-N

512	Banque	3 360	
411	Clients		3 360
	Règlement de Canavate, par chèque		

- Escompte d'une lettre de change magnétique

09-03-N

512	Banque	926	
661	Charges d'intérêts	50	
627	Services bancaires	20	
44566	TVA sur autres biens et services	4	
519	Concours bancaires courants		1 000
	Avis de crédit		

- Acompte sur salaire

10-03-N

425	Personnel - Avances et acomptes	800	
512	Banque		800
	Acompte à Collignon		

- Règlement en devise

25-03-N

512	Banque	24 000	
411	Clients		22 000
756	Gains de change sur opérations commerciales		2 000
	Règlement de Belison		

- Charges de personnel de mars

31-03-N

641	Rémunérations du personnel	60 000	
421	Personnel - Rémunérations dues		60 000
	Salaires bruts du mois		

	31-03-N		
421	Personnel - Rémunérations dues	13 700	
425	Personnel - Avances et acomptes		800
431	Sécurité sociale		10 620
437	Autres organismes sociaux		2 280
	Cotisations salariales		

	31-03-N		
645	Charges de Sécurité sociale et de prévoyance	23 600	
431	Sécurité sociale		20 180
437	Autres organismes sociaux		3 420
	Cotisations patronales		

3. Préciser l'inconvénient majeur de l'utilisation d'un journal unique pour la comptabilisation des opérations de l'entreprise.

L'utilisation d'un journal unique au lieu du système de journaux auxiliaires ne permet pas la division du travail ; il n'est envisageable que dans une petite entreprise dans laquelle une seule et même personne s'occupe de tout le domaine administratif.

DOSSIER 2 – Investissement et financement

1. Définissez la notion de subvention d'investissement.

Les subventions d'investissement sont attribuées aux entreprises pour les aider à financer leurs opérations d'investissements à long terme.

2. Rappelez quels sont les autres modes de financement externe de l'entreprise.

L'entreprise peut également se financer par le recours à l'emprunt ou par le recours au crédit-bail.

3. Indiquez les différents éléments du coût d'acquisition des immobilisations.

Le coût d'acquisition des immobilisations est constitué :
– du prix d'achat, y compris les droits de douane et la TVA non déductible, et après déduction des remises, rabais et escomptes de règlement ;

– de tous les coûts directement attribuables engagés pour mettre l'actif en place et en état de fonctionner selon l'utilisation prévue par la direction ;
– sur option, des droits de mutation, honoraires ou commissions et frais d'actes liés à l'acquisition. Cette option constitue la méthode de référence du PCG.

4. À partir de l'annexe 2, déterminez le coût d'acquisition du matériel informatique.

Montant brut	100 000 €
Remise : 100 000 × 10 %	- 10 000 €
Net commercial	90 000 €
Escompte : 90 000 × 4 %	- 3 600 €
Net financier	86 400 €
Frais de transport	2 000 €
Frais d'installation	1 600 €
Coût d'acquisition	90 000 €

5. Présentez les écritures comptables relatives au mois de juin N.

	03-06-N		
441	Subventions à recevoir	20 000,00	
131	Subventions d'équipement		20 000,00
	Attribution d'une subvention de la BPI-France		

L'acompte de 20 000 € payé en janvier se décompose ainsi :

- Montant HT : 20 000 / 1,20 = 16 666,67 €
- TVA : 16 666,67 × 20 % = 3 333,33 €

TVA déductible totale : 90 000 × 20 % = 18 000 €
TVA restant à déduire : 18 000 – 3 333,33 = 14 666,67 €.

	10-06-N		
2183	Matériel de bureau et matériel informatique	90 000,00	
44562	TVA sur immobilisations	14 666,67	
238	Avances et acomptes sur com. d'immob.		16 666,67
404	Fournisseurs d'immobilisations		88 000,00
	Facture F.340/1 de Vallée		

	10-06-N		
404	Fournisseurs d'immobilisations	88 000,00	
512	Banque		88 000,00
	Paiement par chèque bancaire		

	20-06-N		
512	Banque	20 000	
441	Subventions à recevoir		20 000
	Versement de la subvention BPI-France		

6. Les subventions d'investissement ayant financé des biens amortissables font l'objet d'un traitement comptable à la clôture de chaque exercice : présentez ce traitement comptable (sans passer les écritures).

Lors de chaque clôture d'exercice, une part de la subvention est virée au compte de résultat par le débit du compte « 139 Subvention d'investissement virée au résultat » et le crédit du compte « 777 Quote-part de subvention virée au résultat ». Ce virement s'effectue au même rythme que les amortissements du bien concerné.

7. Rappelez les conditions et la durée de conservation de la facture électronique reçue du fournisseur Vallée.

Les factures électroniques doivent être conservées sous la même forme pendant 3 ans. Au-delà, elles peuvent être conservées sur tout support (papier ou électronique).
Le délai de conservation est de 10 ans à compter de la clôture de l'exercice.

DOSSIER 3 – Travaux d'inventaire

1. Rappelez la définition de l'amortissement et du plan d'amortissement.

L'amortissement d'un actif est la répartition systématique de son montant amortissable en fonction de son utilisation.
Le plan d'amortissement est la traduction de la répartition d'un actif selon le rythme de consommation des avantages économiques attendus en fonction de son utilisation probable.

2. Indiquez en quoi consiste le test de dépréciation. Précisez son utilité.

Le test de dépréciation consiste, pour un actif, à comparer sa valeur nette comptable à sa valeur actuelle.
Il met en évidence une éventuelle dépréciation de l'actif ou un ajustement nécessaire de la dépréciation antérieurement constatée.

3. Indiquez les modalités de détermination de la valeur actuelle.

La valeur actuelle est la plus élevée de la valeur vénale ou de la valeur d'usage.

4. Déterminez la valeur actuelle du camion au 31 décembre N-1 et au 31 décembre N.

31/12/N–1 : Valeur actuelle = valeur vénale = 15 500 €.
31/12/N : Valeur actuelle = valeur vénale = 13 000 €.

5. Présentez le plan d'amortissement initial du camion selon le modèle de l'annexe 3.

Années	Base amortissable	Amortissements	Cumul des amortissements	VNC
N-2	20 000	2 000	2 000	23 000
N-1	20 000	4 000	6 000	19 000
N	20 000	4 000	10 000	15 000
N+1	20 000	4 000	14 000	11 000
N+2	20 000	4 000	18 000	7 000
N+3	20 000	2 000	20 000	5 000

6. Présentez, jusqu'en N, le tableau de suivi des dépréciations du camion, en tenant compte éventuellement des modifications nécessaires du plan d'amortissement, selon le modèle de l'annexe 4.

Années	Base amort.	Amort.	Cumul amort. et dépr.	VNC avant dépr.	Valeur actuelle	Dotation dépr.	Reprise dépr.	VNC au bilan
N-2	20 000	2 000	2 000	23 000				23 000
N-1	20 000	4 000	6 000	19 000	15 500	3 500		15 500
N	10 500	3 000	9 000	12 500	13 000		500	13 000

7. Comptabilisez les écritures nécessaires au 31 décembre N.

	31-12-N		
6811	Dotations aux amortissements des immobilisations	3 000	
28182	Amortissements des matériels de transport		3 000
	Selon tableau d'amortissement révisé		
	id		
29182	Dépréciation des matériels de transport	500	
7816	Reprises sur dépréciations		500
	Selon tableau des amortissements et dépréciations		

8. Indiquez les modalités de mise en œuvre de l'inventaire intermittent des stocks.

Les comptes de stocks ne sont pas utilisés au cours de l'exercice, mais le suivi des stocks est assuré de manière extra-comptable. Les comptes restent débiteurs du stock initial durant tout l'exercice.
Lors de l'inventaire annuel, un comptage permet de déterminer le stock physique de fin d'exercice et de le valoriser. Le stock initial est soldé et remplacé par le stock de fin de d'exercice.
Cette mise à jour s'opère par l'intermédiaire des comptes de variation des stocks.

9. À partir de l'annexe 5, comptabilisez toutes les écritures d'inventaire nécessaires au 31 décembre N relatives au stock de cartouches d'encre.

	31-12-N		
6032	Variations des stocks des autres approvisionnements	1 500	
322	Stocks de fournitures consommables		1 500
	Élimination du stock initial		
	id		
322	Stocks de fournitures consommables	1 700	
6032	Variations des stocks des autres approvis.		1 700
	Création du stock final		

	31-12-N		
392	Dépréciations des autres approvisionnements	300	
7817	Reprises sur dépréciations des actifs circulants		300
	Élimination de la dépréciation N-1		
	id		
6817	Dotations aux dépréciations des actifs circulants	100	
392	Dépréciations des autres approvisionnements		100
	Dépréciation N		

10. Indiquez quel est le principe comptable qui impose l'ajustement des comptes de charges et de produits à la fin de chaque exercice.

Le principe de l'annualité des résultats (ou indépendance des exercices selon le Code de commerce) oblige à rattacher les charges et les produits à l'exercice qui leur a donné naissance.

11. À partir de l'annexe 6, comptabilisez les écritures nécessaires au 31 décembre N.

Opération 1 : 1/3 de la redevance concerne l'année N+1.

	31-12-N		
486	Charges constatées d'avance	1 000	
612	Redevances de crédit-bail		1 000
	Ajustement redevance trimestrielle		

Opération 2 : 3 mois d'intérêts courus doivent être comptabilisés.

	31-12-N		
661	Charges d'intérêts	1 500	
16884	Intérêts courus sur emprunts		1 500
	Intérêts courus : 120 000 x 5 % x 3/12		

Opération 3 :

Créance facturée le 27 novembre : 56 000 / 7 = 8 000 €.

Créance valorisée au 31 décembre : 56 000 / 8 = 7 000 €.

Perte latente de change : 8 000 – 7 000 = 1 000 €.

	31-12-N		
476	Différences de conversion - Actif	1 000	
411	Clients		1 000
	Perte latente de change		
	id		
6815	Dotations aux provisions d'exploitation	1 000	
1515	Provision pour pertes de change		1 000
	Provision sur perte latente		

Opération 4 : il faut constater une facture à établir.

	31-12-N		
4181	Clients - Factures à établir	9 600	
707	Ventes de marchandises		8 000
4458	TVA à régulariser		1 600
	Facture au client Ghezal non encore établie		

Opération 5 : un rabais est à recevoir du fournisseur.

	31-12-N		
4098	Fournisseurs - RRR à obtenir	9 600	
609	Rabais, remises, ristournes obtenus sur achats		8 000
4458	TVA à régulariser		1 600
	Rabais de Bricolinfo : 5 000 × 20 %		

12. Précisez quelles opérations doivent être exécutées sur le logiciel ou progiciel de comptabilité après achèvement des opérations d'inventaire.

Après toutes les opérations d'inventaire, il convient tout d'abord d'effectuer une sauvegarde.
Après vérification des écritures, on procède à la validation, ce qui empêchera toute modification ultérieure.
Il sera ensuite possible de lancer la clôture des comptes ; le progiciel procédera :
– au solde des comptes de gestion, par virement au compte « 12. Résultat de l'exercice » ;
– à la fermeture des comptes de bilan.

Chapitre 21

Les documents de synthèse

Comprendre les notions

Application 1 Énoncer les obligations comptables des entreprises – p. 494

Compétence attendue : C1

1. Indiquez les modèles de présentation des documents annuels à présenter par ces quatre entreprises.

Entreprises	Bilan et compte de résultat	Annexe
A	Présentation simplifiée (microentreprise	Non obligatoire
B	Présentation simplifiée (petite entreprise)	Des petites entreprises
C	Présentation de base (petite entreprise)	Des petites entreprises ou simplifiée
D	Moyenne entreprise : • présentation simplifiée du compte de résultat • présentation de base du bilan (sauf choix de publier les documents en présentation simplifiée)	De base ou choix de publier une annexe simplifiée

2. Indiquez la date limite d'établissement des documents annuels.

Entreprises	Dates limites	Commentaires
A et B	3 mois 1/2	Délai fiscal pour les personnes physiques
C	3 mois	Délai réduit pour les SA à directoire
D	4 mois	SA de type classique dont le CA excède 18 millions d'€

Application 2 QCM – p. 494

Répondez par « Vrai » ou par « Faux » aux affirmations ci-dessous en donnant toutes les explications utiles.

1. Le délai d'établissement des comptes annuels est fonction du moment auquel l'entreprise doit déposer ses déclarations fiscales.
Faux. Le délai fiscal de remise des déclarations conditionne uniquement le délai d'établissement des documents comptables des personnes physiques car il n'y a pas de délai de tenue d'assemblée générale.

2. Dans les SARL qui ne sont pas obligées de faire certifier leurs comptes par un commissaire aux comptes, le délai d'établissement des comptes annuels peut être de 5 mois et demi.
Vrai. Le délai est plus long que pour les autres sociétés car l'étape de certification des comptes par un commissaire aux comptes n'existe pas.

3. Une entreprise individuelle a réalisé un chiffre d'affaires de 245 000 € et emploie 3 salariés. Elle fournira les documents suivants :
– présentation simplifiée du bilan et compte de résultat.
La présentation de l'annexe n'est pas obligatoire, et le seuil qui oblige à une présentation de base du bilan et du compte de résultat n'est pas atteint.

4. Une entreprise individuelle a un total de bilan de 280 000 € et un chiffre d'affaires de 500 000 € ; elle emploie 12 salariés. Elle fournira les documents suivants :
– présentation simplifiée du bilan et du compte de résultat.
Deux seuils (total du bilan et nombre de salariés) sont dépassés. L'annexe pour les entreprises individuelles tenues de la présenter est toujours simplifiée.

5. Une société anonyme emploie 45 salariés. Son chiffre d'affaires est de 8 millions d'euros pour un total du bilan de 3 800 000 €. Elle fournira les documents suivants :
– présentation simplifiée du bilan, du compte de résultat et de l'annexe.
Deux seuils (nombre de salariés et total du bilan) ne sont pas atteints, permettant donc une présentation simplifiée des documents financiers.

6. La mention des montants bruts, des amortissements et des dépréciations dans le bilan est optionnelle dans la présentation simplifiée des comptes annuels.
Faux. Quelle que soit la présentation, les trois colonnes sont toujours indispensables.

7. Quelle que soit la présentation des comptes annuels, le rappel des montants de l'exercice précédent est toujours obligatoire.
Vrai. La colonne « N–1 » doit toujours figurer dans le bilan et dans le compte de résultat pour permettre de comparer les montants de l'exercice avec ceux de l'exercice précédent.

8. La présentation en liste du compte de résultat permet de dégager des résultats en fonction de la nature des charges et produits.
Vrai. Cette présentation permet de calculer immédiatement le résultat d'exploitation, le résultat courant et le résultat exceptionnel, qui illustrent la nature des charges et produits de l'exercice.

9. La présentation des comptes annuels suit le principe d'importance relative qui signifie que seuls les éléments significatifs sont retenus.
Faux. Ce principe concerne seulement les éléments à mentionner dans l'annexe.

Mettre en œuvre les compétences

Application Documents annuels en système de base – p. 495

Compétences attendues : C1, C2, C3, C4 et C5

1. Présentez les écritures d'inventaire nécessaires, puis les écritures de détermination du résultat comptable de l'exercice.

– Amortissements .... 21 000 €
Bâtiments : 420 000 × 1/20 = ... 21 000 €
Agencements : 150 000 × 1/10 = ... 15 000 €
Matériels et outillages : 50 000 × 1/10 = ... 15 000 €
Camionnette A : 20 000 × 1/4 × 9/12 = ... 3 750 €
Camion B : 30 000 × 1/5 = ... 6 000 €
Véhicule C : totalement amorti.
Matériel de bureau et informatique : 20 000 × 1/10 = 2 000 €.

		31/12/N		
6811		Dotations aux amortissements des immobilisations	52 750	
	28131	Amortissements des bâtiments		21 000
	28135	Amortissements des aménagements des constr.		15 000
	28154	Amortissements des matériels industriels		5 000
	28182	Amortissement des matériels de transport		9 750
	28183	Amortissements des matériels de bureau et info.		2 000
		Dotations N		

– Stocks

	31/12/N		
603	Variations des stocks	390 000	
37	Stock de marchandises		390 000
	Élimination du stock de début d'exercice		
	id		
397	Dépréciation des stocks de marchandises	22 000	
7817	Reprises sur dépréciations des actifs circulants		22 000
	Reprise de la dépréciation du 31/12/N-1		
37	Stock de marchandises	315 000	
603	Variation des stocks		315 000
	Création du stock de fin d'exercice		
	id		
6817	Dotations aux dépréciations des actifs circulants	18 000	
397	Dépréciations des stocks de marchandises		18 000
	Dotation N		

– Clients douteux

	31/12/N		
416	Clients douteux	16 800	
411	Clients		16 800
	Client Y		
	id		
6817	Dotations aux dépréciations des actifs circulants	2 800	
491	Dépréciations des comptes de clients		2 800
	Dotation sur créance Y : 16 800 / 1,20 × 20 %		

– Régularisations

Compte	Libellé	Débit	Crédit
	31/12/N		
4181	Clients - Produits non encore facturés	24 000	
707	Ventes de marchandises		20 000
4458	TVA à régulariser		4 000
	Factures non établies		
	id		
486	Charges constatées d'avance	2 000	
616	Primes d'assurances		2 000
	2 400 x 5/6		

– Cession du véhicule de tourisme

Compte	Libellé	Débit	Crédit
	31/12/N		
108	Compte de l'exploitant	3 500	
775	Produits des cessions d'éléments d'actif		3 500
	Cession du véhicule à l'exploitant		
	id		
28182	Amortissements des matériels de transport	12 000	
2182	Matériels de transport		12 000
	Sortie du patrimoine ; véhicule totalement amorti		

– TVA à décaisser

Compte	Libellé	Débit	Crédit
	31/12/N		
44571	TVA collectée	22 300	
44566	TVA déductible		18 300
44567	Crédit de TVA à reporter		200
44551	TVA à décaisser		3 800
	TVA du mois		

– Détermination du résultat comptable

Compte	Libellé	Débit	Crédit
	31/12/N		
6097	Rabais, remises, ristournes obtenus sur achats de marchand.	54 200	
607	Achats de marchandises		54 200
	Détermination des achats nets		
	id		
707	Ventes de marchandises	41 000	
7097	Rabais, remises, ristournes accordés sur ventes de marchandises		41 000
	Détermination du chiffre d'affaires net		

	31/12/N		
129	Résultat de l'exercice	53 950	
707	Ventes de marchandises	938 000	
775	Produits des cessions d'éléments d'actif	3 500	
7817	Reprises sur dépréciations des actifs circulants	29 200	
7875	Reprises sur provisions exceptionnelles	10 000	
603	Variations des stocks		75 000
606	Achats non stockés de matières et fournitures		14 500
607	Achats de marchandises		647 800
615	Travaux d'entretien		28 000
616	Primes d'assurances		3 000
622	Rémunérations d'intermédiaires et honoraires		3 700
626	Frais postaux		3 000
641	Rémunérations du personnel		85 000
644	Rémunération de l'exploitant		22 000
645	Charges de Sécurité sociale et de prévoyance		31 400
646	Cotisations personnelles de l'exploitant		3 500
654	Pertes sur créances irrécouvrables		19 000
661	Charges d'intérêts		9 000
665	Escomptes accordés		12 000
671	Charges exceptionnelles sur opérations de gestion		4 200
6811	Dotations aux amortissements des immobilisations		52 750
6817	Dotations aux dépréciations des actifs circulants		20 800
	Détermination du résultat comptable		

2. Construisez de manière schématique, en système de base, le compte de résultat de l'exercice.

	Exercice N
Produits d'exploitation	
Ventes de marchandises	938 000
Production vendue (biens et services)	
Montant net du chiffre d'affaires	938 000
Production stockée	
Production immobilisée	
Subventions d'exploitation	
Reprises sur dépréciations, provisions (et amortissements), transferts de charges	29 200
Autres produits	
Total I	967 200
Charges d'exploitation	
Achats de marchandises	647 800
Variation de stock	75 000
Achats de matières premières et autres approvisionnements	
Variation de stock	
Autres achats et charges externes	52 200
Impôts, taxes et versements assimilés	
Salaires et traitements	107 000
Charges sociales	34 900
Dotations aux amortissements et dépréciations :	
Sur immobilisations : dotations aux amortissements	52 750
Sur immobilisations : dotations aux dépréciations	
Sur actif circulant : dotations aux dépréciations	20 800
Dotations aux provisions	
Autres charges	19 000
Total II	1 009 450

	Exercice N
1. RÉSULTAT D'EXPLOITATION (I - II)	– 42 250
Produits financiers :	
De participation	
D'autres valeurs mobilières et créances de l'actif immobilisé	
Autres intérêts et produits assimilés	
Reprises sur dépréciations et provisions, transferts de charges	
Différences positives de change	
Produits nets sur cessions de valeurs mobilières de placement	
Total V	0
Charges financières :	
Doations aux amortissements, dépréciations et provisions	
Intérêts et charges assimilées	21 000
Différences négatives de change	
Charges nettes sur cessions de valeurs mobilières de placement	
Total VI	21 000
2. RÉSULTAT FINANCIER (V - VI)	– 21 000
3. RÉSULTAT COURANT avant impôt (I - II + V - VI)	– 63 250
Produits exceptionnels :	
Sur opérations de gestion	
Sur opérations en capital	3 500
Reprises sur dépréciations et provisions, transferts de charges	10 000
Total VII	13 500
Charges exceptionnelles :	
Sur opérations de gestion	4 200
Sur opérations en capital	
Doations aux amortissements, dépréciations et provisions	
Total VIII	4 200
4. RÉSULTAT EXCEPTIONNEL (VII - VIII)	9 300
Impôt sur les bénéfices (X)	
Total des produits (I + V + VII)	980 700
Total des charges (II + VI + VIII + X)	1 034 650
Bénéfice ou perte	– 53 950

3. Présentez les écritures de clôture du journal au 31 décembre N.

		Débit	Crédit
	31/12/N		
101	Capital individuel	13 300	
108	Compte de l'exploitant		13 300
	Virement du compte 108 pour solde		
	31/12/N		
891	Bilan de clôture	1 287 860	
129	Résultat de l'exercice		53 950
211	Terrains		120 000
2131	Bâtiments		420 000
2135	Aménagements des constructions		150 000
215	Matériels industriels		50 000
2182	Matériels de transport		50 000
2183	Matériels de bureau et informatique		20 000
37	Stock de marchandises		315 000
411	Clients		32 124
416	Clients douteux		16 800
4181	Clients - Produits non encore facturés		24 000
425	Personnel - Avances et acomptes		800
431	Sécurité sociale		3 700
44567	Crédit de TVA à reporter		1 200
486	Charges constatées d'avance		2 000
512	Banque		25 986
53	Caisse		2 300
	Clôture des comptes à solde débiteur		
101	Capital individuel	792 957	
164	Emprunts auprès des établissements de crédit	20 000	
28131	Amortissements des bâtiments	168 000	
28135	Amortissements des aménagements des constructions	120 000	
28154	Amortissements des matériels industriels	40 000	
28182	Amortissements des matériels de transport	40 833	
28183	Amortissements des matériels de bureau et informatique	16 000	
397	Dépréciations des stocks de marchandises	18 000	
401	Fournisseurs	65 270	
4458	TVA à régulariser	4 000	
491	Dépréciations des comptes de clients	2 800	
891	Bilan de clôture		1 287 860
	Clôture des comptes à solde créditeur		

4. Construisez de manière schématique, en système de base, le bilan au 31 décembre N.

ACTIF	Brut	Amort. /dépr.	Net
ACTIF IMMOBILISÉ			
Immobilisations incorporelles…			
Frais d'établissement			
Frais de recherche et dév.			
Concessions, brevets…			
Fonds commercial			
Autres			
Avances et acomptes			
Immobilisations corporelles			
Terrains	120 000		120 000
Constructions	570 000	288 000	282 000
Installations techniques, matériels et outillages	50 000	40 000	10 000
Autres	70 000	56 833	13 167
Avances et acomptes			
Immobilisations financières			
Participations et créances rattachées à des participations			
Titres immobilisés de l'activité de portefeuille			
Autres titres immobilisés			
Prêts			
Autres			
Total I	810 000	384 833	425 167
ACTIF CIRCULANT			
Stocks et en-cours			
Matières premières et autres approvisionnements			
En-cours de production (biens et services)			
Produits intermédiaires et finis			
Marchandises	315 000	18 000	297 000
Avances et acomptes versés sur commandes			
Créances clients et comptes rattachés	72 924	2 800	70 124
Autres créances	5 700		5 700
Valeurs mobilières de placement			
Disponibilités	28 286		28 286
Charges constatées d'avance	2 000		2 000
Total II	423 910	20 800	403 110
Charges à répartir sur plusieurs exercices (III)			
Écarts de conversion (V)			
TOTAL GÉNÉRAL	1 233 910	405 633	828 277

PASSIF	Montant
CAPITAUX PROPRES	
Capital	792 957
Primes d'émission, de fusion, d'apport	
Réserves	
Report à nouveau	
Résultat de l'exercice (bénéfice ou perte)	–53 950
Subventions d'investissement	
Provisions réglementées	
Total I	739 007
PROVISIONS	
Provisions pour risques	
Provisions pour charges	
Total II	0
DETTES	
Emprunts obligataires convertibles	
Autres emprunts obligataires	
Emprunts et dettes auprès des établissements de crédit	20 000
Emprunts et dettes financières diverses	
Avances et acomptes reçus sur commandes en cours	
Dettes fournisseurs et comptes rattachés	65 270
Dettes fiscales et sociales	4 000
Dettes sur immobilisations et comptes rattachés	
Autres dettes	
Produits constatés d'avance	
Total III	89 270
Écarts de conversion Passif (IV)	
TOTAL GÉNÉRAL	828 277

5. Présentez les tableaux des immobilisations, des amortissements, des dépréciations et des provisions devant figurer dans l'annexe N.

• Tableau des immobilisations

Rubriques	Valeur brute à l'ouverture de l'exercice	Augmentat.	Diminutions	Valeur brute à la clôture de l'exercice
IMMOBILISATIONS INCORPORELLES				
IMMOBILISATIONS CORPORELLES				
Terrains	120 000			120 000
Constructions	570 000			570 000
Installations techniques, matériels et out.	50 000			50 000
Autres immobilisations corporelles	82 000		12 000	70 000
	822 000		12 000	810 000
IMMOBILISATIONS FINANCIÈRES				
TOTAUX	822 000		12 000	810 000

• Tableau des amortissements

Rubriques	Amort. cumulés au début de l'exercice	Augmentat. : dotations de l'exercice	Diminutions d'amort. de l'exercice	Amort. cumulés à la clôture de l'exercice
IMMOBILISATIONS INCORPORELLES				
IMMOBILISATIONS CORPORELLES				
Constructions	252 000	36 000		288 000
Installations techniques	35 000	5 000		40 000
Autres immobilisations corporelles	57 083	11 750	12 000	56 833
	344 083	52 750	12 000	384 833
TOTAUX	344 083	52 750	12 000	384 833

• Tableau des dépréciations

Rubriques	Dépréciat. au début de l'exercice	Augmentat. : dotations de l'exercice	Diminutions reprises de l'exercice	Dépréciat. à la clôture de l'exercice
Stocks				
Marchandises	22 000	18 000	22 000	18 000
Créances				
Créances clients	7 200	2 800	7 200	2 800
TOTAUX	29 200	20 800	29 200	20 800

• Tableau des provisions

Rubriques	Provisions au début de l'exercice	Augmentat. : dotations de l'exercice	Diminutions reprises de l'exercice	Provisions à la clôture de l'exercice
Provisions pour risques				
Provision pour litige	10 000		10 000	0
Totaux	10 000		10 000	

Entraînement à l'examen

❶ Étude de cas 1 – p. 498

DOSSIER 1 – Normalisation et réglementation comptable

1. Rappelez les sources législatives et réglementaires du droit comptable français.

Les sources du droit comptable français se situent dans :
– le Code de commerce (art. L. 123) ;
– le Plan comptable général (régulièrement mis à jour par l'Autorité des normes comptables) qui figure dans le recueil des normes comptables ;
– les règlements de l'Autorité des normes comptables.

2. Indiquez quels sont les documents de synthèse établis à la clôture de l'exercice comptable et donnez une définition de chacun de ces documents.

Ce sont :
– le bilan, qui regroupe les actifs et les passifs pour refléter une image du patrimoine de l'entreprise à la date de clôture ;
– le compte de résultat, qui détaille la formation du résultat net comptable (figurant au bilan) par l'indication des produits et charges de l'exercice ;
– l'annexe, qui donne toutes les précisions utiles sur les choix effectués et sur certains postes du bilan et du compte de résultat et apporte des compléments d'information ne figurant pas dans les deux précédents documents.

3. Rappelez les différents niveaux de présentation des comptes annuels.

Il existe trois niveaux de présentation des comptes :
– le système de base ;
– le système abrégé, qui est une simplification du système de base ;
– le système développé, plus complet que le système de base.

4. Énoncez le contenu de l'annexe.

L'annexe comprend, en particulier :
– des informations sur les méthodes comptables utilisées et des informations « hors bilan » ;
– des tableaux donnant des informations sur certains postes du bilan : tableau des immobilisations, des amortissements, des dépréciations, des provisions…

DOSSIER 2 – Opérations courantes

1. Comptabilisez au journal de la SARL Toutgolf les opérations relatives au mois de février N.

	08-févr		
411	Clients	1 176	
707	Ventes de marchandises		950
7085	Port et frais accessoires facturés		30
44571	TVA collectée		196
	Facture F02-28		

	10-févr		
707	Ventes de marchandises	114	
44571	TVA collectée	22	
411	Clients		132
665	Escomptes accordés		4
	Avoir A02-03		

	13-févr		
2183	Matériel de bureau et matériel informatique	1 540	
606	Achats non stockés de matières et fournitures	110	
44562	TVA sur immobilisations (1 540 x 20 %) - 40	268	
44566	TVA sur autres biens et services	22	
238	Avances et acomptes sur immob. corpor.		200
404	Fournisseurs d'immobilisations		1 740
	Facture FV 099		
	id		
404	Fournisseurs d'immobilisations	1 740	
512	Banque		1 740
	Chèque bancaire à l'ordre de Rapid-micro		

	20-févr		
2184	Mobilier	1 300	
231	Immobilisations corporelles en cours		480
722	Production immobilisée - Immob. corpor.		820
	Achèvement présentoirs		

	22-févr		
512	Banque	1 320	
411	Clients		1 300
766	Gains de change		20
	Règlement du client Smith		

2. Comptabilisez au journal de la SARL Toutgolf les opérations de février N relatives à l'escompte de la lettre de change-relevé magnétique et au contrat de crédit-bail.

L'escompte de la lettre de change magnétique, le 9 février, n'entraîne pas d'écriture.

	12-févr		
512	Banque	1 474	
627	Services bancaires	5	
661	Charges d'intérêts	20	
44566	TVA sur autres biens et services	1	
519	Concours bancaires courants		1 500
	Bordereau d'escompte n° 122		

	15-févr		
275	Dépôts et cautionnements versés	2 000	
512	Banque		2 000
	Souscription contrat de crédit-bail		
	28-févr		
612	Redevance de crédit-bail	350	
44566	TVA sur autres biens et services	70	
512	Banque		420
	Redevance de CB sur véhicule		

3. Présentez le tableau de remboursement de l'emprunt sur le modèle de l'annexe A.

Échéances (fin février)	Capital restant dû en fin de période	Intérêts	Remboursement du capital	Annuités	Capital restant dû en fin de période
N	60 000	3 000	15 000	18 000	45 000
N+1	45 000	2 250	15 000	17 250	30 000
N+2	30 000	1 500	15 000	16 500	15 000
N+3	15 000	750	15 000	15 750	0

4. Enregistrez l'écriture concernant l'emprunt au 28 février N.

	28-févr		
164	Emprunts auprès des établissements de crédit	15 000	
661	Charges d'intérêts	3 000	
512	Banque		18 000
	Annuité d'emprunt		

5. Présentez l'écriture concernant l'emprunt qui devra être enregistrée au journal au 31 décembre N.

	31-déc		
661	Charges d'intérêts	1 875	
16884	Intérêts courus sur emprunts		1 875
	Inventaire : 2 250 × 10/12		

6. Calculer la TVA due ou le crédit de TVA à reporter au titre du mois de mars N.

TVA collectée : 40 000 × 20 %..8 000 €
TVA sur acquisitions intracommunautaires : 2 000 × 20 %...... 400 €
TVA exigible..8 400 €
TVA sur autres biens et services : (10 000 × 20 %) + 400.........2 400 €
TVA sur immobilisations : 4 000 × 20 %.............................. 800 €
TVA déductible..3 200 €
TVA due au titre de mars : 8 400 – 3 200...............................5 200 €
Report du crédit de TVA de février.....................................– 1 200 €
TVA due ....**4 000 €**

7. Enregistrez au journal l'écriture relative à la déclaration de TVA au 31 mars N.

	31-mars		
44571	TVA collectée	8 000	
4452	TVA due intracommunautaire	400	
44562	TVA sur immobilisations		800
44566	TVA sur autres biens et services		2 400
44567	Crédit de TVA à reporter		1 200
44551	TVA à décaisser		4 000
	CA 3 de mars		

DOSSIER 3 – Travaux d'inventaire et documents de synthèse

1. Donnez la définition des termes « valeur résiduelle » et « dépréciation ».

La valeur résiduelle est montant net des coûts de sortie attendus, qu'une entité obtiendrait de la cession de l'actif sur le marché à la fin de son utilisation. Cette valeur est appréciée à la date d'acquisition.

La dépréciation d'un actif est la constatation que sa valeur actuelle est devenue inférieure à sa valeur nette comptable.

2. Précisez les conditions nécessaires pour que la valeur résiduelle soit retenue pour déterminer la base amortissable en comptabilité.

Il faut que la valeur résiduelle soit significative et déterminable. De plus, elle doit être définie dès l'origine de l'amortissement.

3. Justifiez la présence du test de dépréciation effectué à la fin de l'exercice N et indiquez en quoi consiste ce test.

Il existe un indice interne de perte de valeur du bien : les performances sont nettement inférieures à celles qui avaient été prévues.

Le test de dépréciation consiste à comparer la valeur actuelle du bien avec sa valeur nette comptable (après amortissements).

4. Justifiez le montant de la dépréciation au 31 décembre N.

Coût d'acquisition du bien .... 25 000 €

Amortissements au 31/12/N : (25 000 – 3 000) × 1,25/5 .... – 5 500 €

Valeur nette comptable au 31/12/N .... 19 500 €

Valeur actuelle .... – 15 000 €

Dépréciation à constater .... 4 500 €

5. Enregistrez les écritures comptables nécessaires au 31 décembre N.

	31-déc		
6811	Dotations aux amortissements des immobilisations	4 400	
28154	Amortissements des matériels		4 400
	Dotation N : (25 000 – 3 000) × 1/5		
	id		
6816	Dotations aux dépréciations des immobilisations	4 500	
29154	Dépréciations des matériels		4 500
	Selon calculs précédents		

6. Calculez la dotation aux amortissements au titre de l'exercice N+1.

Nouvelle base d'amortissement : 15 000 – 3 000 = 12 000 €
Durée d'amortissement restante : 3 ans (selon énoncé)
Dotation N+1 : 12 000 × 1/3 = 4 000 €.

7. Rappelez le principe de l'inventaire intermittent des stocks.

Les comptes de stocks ne sont pas utilisés durant l'année ; seuls les achats sont comptabilisés (pour les matières, fournitures et marchandises).
À la fin de l'exercice, un inventaire physique (comptage et valorisation) est effectué.
La variation des stocks entre le début et la fin de l'exercice constitue une charge (déstockage) ou un produit (stockage) ; en fin d'exercice, les stocks initiaux sont annulés et les stocks de fin d'exercice sont constatés.

8. Calculez la dépréciation nécessaire au 31 décembre N.

Coût d'acquisition du lot déprécié : 80 000 × 10 % = 8 000 €.
Dépréciation nécessaire : 8 000 × 25 % = 2 000 €.

9. Comptabilisez au 31 décembre N les écritures d'inventaire concernant ce stock.

	31-déc		
31	Stock de matières premières	80 000	
603	Variations des stocks		80 000
	SF de rouleaux de tissus		
	id		
6817	Dotations aux dépréciations des actifs circulants	2 000	
391	Dépréciations des stocks de MP		4 500
	selon calculs précédents		

10. Enregistrez au journal la régularisation de la cession des titres Labroche réalisée le 21 juin N sachant que l'entreprise utilise la méthode du « premier entré, premier sorti ».

Prix d'acquisition des actions Labroche cédées : (20 × 65 €) + (10 × 58 €) = 1 880 €.

Gain de cession : 1 920 – 1 880 = 40 € ; on utilise donc le compte 767.

		31-déc		
471		Compte d'attente	1 920	
	767	Produits nets sur cessions de VMP		1 920
		Correction écriture du 21/06		
		id		
767		Produits nets sur cessions de VMP	1 880	
	503	VMP - Actions		4 500
		Prix d'acquisition des actions Labroche cédées		

11. Présentez le tableau des immobilisations de l'annexe relatif à l'exercice N. Ce tableau se limitera aux seules immobilisations financières détaillées par titre de même nature (modèle en annexe B).

Rubriques	Situations et mouvements			
	A	B	C	D
	Valeur brute à l'ouverture	Augmentations	Diminutions	Valeur brute à la clôture
Immobilisations financières :				
– Titres Kaspak	2 000	3 250		5 250
– Titres Lantero	1 500		600	900

12. Présentez, dans un tableau, les calculs relatifs aux différents titres afin de faire apparaître les éventuelles dépréciations ou reprises pour l'exercice N.

Titres	Dépréciation au 31/12/N-1	Valeur actuelle au 31/12/N	VNC au 31/12/N	Dépréciation au 31/12/N	Dotation	Reprise
KASPAK		8 000	5 250	0		
LANTERO		1 440	900	0		
LABROCHE	160	1 620	1 740	120		40
LESNE	40	560	880	320	280	

13. Enregistrez au journal les écritures nécessaires au 31 décembre N.

	31-déc		
6866	Dotations aux dépréciations des éléments financiers	280	
5903	Dépréciation des VMP - Actions		280
	Selon tableau précédent		
	id		
5903	Dépréciation des VMP - Actions	40	
7866	Reprises sur dépréciations des éléments fin.		40
	Selon tableau précédent		

14. Donnez la définition d'une provision.

Une provision est un passif dont l'échéance et/ou le montant n'est pas fixé de façon précise.

15. Indiquez si la société peut constituer une provision dans le cas du litige avec son salarié. Justifiez votre réponse.

Il existe, à la clôture de l'exercice, une obligation envers un tiers qui risque de provoquer une sortie de ressources sans contrepartie attendue ; l'échéance et le montant sont incertains mais la charge semble évaluée avec un degré de certitude acceptable. Les conditions de constitution d'une provision sont donc réunies.

16. Précisez et expliquez le principe comptable justifiant l'écriture de ristourne accordée au client Levy.

Il s'agit du principe de l'annualité du résultat (ou séparation des exercices) : le résultat de l'exercice doit être calculé en prenant en compte tous les produits et charges rattachables à l'exercice.

17. Enregistrez les écritures comptables nécessaires au 31 décembre N.

Écriture 1

	31-déc		
6815	Dotations aux provisions d'exploitation	12 000	
1511	Provisions pour litiges		12 000
	Litige avec l'ancien salarié Mormille		

Écriture 2

	31-déc		
7091	RRR accordés sur ventes de produits finis	80	
44587	TVA à régulariser	16	
4198	Clients, RRR à accorder		96
	Ristourne au client Levy : 4 000 × 2 % = 80 € HT		

Écriture 3

	31-déc		
1515	Provisions pour pertes de change	800	
7815	Reprises sur provisions d'exploitation		800
	Provision sur créance réglée N'Guyen		

Écriture 4

	31-déc		
491	Dépréciation des comptes clients	1 200	
7817	Reprises sur dépréciations des actifs circul.		1 200
	Dépréciation sur Pantalacci devenue sans objet		
	id		
654	Pertes sur créances irrécouvrables	1 500	
44571	TVA collectée	300	
416	Clients douteux		1 800
	Créance sur Pantalacci		

❷ Étude de cas 2 – p. 503

DOSSIER 1 – Normalisation comptable, TVA et opérations courantes

Première mission

1. Rappelez les différences d'exigibilité de la TVA selon qu'elle concerne des ventes de biens ou des services et identifiez le problème engendré par la comptabilisation de la facture de vente et de son règlement.

Quelle que soit la nature de la vente, la TVA est exigible sur les acomptes reçus. En revanche, la date d'exigibilité diffère lors de l'émission de la facture. En effet, la TVA est exigible « sur les débits » pour les ventes de biens, c'est-à-dire lors de l'enregistrement de la facture, alors qu'elle ne l'est que lors de l'encaissement pour les prestations de services.
La société Labrague n'ayant exercé aucune option, la TVA est donc exigible au titre du mois de septembre en ce qui concerne les ventes de biens et au titre du mois d'octobre pour la partie de la facture relative à l'installation (prestation de service).
Par simplification, la société aurait intérêt à opter pour une imposition sur les débits pour la totalité de ses opérations.

2. Identifiez et définissez les réductions figurant sur la facture de vente.

La remise de 5 % est une réduction à caractère commercial. Elle est accordée, en général, en raison des quantités vendues ou de la qualité du client.
L'escompte de 1 % est une réduction à caractère financier. Elle est accordée pour un règlement au comptant ou dans un délai plus court que les conditions ordinaires de vente.

3. Évaluez et comptabilisez la vente et son règlement.

Montant brut des ventes de biens : 3 300 + 1 800 + 300 =	5 400,00
Remise de 5 %	– 270,00
Net commercial	5 130,00

Montant brut des prestations de services	600,00
Remise de 5 %	– 30,00
Net commercial	570,00

La facture est enregistrée pour le net commercial en attendant le règlement :

	28-sept		
411	Clients	6 840,00	
706	Prestations de services		570,00
707	Ventes de marchandises		5 130,00
44571	TVA collectée (5 130 × 20 %)		1 026,00
44574	TVA collectée sur encaissements (570 × 20 %)		114,00
	Facture 0927 - La Cave aux Sons		

Le client, ayant réglé sous huit jours, bénéficie de l'escompte :
Escompte accordé : 5 700 × 1 % = 57 €
TVA à déduire sur l'escompte : 57 × 20 % = 11,40 €
TVA collectée nette : 114 – 11,40 = 102,60 €.

	03-oct		
512	Banque	6 771,60	
44574	TVA collectée sur encaissements	114,00	
665	Escomptes accordés	57,00	
411	Clients		6 840,00
44571	*TVA collectée*		102,60
	Règlement, sous escompte, de La Cave aux Sons		

Deuxième mission

4. Déterminez les différents comptes de charges dans lesquels il est possible d'enregistrer les frais de port mentionnés sur la facture du transitaire.

Comme mentionné en annexe 3, les frais de port (qui constituent des frais accessoires d'achat) peuvent être enregistrés *via* trois comptes de charge :
– le compte « 607. Achats de marchandises » (intégration au prix d'achat) ;
– le compte « 6241. Transports sur achats » (compte de charges par nature) ;
– le compte « 6087. Frais accessoires sur achats de marchandises ».
Il ne s'agit donc pas d'une méthode de référence mais d'un choix entre plusieurs méthodes possibles.

5. Énoncez la méthode comptable à utiliser pour enregistrer les honoraires du transitaire.

Pour l'enregistrement des honoraires, le Plan comptable général a prévu une méthode de référence qui consiste à les rattacher directement à l'actif concerné. Comme le cabinet respecte systématiquement les méthodes de référence, on inscrit donc les honoraires dans le compte « 607. Achats de marchandises ».

6. Évaluez et comptabilisez les opérations décrites dans l'annexe 2, sachant que les frais de transport sont enregistrés dans le compte d'achat correspondant.

Montant facturé en CNY : 588 × 100 = 58 800 CNY
Montant en € à comptabiliser lors de l'achat : 58 800 / 7 = 8 400 €
TVA à l'importation : 8 400 × 20 % = 1 680 €

	15-sept		
607	Achats de marchandises	8 400,00	
44566	TVA sur autres biens et services	1 680,00	
401	Fournisseurs		8 400,00
44571	TVA collectée		1 680,00
	Facture du fournisseur CGV		

Facturation du transitaire : les droits de douane sont impérativement enregistrés dans le compte d'achat correspondant.
Montant HT facturé : 280 + 500 + 220 = 1 000 €

	20-sept		
607	Achats de marchandises	1 000,00	
44566	TVA sur autres biens et services	200,00	
401	Fournisseurs		1 200,00
	Facture du transitaire		

Règlement du transitaire

	25-sept		
401	Fournisseurs	1 200,00	
512	Banque		1 200,00
	Virement bancaire		

Règlement du fournisseur chinois
Montant du virement en euros : 58 800 / 6 = 9 800 €
Perte de change : 9 800 – 8 400 = 1 400 €

	16-oct		
401	Fournisseurs	8 400,00	
656	Pertes de change sur créances et dettes commerciales	1 400,00	
512	Banque		9 800,00
	Virement bancaire		

Troisième mission

7. Expliquez la procédure de réalisation de la déclaration de TVA par EDI.

La transmission de la déclaration de TVA en EDI consiste en la transmission des données déclaratives directement par transfert informatique de fichiers. La déclaration de TVA est établie à l'aide d'un logiciel dans un format compatible, évitant ainsi la saisie sur un formulaire en ligne.

8. Évaluez et indiquez le montant figurant dans chacun des comptes de TVA avant établissement de la déclaration.

Compte 44571 : (41 600 + 8 400) × 20 % ....10 000 €
Compte 4452 : 8 000 × 20 % ....1 600 €
Compte 44562 ....120 €
Compte 44566 ....4 380 €

9. Comptabilisez la déclaration de TVA.

	20-oct		
4452	TVA due intracommunautaire	1 600,00	
44571	TVA collectée	10 000,00	
44562	TVA sur immobilisations		120,00
44566	TVA sur autres biens et services		4 380,00
44551	TVA à décaisser		7 100,00
	Déclaration relative au mois de septembre		

DOSSIER 2 – Opérations d'investissement et de financement

Première mission

1. Identifiez et justifiez la qualité comptable de la chaîne d'embouteillage acquise.

La chaîne d'embouteillage est une immobilisation corporelle, soit un élément d'actif physique détenu pour être utilisé dans la production ou la fourniture de biens et dont l'entité attend qu'il soit utilisé au-delà de l'exercice en cours.

2. Qualifiez la subvention obtenue et précisez si plusieurs traitements sont envisageables au niveau comptable.

Il s'agit d'une subvention d'équipement car elle est accordée dans le but d'acquérir une immobilisation. Deux traitements comptables sont possibles :
– soit l'inscription en compte de capitaux propres « 131. Subventions d'équipement » avec un transfert au résultat étalé sur la durée d'amortissement de l'immobilisation ;
– soit l'inscription directe en résultat de l'exercice.

3. Comptabilisez les différentes opérations réalisées au premier semestre N.

La commande ainsi que la demande de subvention ne donnent lieu à aucun enregistrement comptable. Il en est de même pour la négociation de l'emprunt.

	23-mars		
441	Subventions d'investissement à recevoir	30 000,00	
131	Subventions d'équipement		30 000,00
	Notification d'attribution		
	01-avr		
512	Banque	70 000,00	
164	Emprunts auprès des établissements de crédit		70 000,00
	Déblocage de l'emprunt BPMED		
	30-avr		
215	Installations techniques, matériels et outillages industriels	120 000,00	
44562	TVA déductible sur immobilisations	24 000,00	
404	Fournisseurs d'immobilisations		120 000,00
4452	TVA due intracommunautaire		24 000,00
	Facture du fournisseur GUZZI		
	17-mai		
512	Banque	30 000,00	
441	Subventions d'investissement à recevoir		30 000,00
	Versement de la subvention par le FEDR		
	25-mai		
404	Fournisseurs d'immobilisations	120 000,00	
512	Banque		120 000,00
	Règlement au fournisseur GUZZI		

Deuxième mission

4. Retrouvez la durée d'amortissement de la chaîne d'embouteillage.

La dotation aux amortissements a été de 8 000 € pour l'exercice N. La première annuité a été réduite *prorata temporis* à 8 mois puisque la chaîne d'embouteillage est utilisée à compter du 1er mai.

On peut donc écrire que $120\ 000 \times x\ \% \times 8 / 12 = 8\ 000$

D'où : $x = (8\ 000 \times 12 / 8) / 120\ 000 = 12\ 000 / 120\ 000 = 0{,}10$, soit 10 %

La durée d'amortissement est donc de 100 / 10 = 10 ans.

5. Évaluez et comptabilisez la quote-part de subvention à intégrer au résultat de l'exercice N.

La subvention est rapportée au résultat en proportion des amortissements de l'exercice soit, pour l'exercice N : $30\ 000 \times 8\ 000 / 120\ 000 = 2\ 000$ €.

6. Évaluez les composantes de la première annuité de remboursement de l'emprunt BPMED et prévoyez sa comptabilisation le 1er avril N+1.

L'annuité se décompose en intérêts et remboursement de l'emprunt :

Intérêts de la première année : 70 000 × 2,5 % = 1 750 €

Remboursement de l'emprunt : 15 067,28 – 1 750 = 13 317,28 €.

	01/04/N+1		
164	Emprunts auprès des établissements de crédit	13 317,28	
661	Charges d'intérêts	1 750,00	
512	Banque		15 067,28
	Première annuité de remboursement d'emprunt		

DOSSIER 3 – Opérations d'inventaire et environnement numérique

Première mission

1. Énoncez et justifiez la modalité informatique préalable à la clôture des comptes.

La clôture comptable de l'exercice ne peut avoir lieu qu'après une procédure de validation des écritures de l'exercice clôturé. Cette validation interdit par la suite toute modification ou suppression des enregistrements comptables validés. Les écritures ultérieures seront ainsi obligatoirement saisies sur l'exercice comptable suivant.

2. Justifiez la nécessité de détermination des achats nets et des ventes nettes à la clôture de l'exercice puis procédez à la comptabilisation de ces opérations figurant à l'annexe 9.

Le compte de résultat doit faire figurer les achats nets et les ventes nettes de toute réduction commerciale. Or ces derniers ne sont pas déterminés par le solde des comptes Achats (comptes 60/61/62) et Ventes (compte 70) dans la mesure où des réductions commerciales obtenues ou accordées sur factures d'avoir ont été enregistrées durant l'exercice et à l'inventaire dans des sous-comptes comportant le chiffre 9 en troisième position. Il est alors nécessaire de solder ces sous-comptes pour les virer à leur compte principal d'Achats ou de Ventes.

	31-déc		
6091	RRR obtenus sur achats de matières premières	1 860,00	
601	Achats de matières premières		1 860,00
	Détermination des achats nets		
	id		

701	Ventes de produits finis	640,00	
7091	RRR accordés sur ventes de produits finis		640,00
	Détermination des ventes nettes		

3. Distinguez le traitement comptable réservé aux comptes de gestion de celui appliqué aux comptes de bilan qui permettront de basculer de l'exercice N à celui de N+1.

Les comptes de gestion, à savoir les comptes de charges (classe 6) et de produits (classe 7) sont définitivement soldés à la clôture de l'exercice afin de déterminer le résultat (différence entre les produits et les charges) qui sera comptabilisé au crédit du compte « 120. Résultat de l'exercice (bénéfice) » si les produits excèdent les charges ou au débit du compte « 129. Résultat de l'exercice (perte) » dans le cas contraire.
Les comptes de bilan, quant à eux, sont provisoirement soldés à la clôture de l'exercice N. Ils sont ensuite réouverts avec les soldes identiques à ceux de la clôture de l'exercice N qui sont reportés à nouveau à l'ouverture de l'exercice N+1.
Ces écritures comptables sont automatiquement générées par le PGI.

4. Expliquez les obligations légales relatives à la transmission du FEC.

Le FEC est le fichier que doivent présenter les entreprises sur demande de l'administration fiscale. Cette obligation concerne les entreprises qui tiennent leur comptabilité au moyen de systèmes informatisés. Ce fichier doit donc être généré à chaque clôture de façon à être en mesure de répondre à un contrôle éventuel.
La transmission du FEC doit par ailleurs être sécurisée par l'usage d'un certificat numérique.
Le format du fichier est imposé par l'administration fiscale.

5. Expliquez et justifiez le traitement comptable à réaliser concernant l'écriture de régularisation de l'annexe 11, à l'ouverture de l'exercice N.

À l'ouverture de l'exercice N+1, cette écriture de régularisation doit être contre-passée pour le même montant de manière à :
– ne pas imputer ce produit à recevoir à l'exercice N+1 (et donc à solder en N+1 dans le compte 6097 soit lors de la constatation effective de cette remise, soit lors de la réception de la facture d'avoir) ;
– solder les comptes de régularisation (comptes 4098 et 44586).

Deuxième mission

6. Évaluez et comptabilisez toutes les écritures nécessaires relatives au véhicule cédé. Évaluez la plus- ou moins-value de cession.

Montant HT du prix de cession du véhicule : 3 600 / 1,20 = 3 000 €
Total des amortissements pratiqués à la cession : 19 200 + 3 600 = 22 800 €
VNC du véhicule à la cession : 24 000 – 22 800 = 1 200 €.

	31-déc		
471	Compte d'attente	3 600,00	
775	Produits des cessions d'éléments d'actif		3 000,00
44571	TVA collectée		600,00
	Correction de l'écriture de cession fourgon Fiat		
	id		
28182	Amortissements du matériel de transport	22 800,00	
675	Valeur comptable des éléments d'actif cédés	1 200,00	
2182	Matériel de transport		24 000,00
	Sortie du véhicule du patrimoine		

Plus-value de cession : 3 000 – 1 200 = 1 800 €

7. Évaluez et comptabilisez toutes les écritures nécessaires relatives à la créance sur le client Toutalu.

Montant HT de la créance : 3 600 / 1,20 = 3 000 €.
Dépréciation nécessaire : 3 000 × 40 % = 1 200 €.

	31-déc		
416	Clients douteux	3 600,00	
411	Clients		3 600,00
	Créance devenue douteuse dans l'année		
	id		
6817	Dotations aux dépréciations sur actifs circulants	1 200,00	
419	Dépréciations des créances clients		1 200,00
	Créance sur le client Toutalu		

8. Évaluez et comptabilisez l'écriture relative à la dépréciation des titres. Justifiez le montant comptabilisé à l'aide d'un principe comptable.

Dépréciation constatée au 31/12/N-1 :
- Rod & Rigue : 200 × (12 – 11)............................... 200 €
- Mat-Hild : 100 x (25 – 24).................................... 100 €

Total.. 300 €

Dépréciation nécessaire au 31/12/N :
- Rod & Rigue : 50 × (12 – 9)................................... 150 €
- Mat-Hild : cours > au prix d'achat .... 0 €

Total.. 150 €

Reprise au 31/12/N : 300 – 150 = 150 €.

	31-déc		
2973	Dépréciations des TIAP	150,00	
7866	Reprises sur dépréciations des éléments fin.		150,00
	Dépréciation excédentaire		

En application du principe de prudence, on ne compense pas le gain latent sur les titres Mat-Hild avec la perte latente sur les titres Rod & Rigue pour le calcul de la dépréciation nécessaire.

Troisième mission

9. Rappelez en quoi consiste la méthode de l'inventaire intermittent.

Dans l'inventaire intermittent, les variations de stocks sont constatées de manière extra-comptable au moyen de fiches de stocks mais ne donnent lieu à aucun enregistrement comptable. Le stock à l'ouverture de l'exercice n'est donc pas mouvementé durant l'exercice ; il est éliminé à la clôture avec, comme contrepartie, le débit d'un compte de variations des stocks. Le stock de fin d'exercice, déterminé par l'inventaire physique, est constaté au débit des comptes de stocks avec, comme contrepartie, le compte de variations des stocks.

10. Évaluez et comptabilisez les écritures nécessaires relatives aux stocks, à la clôture de l'exercice N.

	31-déc		
6031	Variations des stocks de matières premières	63 400,00	
60322	Variations des stocks de fournitures consommables	4 500,00	
713	Variations des stocks de produits finis	22 700,00	
31	Matières premières		63 400,00
322	Fournitures consommables		4 500,00
355	Produits finis		22 700,00
	Élimination des stocks d'ouverture		
	id		
31	Matières premières	56 600,00	
322	Fournitures consommables	5 200,00	
355	Produits finis	36 400,00	
6031	Variations des stocks de matières premières		56 600,00
60322	Variations des stocks de fournitures cons.		5 200,00
713	Variations des stocks de produits finis		36 400,00
	Création des stocks de clôture		

11. Évaluez et comptabilisez l'écriture relative aux fournitures non stockées à la clôture de l'exercice N.

Comme les achats ont été constatés dans un sous-compte du compte « 606. Achats non stockés », la constatation des fournitures non consommées en fin d'exercice se fait par un compte « 486. Charges constatées d'avance » et non par un compte de stocks.

	31-déc		
486	Charges constatées d'avance	2 400,00	
6064	Fournitures administratives		2 400,00
	Fournitures non consommées en N		

Nº d'éditeur : 10288042 – Dépôt légal : août 2023

Achevé d'imprimer en juillet 2023
sur les presses numériques de l'Imprimerie Maury S.A.S.
Z.I. des Ondes – 12100 Millau
Nº d'impression : G23/73563N

Imprimé en France